Nihilistische Gedankenexperimente in der deutschen Literatur
von Jean Paul bis Georg Büchner

Posener Beiträge zur Germanistik

Herausgegeben von Czesław Karolak

Band 17

PETER LANG
Frankfurt am Main · Berlin · Bern · Bruxelles · New York · Oxford · Wien

Zofia Moros

Nihilistische Gedankenexperimente in der deutschen Literatur von Jean Paul bis Georg Büchner

Bibliografische Information der Deutschen Nationalbibliothek
Die Deutsche Nationalbibliothek verzeichnet diese Publikation
in der Deutschen Nationalbibliografie; detaillierte bibliografische
Daten sind im Internet über <http://www.d-nb.de> abrufbar.

Gedruckt mit finanzieller Unterstützung der
Adam-Mickiewicz-Universität Poznań.

Umschlagabbildungen:
Logo und Aula der Adam-Mickiewicz-Universität Poznań.
Abdruck mit freundlicher Genehmigung der
Adam-Mickiewicz-Universität Poznań.

ISSN 1610-207X
ISBN 978-3-631-56679-4
© Peter Lang GmbH
Internationaler Verlag der Wissenschaften
Frankfurt am Main 2007
Alle Rechte vorbehalten.

Das Werk einschließlich aller seiner Teile ist urheberrechtlich
geschützt. Jede Verwertung außerhalb der engen Grenzen des
Urheberrechtsgesetzes ist ohne Zustimmung des Verlages
unzulässig und strafbar. Das gilt insbesondere für
Vervielfältigungen, Übersetzungen, Mikroverfilmungen und die
Einspeicherung und Verarbeitung in elektronischen Systemen.

Printed in Germany 1 2 3 4 5 7

www.peterlang.de

Meinem Verlobten, der immer für mich da ist und mich in meiner Arbeit unterstützt, sowie meinen Eltern und Freunden, die mein Leben stets bereichern

Inhaltsverzeichnis

1. Einleitung.. 11
2. Zum Forschungsstand.. 17
3. Nihilismus oder nihilistische Gedankenexperimente?................. 27
   3.1. Nihilismus als „Scheltwort für den Idealismus" – die frühe Diskussion zur Bestimmung des Begriffes „Nihilismus"........... 31
   3.2. Nihilismus als Atheismus.. 37
   3.3. Nihilismus in der Moral.. 42
   3.4. Nihilismus als Pantheismus.. 46
   3.5. „Der poetische Nihilismus" als ästhetische Kategorie........... 49
   3.6. Nihilismus als Destruktion und Anarchie............................. 50
4. Nihilistische Gedankenexperimente im Weltverhältnis des Menschen.. 53
   4.1. Metaphysische Werte.. 53
   4.2. Die Weltauffassung... 72
      4.2.1. Die Rolle der Phantasie.. 78
      4.2.2. Die Rolle des Idealismus.. 84
      4.2.3. Die Rolle des Skeptizismus.. 90
   4.3. Zur Bedeutung von Notwendigkeit, Zufall und Schicksal im menschlichen Leben.. 96
   4.4. Leben als Nichtigkeitsspiel und Mensch als Marionette...... 106
   4.5. Grundlegende Werte und Prioritäten des Menschen............ 117
5. Nihilistische Gedankenexperimente im Selbstverhältnis des Menschen.. 139
   5.1. Identitätsproblem.. 139
   5.2. Gefühlsleere.. 151
      5.2.1. Problematische zwischenmenschliche Beziehungen: Liebe und Freundschaft... 154
      5.2.2. Erfahrung von Leere und Langeweile......................... 167
   5.3. Genusssucht versus Lebensmüdigkeit................................ 174
      5.3.1. Erfahrung der Nichtigkeit... 175
      5.3.2. Aktive und passive Reaktion auf das allumfassende Nichts........... 181
   5.4. Außenseitertum als Selbstverständnis................................ 191
6. Schlussbemerkungen.. 199
7. Literaturverzeichnis.. 207
   7.1. Primärliteratur.. 207
   7.2. Sekundärliteratur.. 208

„[...] wo einer Zeit Gott, wie die Sonne, untergeht: da tritt bald darauf auch die Welt in das Dunkel; der Verächter des All achtet nichts weiter als sich und fürchtet sich in der Nacht vor nichts weiter als vor seinen Geschöpfen"

(Jean Paul, 1804)

1. Einleitung

Als Friedrich Nietzsche 1882 in seinem Werk *Die Fröhliche Wissenschaft* den Tod Gottes verkündete[1], wurde diese Behauptung zu einer der wichtigsten Thesen des Nihilismus im Sinne vom Untergang christlich-abendländischer Kultur mit ihrem Schlüsselphänomen – das heißt der Entwertung aller Werte und Prioritäten. Aber der Entwicklungsprozess der pessimistisch-nihilistischen Strömungen lässt sich in seiner Anfangsphase in literarischen Werken bis ans Ende des 18. Jahrhunderts zurückverfolgen. In seinen Anfängen darf jedoch nicht von einem Nihilismus als einer vollständigen und eindeutig festgelegten Definition oder sogar einem philosophischen Phänomen die Rede sein, sondern lediglich von seinen gedanklichen Voraussetzungen, die man als „nihilistische Gedankenexperimente" bezeichnen kann.

Allerdings sind diese gedanklichen Voraussetzungen, die im 19. Jahrhundert in den Nihilismus übergehen können, in einem breiteren geistig-philosophischen Kontext der sogenannten „Krise des europäischen Geistes"[2], oder anders gesagt, der „metaphysischen Krise"[3] zu sehen. Die Wurzel des von Oswald Spengler zum Anfang des 20. Jahrhunderts vorausgesagten „Untergang des Abendlandes"[4] als Endphase dieser Krise haben die Kultur- und Geschichtswissenschaftler nämlich schon in kultur-geschichtlichen Prozessen des 17. Jh.s (Paul Hazard und Karl Löwith) oder erst in der Aufklärung (Eberhard Fahrenhorst[5]) gefunden. Als die wichtigsten Ursachen für den Gestaltungsprozess des „antimetaphysischen Menschen", den man unter gewissen Umständen für einen „Vorboten" des Nihilisten halten könnte, hat man (Paul Hazards Meinung nach)

---

[1] Friedrich Nietzsche: *Sämtliche Werke, Kritische Studienausgabe in 15 Einzelbänden*, hg. von Giorgio Colli und Mazzino Montinari; Berlin/New York 1980; Bd. 3, S. 481. In diesem Zusammenhang verweist Mariusz Moryń in seinem Buch: *Wola mocy i myśli. Spotkania z filozofią Fryderyka Nietzschego* (Poznań 1997) auf verschiedene Thesen Nietzsches zu Gottes Tod. „Mit Sicherheit kann man nur feststellen [meint Moryń zu Nietzsches Philosophie], dass Gottes Untergang eine Notwendigkeit war. In Nietzsches Texten erschienen zweifache Figuren: selbständiger Tod Gottes (wegen des Greisenalters oder vom Lachen beim Erscheinen des Menschen) sowie die Feststellung, dass Er vom Menschen selbst getötet wurde; oder aber unbewusst im Kollektivmord oder auch im vorsätzlichen Mord (d. h. aus Scham und Rachelust [...]) des Menschen, dem Gottesdasein unerträglich wurde" – S. 118. (Übersetzt von Zofia Moros).
[2] Diese Bezeichnung für die kulturgeschichtliche Krise des Menschen kommt in Paul Hazards Studie unter dem Titel: *Die Krise des europäischen Geistes* (Hamburg 1939) vor.
[3] Mehr zur „metaphysischen Krise" siehe vor allem im Buch von Karl Löwith: *Gott, Mensch und Welt in der Metaphysik von Descartes bis zu Nietzsche*, Göttingen 1967, sowie in Guntram Knapps: *Der antimetaphysische Mensch. (Darwin-Marx-Freud)*; Stuttgart 1973.
[4] Oswald Spengler: *Untergang des Abendlandes*; Wien/Leipzig 1918.
[5] Eberhard Fahrenhorst,: *Das neunzehnte Jahrhundert. Beharrung und Auflösung*, Hildesheim 1983.

unter anderen in den immer populärer und zugänglicher gewordenen Weltreisen der Europäer gesehen, die zur Relativierung eigener Autoritäten und Werte führten sowie in religiösen Konflikten, besonders Anfang des 16. Jh.s, die Europa in langjährige Kriege (16-17. Jh.) verwickelten und die endgültige Trennung der westlichen Christen in die katholische und protestantische Kirche, also die Kirchenspaltung, bewirkten. Zu nennen wären auch philosophische Aspekte[6], vor allem die zunehmende Rolle der Vernunft bei den Rationalisten (Gassendi contra Descartes); die Rolle der Freigeister (Libertins: Charles de Saint-Evremond), die keinen Sinn für das Metaphysische hatten; die philosophische Lehre von Spinoza (besonders seine Auffassung Gottes – „deus sive natura", die auch in der geistigen Diskussion um den Nihilismus zum Ende des 18. Jh.s eine große Rolle spielte[7]) sowie der Empirismus von John Locke und die Philosophie der Aufklärung des 18. Jh.s. Karl Löwith weist mit besonderem Nachdruck auf die Krise der Metaphysik hin, die die Auffassung Gottes sowie der Welt und des sie in seinem Denken vereinigenden Menschen umfasst[8]. Seiner Ansicht nach wurden nämlich die Verhältnisse Gott-Mensch-Welt im Laufe der Zeit in Folge der Entwicklung von Theismus, Deismus und Atheismus auf die Beziehung Mensch-Welt reduziert, was somit unabdingbar zu einer gottlosen Welt und zu einem verweltlichten Menschen führen musste. Die hier nur skizzenhaft erwähnten Studien zur „metaphysischen Krise" des Menschen beschränken sich jedoch ausschließlich auf Analysen philosophischer Schriften. Als solche bieten sie aber doch einen umfangreichen geistig-philosophischen Hintergrund für die Untersuchung nihilistisch-pessimistischer Gedanken in Werken der deutschen Literatur in der Zeit der Romantik.

Da die Überlegungen zu der sog. metaphysischen Trinität[9]: Gott, Welt und dem Menschen in der deutschen Literatur besonders gegen Ende des 18. Jahrhunderts ansetzen, wird die Analyse nihilistischer Gedankenexperimente in der deutschen Literatur von Jean Paul bis Georg Büchner zum Gegenstand der vorliegenden Untersuchung, das heißt in der Zeitspanne, bevor eine vollständige und umfangreiche Definition des geistig-philosophischen Phänomens „Nihilis-

---

[6] Mehr dazu siehe im Werk von Paul Hazard: *Die Krise des europäischen Geistes...*
[7] Mehr dazu siehe: Kapitel 3. *Nihilismus oder nihilistische Gedankenexperimente.*
[8] Vgl. Karl Löwith: *Gott, Mensch und Welt in der Metaphysik...* S. 83.
[9] Karl Löwith weist in seinem Werk *Gott, Mensch und Welt in der Metaphysik...* auf den Verlust des Gleichgewichts hin, das früher zwischen Mensch, Welt und Gott, also den drei Grundbegriffen der Metaphysik [also der metaphysischen Trinität – Z.M.] herrschte. In seinem Werk heißt es: „Gott ist nicht mehr ein vieldeutiges to theion, welches ein Prädikat des Kosmos als des Ganzen und Vollkommenen ist, die Welt ist nicht mehr eine übermenschliche Weltordnung, von keinem Gott und von keinem Menschen gemacht; und der Mensch ist nicht mehr ein „zoon logon echon" innerhalb der irdischen Lebewesen, sondern ein selbstbezügliches Selbst, das sich ursprünglich auf Gott bezog und dann verselbständigt hat und nun selbst den Bau der Welt konstruierend entwirft und in der Nachfolge Gottes Weltpläne macht", (S. 20).

mus" in Lexika erschien und dieses Wort von Dichtern in ihren literarischen Werken verwendet wurde. Jean Paul eröffnet mit seiner Traumvision über Gottes Tod *Die Rede des toten Christus vom Weltgebäude herab, dass kein Gott sei Ende des 18. Jh.s*[10] die Phase nihilistischer Gedankenexperimente, die dann in vielen Werken der Romantik (L. Tiecks *William Lovell* - 1795; C. Brentanos *Godwi* - 1801; Jean Pauls *Titan* - 1803; Bonaventuras *Nachtwachen* - 1805; E.T.A. Hoffmanns *Elixiere des Teufels* - 1815) fortgesetzt, variiert und verstärkt wurden, bis hin zur Infragestellung Gottes in Georg Büchners Erzählfragment *Lenz* und der Verwirklichung des prophetischen Traumes mit Ersetzung Gottes durch das allumfassende Nichts in den dreißiger Jahren des 19. Jh.s. in seinem Drama *Dantons Tod* (1835).

Die vorliegende literarische Analyse beschränkt sich somit hauptsächlich auf Romane (in der Zeitspanne vom Ende des 18. bis in die dreißiger Jahre des 19. Jahrhunderts), in denen man besonders viele Aspekte nihilistischer Gedankenexperimente finden kann, mit Ausnahme der Werke von Georg Büchner, das heißt einer Erzählung und einem Drama, mit denen die experimentelle Phase literarischer Überlegungen der Romantik abgeschlossen wird, bevor der Nihilismus als Begriff und Zeitphänomen in der Literatur des Jungen Deutschland bewusst zum Ausdruck kommt. Außer Betracht sollen hier zahlreiche Märchen und Novellen sowie andere Dramen und Dichtungen bleiben, weil ihre Analyse weit darüber hinausgeht, was in dieser Arbeit geleistet werden kann. Zudem bietet Dieter Arendt in seinem Buch zum poetischen Nihilismus in der Romantik[11] im Kapitel zur Dichtung als Spiegel des „poetischen Nihilismus" einen umfassenden Überblick über die Märchen und Novellen der Frühromantik.

Aus dem Grund, dass außer zwei umfangreicheren literarischen Studien zur nihilistisch-pessimistischen Strömung in der deutschen Literatur vom Ende des 18. bis in die dreißiger Jahre des 19. Jahrhunderts (von Walter Hof[12] und Dieter Arendt) diese Problematik in der literatur-wissenschaftlichen Forschung fast kaum Beachtung fand[13], schien eine detaillierte Analyse nihilistischer Gedankenexperimente dieser Zeit als eines kontinuierlichen geistig-existenziellen Prozesses äußerst wichtig zu sein. Zu betonen ist auch die Tatsache, dass man sich in der früheren Forschung fast ausschließlich auf Analysen einzelner

---

[10] Obwohl die *Rede des toten Christus vom Weltgebäude herab, daß kein Gott sei* von Jean Paul erst ein Jahr später als L. Tiecks *William Lovell* herausgegeben wurde, entstand sie in ihrer ersten Fassung unter dem Titel *Des todten Shakespear's Klage unter todten Zuhörern in der Kirche, dass kein Gott sei* schon 1789.

[11] Dieter Arendt: *Der „poetische Nihilismus" in der Romantik. Studien zum Verhältnis von Dichtung und Wirklichkeit in der Frühromantik;* Tübingen 1972, Bd.1 und 2.

[12] Siehe: Walter Hof: *Pessimistisch-nihilistische Strömungen in der deutschen Literatur von Sturm und Drang bis zum Jungen Deutschland;* Tübingen 1970 und Dieter Arendts Studie zum „poetischen Nihilismus" siehe Anm. 11.

[13] Mehr dazu siehe: Kapitel 1. *Zum Forschungsstand.*

Werke konzentrierte, ohne auf ein geistiges Kontinuum menschlicher Zweifel über Gott, Lebenssinn sowie die Rolle und Auffassung des Menschen selbst hinzuweisen. Demgegenüber beabsichtigt diese Untersuchung ausgewählter Werke der deutschen Literatur vom Ende des 18. bis in die dreißiger Jahre des 19. Jahrhunderts all die nihilistisch-pessimistischen Gedanken im Welt- sowie Selbstverhältnis des Menschen dieser Zeit zu charakterisieren und unter dem Aspekt eines gedanklich ununterbrochenen Prozesses zu analysieren, der in der zweiten Hälfte des 19. Jahrhunderts immer mehr an Bedeutung gewann und schließlich in den Nihilismus überging.

Diese sich am Rande der Hauptmotive der Literatur der Zeit der Romantik entwickelnde Tendenz, über die Verhältnisse zwischen Gott, Welt und Mensch im Kontext der Sinnsuche nachzudenken, steht natürlich in einem engen und direkten Zusammenhang mit der Gedankenwelt der Aufklärung, in der besonders die heftige und offene Auseinandersetzung zwischen Glauben und Wissen von Bedeutung war. Die scharfe Trennung dieser früher eng verbundenen Bereiche des menschlichen Denkens verursachte eine gewisse Krise in der Welt- und Menschauffassung, da man sich auf die Kraft der menschlichen Ratio konzentrierte und dadurch die metaphysische Sphäre aus dem menschlichen Leben zu verdrängen suchte. Auf diese Weise stellte man das frühere Gottes- Welt- und Menschenbild in Frage, so dass der Mensch gezwungen wurde, sich sowie seine Umgebung neu zu bestimmen. In solch einem, an dieser Stelle nur kurz skizzierten gedanklichen Sinnzusammenhang beginnt der Mensch der Romantik, in seinem Nachdenken auf den Sinnverlust, die Nichtigkeit sowie seine innere Leere und existenzielle Langeweile besonders aufmerksam zu werden.

In der vorliegenden literaturwissenschaftlichen Studie wird zuerst die historisch-philologische Methode angewandt, um die Begriffe: „Nihilismus" und „nihilistische Gedankenexperimente" zu erklären. In der Analyse literarischer Werke wird die induktive Methode gebraucht, mit derer Hilfe den zusammenfassenden Bemerkungen eine detaillierte Untersuchung jedes einzelnen Werkes unter einem bestimmten Aspekt nihilistischer Gedankenexperimente vorangehen soll. Damit wird beabsichtigt, nihilistisch-pessimistische Gedanken in ihrem geistigen Entwicklungsprozess zu erfassen. Auf gesellschaftlich-soziale Faktoren soll hingegen in dieser Arbeit nicht eingegangen werden, da dies den Rahmen der literarischen Untersuchung sprengen würde.

Die Studie beginnt mit dem Forschungsstand über nihilistisch-pessimistische Gedankenexperimente in der deutschen Literatur von Jean Paul bis Georg Büchner. Sodann soll, ausgehend von der theoretischen Schilderung und Analyse des Begriffes „Nihilismus" in den geistigen Diskussionen vom Ende des 18. bis in die dreißiger Jahre des 19. Jahrhunderts, gefragt werden, was man zu jener Zeit unter diesem Begriff verstanden hat. Damit lässt sich zeigen, inwieweit man den Namen „Nihilismus" für die Bezeichnung negativer Strömungen in der

Literatur der Romantik verwenden darf. Darauf folgt die Analyse nihilistischer Gedankenexperimente im Weltverhältnis des Menschen. In diesem umfangreichen Kapitel wird zu fragen sein, wie der Mensch im geistigen Kontext die Welt sowie metaphysische Werte betrachtet. Zu berücksichtigen ist dabei noch die Rolle der Phantasie, des Idealismus sowie des Skeptizismus. Von großer Bedeutung ist auch die Untersuchung des Einflusses von Notwendigkeit, Zufall und Schicksal auf die Welt- und Selbsterfassung des Menschen. In diesem Kapitel wird noch zwei Fragen nachgegangen, erstens, ob das Leben zum Nichtigkeitsspiel und der Mensch selbst zur bedeutungslosen Marionette werden; zweitens, welche Werte und Prioritäten für den Menschen angesichts seiner oft vergeblichen Sinnsuche noch von Bedeutung sind.

In dem darauffolgenden Kapitel wird zu untersuchen sein, inwieweit sich der Mensch in seiner Selbstbestimmung von nihilistischen Gedankenexperimenten beeinflussen lässt. Um dies zu klären, müssen im Wesentlichen solche Aspekte wie Identitätsproblem, Gefühlsleere sowie die Neigung des Menschen zur Genusssucht und Lebensmüdigkeit genau analysiert werden. Schließlich soll die These, dass „nihilisierende"[14] Helden ihr Selbstverständnis im Außenseitertum finden, bestätigt werden.

Eine solche Struktur der Arbeit setzt sich zum Ziel, das breite Spektrum nihilistischer Gedankenexperimente im Welt- und Selbstverhältnis des Menschen in ausgewählten Werken der deutschen Literatur von Jean Paul bis Georg Büchner ausführlich und deutlich darzustellen. Es ist zu hoffen, dass die vorliegende literaturwissenschaftliche Untersuchung einen wesentlichen Beitrag zur Ergänzung der bisher eher bescheidenen Studien zum Gesamtbild des Entwicklungsprozesses pessimistisch-nihilistischer Strömungen in der Zeit der Romantik leisten kann.

---

[14] „Nihilisierend" - zum Nihilismus neigend, aber noch nicht als eindeutig nihilistisch zu bezeichnen [Z.M].

2. Zum Forschungsstand

Die Auswahl der Literatur, die sich mit dem Problem des „Nihilismus" oder seinen Erscheinungsformen in der deutschen Romantik auseinandersetzt, ist eher bescheiden. An größeren Abhandlungen zu diesem Thema sind nur zwei zu nennen, und zwar Walter Hofs *Pessimistisch-nihilistische Strömungen in der deutschen Literatur von Sturm und Drang bis zum Jungen Deutschland* (1970) und Dieter Arendts zweibändige Untersuchung *Der „poetische Nihilismus" in der Romantik. Studien zum Verhältnis von Dichtung und Wirklichkeit in der Frühromantik*[15] (1972). Obwohl die frühesten Versuche, auf nihilistische Tendenzen in der Romantik hinzudeuten schon in den vierziger Jahren des 20. Jh.s bei Walther Rehm[16] oder H. A. Korff[17] vorzufinden sind, setzten ausführlichere Studien zu diesem Forschungsproblem erst in den fünfziger Jahren mit Werner Kohlschmidt[18] an. Seine literaturkritischen Untersuchungen zum Nihilismus in der deutschen Romantik haben den Literaturwissenschaftlern einen entsprechend bedeutenden Anstoß dazu gegeben, auf solche Probleme aufmerksam zu werden. Kurz darauf veröffentlichte Hermann Rauschning[19] die Ergebnisse seiner Auseinandersetzung mit dem in den modernen Mythen versteckten Nihilismus, dessen Symptome er schon in der warnenden Stimme der Romantiker (Novalis oder Friedrich Schlegel[20]) vorgefunden hatte; er konzentrierte sich aber hauptsächlich auf Texte des 20. Jh.s. Erwähnenswert ist auch der in den achtziger Jahren veröffentlichte Vortrag Bruno Hillebrands zu literarischen Aspekten des Nihilismus[21], in dem auf die Reflexion über das Nichts in literarischen Werken hingewiesen wurde, die der philosophischen Diskussion vorangegangen sind. Interessant ist auch eine umfangreiche Studie von Sybille

---

[15] Dieses Werk enthält Angaben zur früheren Forschung zum Nihilismus in der Romantik; siehe: Dieter Arendt: *Der „poetische Nihilismus" in der Romantik...* Bd. 1 S. 1-7.
[16] Walther Rehm: *Experimentum medietatis, Studien zur Geistes- und Literaturgeschichte des 19. Jahrhunderts;* München 1947.
[17] H.A. Korff: *Geist der Goethezeit;* Leipzig 1949, Bd. 3: *Frühromantik*, Bd.4: *Spätromantik.*
[18] Werner Kohlschmidt: *Form und Innerlichkeit. Beiträge zur Geschichte und Wirkung der deutschen Klassik und Romantik;* München 1955, S. 157-176. Zuerst abgedruckt in *Neue Schweizer Rundschau* 12 (1953), S. 1-33 und später mit dem Titel: *Nihilismus in der Romantik,* erschienen in: *Der Nihilismus als Phänomen der Geistesgeschichte in der wissenschaftlichen Diskussion unseres Jahrhunderts*; hg. von Dieter Arendt; Darmstadt 1974, S. 79-98.
[19] Herman Rauschning: *Masken und Metamorphosen. Der Nihilismus des 20. Jahrhunderts;* Frankfurt a. M., Wien 1954.
[20] Mehr dazu siehe: Kapitel 3. *Nihilismus oder nihilistische Experimente?*
[21] Bruno Hillebrand: *Literarische Aspekte des Nihilismus;* in: *Nietzsche-Studien. Internationales Jahrbuch für die Nietzsche-Forschung;* 13(1984), S. 80-100. Dieser Aufsatz erschien auch im Jahre 2001 in Bruno Hillebrands Buch: *Was denn ist Kunst,* Göttingen 2001.

Gössl zum Materialismus und Nihilismus in ausgewählten Romanen der Spätaufklärung[22]. Eine bedeutende Rolle in der literarischen Forschung der neunziger Jahre zu den Ursprüngen des Nihilismus in der deutschen Literatur spielt Silvio Viettas Aufsatz *Herkunft und Genealogie des Nihilismus in der deutschen Literatur vor Nietzsche*[23]. Er ist als eine sehr interessante und fachkundige Untersuchung mit Hinweisen auf eine Entwicklungstendenz des Nihilismus seit der Aufklärung zu bezeichnen, kommt leider nur in Form einer kurzen und skizzenhaften Studie vor.

Zu nennen sind auch zwei umfangreichere, aber eher theoretische und kulturgeschichtliche Schriften aus den neunziger Jahren von Bruno Hillebrand zur *Ästhetik des Nihilismus*[24] und Thomas Immelmann zum *Nihilismus und Sinndebatte in der Literatur von der Aufklärung zur Moderne*[25]. In seiner Abhandlung beabsichtigt Hillebrand den Nihilismus als ein Phänomen der Geistesgeschichte in seinen Umwandlungen zu charakterisieren. Betont wird vor allem der fortschreitende Relativismus aller Bezugsgrößen des Menschen, die samt dem Kausalitätsprinzip, die frühere Göttliche Offenbarung zu ersetzten und zu alleingültigen Weltprinzipien zu werden drohen. Hillebrand liefert in seinem Buch jedoch keine ausführlichere Analyse literarischer Werke der Romantik, außer einigen Hinweisen auf Jean Pauls *Titan* und die *Nachtwachen des Bonaventura*. Insofern kann diese Studie als eine theoretische Grundlage für die Interpretation des Nihilismus in literarischen Werken der Romantik betrachtet werden. Thomas Immelmann dagegen analysiert den Nihilismus unter dem Aspekt der Sprache. Er stellt sich die Frage, was eigentlich unter dem Begriff „literarischer Nihilismus" zu verstehen ist und versucht dieses Phänomen im Zusammenhang mit Sprachtheorien und Sprachphilosophie in der Zeitperiode von der Aufklärung bis zur Moderne zu beschreiben. Dementsprechend wird dann in dieser Studie der Nihilismus in seinem historischen Prozess als „Bewusstsein sprachlicher Differenz und als virtuelle Negation des Sinneffekts der Metaphysik"[26] untersucht. Aber auch Immelmanns Analyse des Nihilismus beschränkt sich hauptsächlich auf sprachlich-philosophische – also theoretische Erwägungen, mit einem kurzem Ausblick auf Jean Pauls *Rede des toten Christus...*, *Nachtwachen des Bonaventura* und Georg Büchners *Dantons Tod*.

---

[22] Sybille Gössl: *Materialismus und Nihilismus. Studien zum deutschen Roman der Spätaufklärung;* Würzburg 1987.

[23] Silvio Vietta: *Herkunft und Genealogie des Nihilismus in der deutschen Literatur vor Nietzsche;* in: *Nietzsche und Italien*, hg. vom Italienischen Kulturinstitut Stuttgart; Tübingen 1990, S. 103-114.

[24] Bruno Hillebrand: *Ästhetik des Nihilismus. Von der Romantik zum Modernismus;* Stuttgart 1991.

[25] Thomas Immelmann: *Der unheimlichste aller Gäste. Nihilismus und Sinndebatte in der Literatur von der Aufklärung zur Moderne;* Bielefeld 1992.

[26] Ebd. S. 27.

In der literaturwissenschaftlichen Forschung zum „Nihilismus" oder zu pessimistischen Strömungen in der Zeit der Romantik gibt es ansonsten entweder Untersuchungen ausschließlich zu einzelnen Werken[27] oder aber Kurzstudien, in denen die Aspekte des voraussichtlichen Nihilismus jedoch nicht den Hauptgegenstand des Interesses bilden, sondern lediglich zu Randbemerkungen werden[28].

In diesem Zusammenhang könnte man schon die Vermutung wagen, dass selbst die geringe Zahl literaturwissenschaftlicher Untersuchungen eine vollständige Erfassung nihilistischer Aspekte in ihren Ursprüngen (vom Ende des 18. bis in die dreißiger Jahre des 19. Jh.s) fragwürdig macht. Im Folgenden sollen die Schwerpunkte der früheren Forschung aufgezeigt werden.

Wegen der Vielfalt behandelter Stoffe gilt Dieter Arends Abhandlung zum „poetischen Nihilismus" in der Frühromantik als die wichtigste literaturwissenschaftlich-kritische Quelle zu diesem Forschungsproblem. Zum Gegenstand seiner Untersuchung wurde die idealistisch-ästhetische Kreativität der Romantiker, die in ihren Werken der geschichtlichen Wirklichkeit mit ihrer gegensätzlichen Spannung zwischen „Alles oder Nichts", oder sogar „Gott oder Nichts" mit Hilfe der Phantasie zu entfliehen versuchten. Arendt bedient sich dabei des von Jean Paul schon zum Anfang des 19. Jh.s in die Geistesgeschichte eingeführten Begriffes „des poetischen Nihilismus"[29], der, vom Fichteanischen Idealismus abgeleitet, auf die übertriebene Einbildungskraft der Romantiker hindeutete und sie vor der Gefahr der „Entwirklichung" der Realität zu warnen

---

[27] Zu den bedeutendsten gehören unter anderen: Hans-Geert Falkenberg: *Strukturen des Nihilismus im Frühwerk Ludwig Tiecks*, Diss. Göttingen 1956; Hans Esselborn: *Der „Nihilismus" in Ludwig Tiecks „William Lovell"*, in: *Wirkendes Wort* 40 (1990) S. 4-22; Christopher Schwarz: *Langeweile und Identität. Eine Studie zur Entstehung und Krise des romantischen Selbstgefühls*; Diss. Heidelberg 1993; Benno von Wiese: *Georg Büchner. Die Tragödie des Nihilismus*; in: Benno von Wiese: *Deutsche Tragödie von Lessing bis Hebbel*; Teil 2: *Tragödie und Nihilismus*; Hamburg 1973, S. 513- 571; Robert Mühlher: *Georg Büchner und die Mythologie des Nihilismus*; in: *Georg Büchner*; hg. von Wolfgang Martens, Darmstadt 1973, S. 252-288; Hans Mayer: *Georg Büchner und seine Zeit*; Frankfurt am Main 1977; Ludwig Büttner: *Büchners Bild vom Menschen*; Nürnberg 1967; Dorothee Sölle-Nipperdey: *Untersuchungen zur Struktur der Nachtwachen von Bonaventura*; Göttingen 1959; Richard Brinkmann: *Nachtwachen des Bonaventura. Kehrseite der Frühromantik*, Pfull 1966; Walter Pfannkuche: *Idealismus und Nihilismus in den Nachtwachen von Bonaventura*; Frankfurt am Main, Bern 1983; Peter Kohl: *Der freie Spielraum im Nichts. Eine kritische Betrachtung der „Nachtwachen von Bonaventura"*; Frankfurt am Main 1986.

[28] Hans Ludwig Scheel: *Positionen der Hoffnungslosigkeit und der Hoffnung im "poetischen Nihilismus" und bei Giacomo Leopardii*, in: *Leopardi und der Geist der Moderne*; Stuttgart 1993, S. 143-160.

[29] Jean Pauls Abhandlung über den „poetischen Nihilismus" wurde in der *Vorschule der Ästhetik* 1804 herausgegeben. Mehr zu diesem Begriff siehe: Kapitel 3.5. *„Der poetische Nihilismus" als ästhetische Kategorie des Nihilismus*.

beabsichtigte. Arendts Untersuchung beginnt mit dem Versuch, die Formel „romantischer Nihilismus" zuerst literarisch-historisch und dann philologisch zu bestimmen. Dabei liefert er eine kurze Auseinandersetzung mit der früheren literaturwissenschaftlichen Forschung zur Romantik, der er die Verwendung der Nihilismus-Definition von Nietzsche in ihren Analysen zu Recht vorzuwerfen hat[30]. Er selbst verbindet diese Formel mit dem romantischen Selbstbewusstsein, das seinen Ausdruck in der alternativen Haltung „Alles oder Nichts" gefunden hat. Dementsprechend widmet er seine ausführliche Studie den Motiven und Bildern des „poetischen Nihilismus", zu denen „das Bild des Welttheaters", „die romantische Maskerade und Redoute", „das romantische Bild des Gebirges und die romantische Gipfel-Stimmung" sowie „die romantische Gotik" und das Symbol „der Friedhofsnacht" gehören. In diesem Teil seiner Untersuchung werden sowohl theoretische, als auch literarische Werke der Romantik berücksichtigt, was eine gewisse Verwirrung in der Rezeption bedingt. Nichtsdestoweniger ist es ihm gelungen, die Entwicklungstendenz der untersuchten Motive möglichst detailliert darzustellen. Im Gegensatz zum ersten Teil, der eine synthetisch geschlossene Einheit bildet, erscheint der zweite Teil - wegen Umfang und Themenwahl - ein wenig unpräzise und von den Hauptfragen seiner Forschung teilweise abweichend. Konsequenterweise ist es problematisch, Merkmale des „poetischen Nihilismus" in der frühromantischen Dichtung eindeutig nachzuweisen. Obwohl die Analyse ausgewählter romantischer Werke, wie z. B. Ludwig Tiecks *William Lovell*, Brentanos *Godwi* oder der *Nachtwachen des Bonaventura* auf viele nihilistische Aspekte hinweist und sie oft in Einzelheiten charakterisiert, bleibt sie leider ohne schlussfolgernde Synthese. Zu bemerken ist auch die Tatsache, dass Dieter Arendt Jean Paul mit seinen bedeutenden Werken wie *Siebenkäs* oder *Titan* eigentlich nicht berücksichtigt, von einigen wenigen Bemerkungen abgesehen. Man darf daraus folgern, dass diese Studie zwar als die bisher ausführlichste und bedeutendste gelten kann, jedoch gewisser Ergänzungen bedarf.

Im Rahmen der Forschung zum „poetischen Nihilismus" der Romantik ist auch Walter Hofs Studie über pessimistisch–nihilistische Strömungen zu erwähnen, die einen besonders großen Wert auf die Untersuchung des Tantalussymbols legt. Dieses Symbol, das als andere Bezeichnung für das romantische Gefühl des menschlichen Schwebens „zwischen Himmel und Hölle" betrachtet werden kann, wurde in der Zeit vom Sturm und Drang bis zum Jungen Deutschland erforscht. In seiner Untersuchung deutet Hof auf verschiedene Stadien der Tantalusqualen hin, die von der lyrisch-passiven Phase in Goethes *Werther* in die aktiv-dramatische der Faustgestalten der Sturm und Drang - Zeit (Maler Müllers *Fausts Leben* sowie Klingers dramatische Schrift *Faustus Leben*) übergehen, dann in der Romantik in der ewigen Sehnsucht in Ludwig

---

[30] Arendt *Der „poetische Nihilismus" in der Romantik...* Bd.1 S. 2-6, besonders S. 5.

Tiecks *William Lovell*, Hölderlins *Hyperion* sowie den *Nachtwachen des Bonaventura* versinnbildlicht wurden, über das Gefühl des Unmöglichen und Marionettenhaften in Büchners Werken, und schließlich in der Zerrissenheit der Helden des Jungen Deutschlands (u.a. in Willkomms *Europamüden*, Gutzkows *Nihilisten* oder Immermanns *Epigonen*) enden. Auf diese Weise hat Walter Hof, im Gegensatz zu Dieter Arendt, eine eindeutige Entwicklungstendenz geschildert, ohne jedoch die einzelnen Werke, hinsichtlich der Nihilismus-Problematik detaillierter zu charakterisieren. Auch die Auseinandersetzung mit den Motiven im Bereich des Tantalussymbols (distanzierte Selbstbeobachtung, Sinnlosigkeit des Daseins, Langeweile, Voluntarismus, schöpferische Begabung-Genietum, das Marionettenhafte) zeugt davon, dass es ihm eigentlich um eine synthetische Verallgemeinerung der behandelten Stoffe als ihre ausführlichere Analyse geht.

Hof ist sehr kritisch gegenüber der frühen Literaturforschung zu den nihilistischen Aspekten in der Romantik, indem er sich von solch einer Tendenz distanziert, die negativen Erscheinungen auf das Scheitern des sog. „experimentum medietatis"[31] zurückzuführen. Der moderne Negativismus in der Literatur lasse sich nicht ausschließlich als Folge der Verselbständigung des Menschen und seiner gescheiterten Versuche betrachten, „sich selbst, seinen schöpferischen Geist, seine Ratio anstelle der Gottheit als 'Mitte', als tragenden Grund der Welt zu setzen"[32], so dass hierdurch sein Geborgenheitsgefühl erschüttert werde. Man mag Hof schon Recht darin geben, dass die unbeschränkte menschliche Freiheit nicht nur eindeutig negativ zu betrachten ist, unumstritten aber bleibt die Tatsache, dass die Allmachtsansprüche des Menschen viele Krisen mit sich brachten, was in der Literatur seinen Ausdruck fand.

Sybille Gössls Studie aus den achtziger Jahren zum deutschen Roman der Spätaufklärung unternimmt den Versuch, ausgewählte Werke dieser Zeit (Wielands *Agathon*, Wezels *Tobias Knaut*, Wezels *Belphegor*, Ludwig Tiecks *Abdallah* und *William* Lovell) im Kontext des Materialismus und des Nihilismus zu erforschen. Zu betonen ist, dass Gössl in ihrer literarischen Untersuchung zu Recht die Aufwertung der Sinnlichkeit[33] mit dem Nihilismusverdacht in Verbindung bringt. Das hat aber die von ihr zu voreilig gefasste These zur Folge, wonach sich der Nihilismus schon in Tiecks *William Lovell* in seinem Entwicklungsprozess sogar als Kulminationspunkt erweise. Verzichtet wird hingegen

---

[31] Das „experimentum medietatis" – „die schicksalhafte, verantwortungsvolle Freiheit des Menschen zum Bösen (statt zum Guten), der luciferische Abfall oder – antik gesehen - die prometheische Empörung, sind ewige Möglichkeiten, die sich im menschlichen Bewusstsein zurückdrängen, aber nie völlig tilgen lassen" – Zitat aus Walther Rehms *Experimentum medietatis...* S. 8. Mehr zu diesem Begriff siehe: Ebd. bes. S. 7-12.

[32] Walter Hof: *Pessimistisch-nihilistische Strömungen...* S. 2.

[33] Bei der Definierung der Sinnlichkeit bedient sie sich der Erklärung von Panajotis Kondylis (vgl. Kondylis *Aufklärung im Rahmen des neuzeitlichen Rationalismus...* S.16)

auf wesentliche Hinweise[34] zur weiteren Entwicklung der nihilistisch-pessimistischen Strömungen in anderen Werken vom Ende des 18. bis zum Anfang des 19. Jh.s. Gössls These zufolge müsste der Nihilismus schon in dieser Zeitperiode für ein in der deutschen Literatur bewusst reflektiertes Phänomen gehalten werden, was aber nicht wahr ist, wovon selbst die erst von Jacobi ausgelöste Diskussion zum Nihilismus und der Versuch seiner Bestimmung im Kontext des Idealismus zeugt. Es stimmt zwar, dass nihilistische Gedankenexperimente in der deutschen Literatur (vor allem in Jean Pauls *Rede des toten Christus*... und Ludwig Tiecks *William* Lovell) dieser Diskussion zeitlich vorangehen, was aber nicht sofort zu bedeuten hat, dass zu dieser Zeit schon vom Nihilismus als einem eindeutig festgelegten Begriff die Rede sein kann. Dementsprechend soll in der vorliegender Abhandlung die These bewiesen werden, dass sich die Gesamtheit der Reflexionen in literarischen Werken über Probleme der Existenz bis hin zu Georg Büchners *Dantons Tod* erst als nihilistische Gedankenexperimente bezeichnen lässt, die später zwar in den Nihilismus übergehen können, aber nicht unbedingt müssen.

Das große Verdienst Sybille Gössls für die Literaturforschung zum Nihilismus in seinen Anfängen beruht aber auf einer detaillierten Untersuchung dreier wichtiger Motivkomplexe: des „Maschinen-Marionettenmenschen", „Systems des Fatalismus" und des „Prinzips der Eigenliebe", die zunächst theoretisch und dann in ausgewählten Werken der Spätaufklärung ausführlich charakterisiert wurden. Von Bedeutung sind auch umfangreiche Angaben zum Forschungsstand jedes einzelnen untersuchten Werkes, die der Analyse jeweils vorangehen.

Wenn es um kleinere Schriften geht, die die Problematik des Nihilismus in der Romantik behandeln, gibt es nur wenige Literaturwissenschaftler, die andere Werke außer dem Roman *William Lovell* von Ludwig Tieck oder den *Nachtwachen des Bonaventura* in Erwägung ziehen, geschweige denn eine Tendenz dieses Phänomens zu verfolgen versuchten. Als positives Beispiel können an dieser Stelle Werner Kohlschmidts Überlegungen über die Erscheinungsformen des Nihilismus in den bedeutenderen Werken der Romantiker angeführt werden. Seine Studie führt zu der Schlussfolgerung, dass der romantische Nihilismus eigentlich als ein „spekulativer" zu betrachten wäre, da er zu dieser Zeit noch nicht ins Bewusstsein trete und anscheinend nur „ein Spiel mit dem Chaos und dem Nichts in der Radikalität des In-Frage-Stellens"[35] impliziere. Ähnliche Ansichten sind in Bruno Hillebrands kurzer Schrift über *Literarische Aspekte des Nihilismus* vorzufinden. Zu betonen ist allerdings, dass Hillebrand den Nihi-

---

[34] Eine einzige Ausnahme bildet in ihrer Studie eine kurze Bemerkung zu den *Nachtwachen des Bonaventura*, in denen sich, Sybille Gössl zufolge, „die Zentralmotive des Nihilismus noch einmal versammeln [...]" – siehe: Gössl *Materialismus und Nihilismus. Studien zum deutschen Roman der Spätaufklärung...* S. 230-231.

[35] Werner Kohlschmidt: *Der Nihilismus der Romantik...* S. 83, 85.

lismus chronologisch mit allgemeinen Hinweisen auf seine Entwicklungsphasen darstellt. Erwähnenswert ist auch eine zwar nicht ausführliche, aber doch informative und fachkundige Untersuchung der Ursprünge des Nihilismus in der deutschen Literatur vor Nietzsche von Silvio Vietta. Er erforscht das Nihilismus-Problem mit Blick auf die Werteprobleme der europäischen Aufklärung, wobei er sich auf die wissenschaftlichen Studien von Paul Hazard[36] und die spätere kultur-philosophische Untersuchung von Panajotis Kandylis[37] (über den Zusammenhang von Aufklärung und Nihilismus) beruft. Silvio Vietta zufolge sind schon in Wielands *Agathon* (1766/7) die Wurzeln des Nihilismus zu suchen, weil es in diesem Werk einerseits eine heftige Auseinandersetzung mit dem Materialismus gebe, andererseits aber in der Lehre des Hippias das Nichts als Bodensatz der Metaphysik gedeutet werden könne. Außerdem deutet Vietta auf den Sensualismus als Ersatz für die verlorenen moralischen und religiösen Werte hin. In seiner literarischen Studie erwähnt Vietta auch einige Werke der Frühromantik, die sich mit dem Nihilismus-Problem auseinandersetzten. Diese Liste ist aber unvollständig und ein wenig zu oberflächlich behandelt, worauf der Autor selbst mit der Erklärung hinweist, dass die Kurzform des Artikels ihn nur die Hauptakzente des Nihilismus in der Romantik darstellen lasse. Deswegen werden aus der nachromantischen Literatur in Viettas Studie leider auch nur zwei Werke genannt Gutzkows *Wally, die Zweiflerin* (1835) und Georg Büchners *Dantons Tod* (1835). Nicht zufällig schließt jedoch Vietta seine Untersuchung zum Nihilismus in der deutschen Literatur mit Büchners Drama ab, in dem solche Faktoren wie: die unterbrochene positive Sinnsetzung sowie die „Todes-Verfalls- und Vernichtungsmetaphorik"[38] besonders hervorgehoben werden. Silvio Vietta meint, dass gerade in diesem Werk sich „das Problem des Nihilismus als grundlegendes Werteproblem der europäischen Aufklärung stellt"[39] und somit die von ihm skizzierte Entwicklungstendenz zu Ende führt.

In den literaturwissenschaftlichen Studien zum Nihilismus in der Romantik ist eine gewisse Schwierigkeit im Umgang mit der Bezeichnung „Nihilismus" festzustellen, worauf schon Dieter Arendt hinweist[40]. Die methodologische Gefahr besteht einerseits darin, frühere literarische Werke mit einer modernen

---

[36] Gemeint ist Paul Hazards Studie mit dem Titel: *Die Krise des europäischen Geistes*, Hamburg 1939; vgl. Einleitung, Anm. 2.
[37] Panajotis Kondylis: *Aufklärung im Rahmen des neuzeitlichen Rationalismus;* Stuttgart 1981.
[38] Vietta *Herkunft und Genealogie des Nihilismus in der deutschen Literatur vor Nietzsche...* S. 112.
[39] Ebd. S. 112.
[40] Siehe: Anm. 10.

Definition des Nihilismus zu untersuchen[41]. Andererseits ist der „Nihilismus" der Romantik eher als gedankliche Voraussetzung zu einer vollständigen Lehre und nicht im Sinne eines vollkommenen Phänomens zu begreifen. In der früheren Romantik-Forschung verzichtete man deswegen oft auf diesen umstrittenen Begriff oder verwendete ihn mit einem ergänzenden Attribut in solchen Formen wie z. B.: der „ästhetische Nihilismus" (W. Rehm) oder der „poetische Nihilismus" (D. Arendt). Korff führte den Ausdruck „romantischer Nihilismus" ein, der sinngemäß dem „poetischen Nihilismus" entspricht. In der späteren Forschung hat Werner Kohlschmidt mit der Bezeichnung „spekulativer Nihilismus" eine gute Lösung vorgeschlagen. Die Forschung in den achtziger und neunziger Jahren leitete eine neue Tendenz ein, den Nihilismus im Sinne vom „Wertenihilismus"[42] (Silvio Vietta, der sich auf den Nihilismusbegriff bei Panajotis Kondylis beruft, dessen Voraussetzungen man im „Entzug aller normativen Komponenten vom Naturbegriff"[43] in der Philosophie der Aufklärung entdeckt hat) oder aber „Entwertung der obersten Werte" mit gleichzeitiger Infragestellung des Sinnes (Thomas Immelmann) zu deuten. Thomas Immelmann bedient sich dabei des neuen Begriffes „literarischer Nihilismus", dessen Bedeutung, seiner Meinung nach, „ganz wesentlich ein hermeneutisches Problem [zu sein scheint], deren Tätigkeit zuletzt auf der „Wiederherstellung des Sinns" beruht, [und] bei der Darstellung des Nihilismus als des Nicht-Sinns, [... die] an ihren eigenen Axiomen [oft] scheitern muss"[44]. Immelmann beruft sich somit auf Nietzsches Definition des Nihilismus: „Was bedeutet Nihilismus? Daß die obersten Werte sich entwerten. Es fehlt das Ziel. Es fehlt die Antwort auf das: Wozu"[45]. Er behauptet, dass man im Verhältnis des Nihilismus zur Sprache entweder eine Antwort auf die Frage nach der Bedeutung des Nihilismus oder aber nach seinem Zweck geben könne.

Schlussfolgernd lässt sich feststellen, dass die vorhandenen Untersuchungen keine vollständige Analyse der nihilistischen Aspekte in der Literatur der deutschen Romantik liefern. Schon in den siebziger Jahren hat Otto Pöggeler darauf hingewiesen, dass die Nihilismus-Forschung sich zwar „in einer relativ zufälligen Weise einige Details angeeignet hat, elementare Fragen aber unge-

---

[41] Walter Hof z. B. stellt zu Beginn seiner Untersuchung fest: „Als Nihilismus wird eine Weltanschauung bezeichnet, der ‚Welt' und ‚Leben' als sinnlos und mithin nichtig erscheinen" (Hof *Pessimistisch-nihilistische Strömungen...* S. 1.) und läuft damit Gefahr, die nihilistischen Aspekte von Sturm und Drang bis zum Jungen Deutschland unter dieser eindeutig modernen Voraussetzung zu erforschen.

[42] In der literarischen Untersuchung aus den siebziger Jahren zu Büchners Werken bedient sich Robert Mühlher eines ähnlichen Begriffes – „Wertnihilismus" im Sinne der Bejahung der bloßen wert- und sinnlosen Realität. Mehr dazu siehe: Kapitel 4.5. *Grundlegende Werte und Prioritäten des Menschen.*

[43] Panajotis *Aufklärung im Rahmen des neuzeitlichen Rationalismus...* S. 492.

[44] Immelmann *Der unheimlichste aller Gäste...* S. 11-12.

[45] *Friedrich Nietzsche: Werke*, hg. von Karl Schlechta; München 1969, Bd. 3, S. 557.

klärt bleiben und die großen Zusammenhänge noch nicht zureichend in Blick sind"[46]. Diese Behauptung konnte bis heute ihre Geltung bewahren. Die wenigen Literaturstudien zu den Anfängen des Nihilismus beschränkten sich hauptsächlich auf den „poetischen Nihilismus", ohne die damalige Wandlung des Begriffes in den geistesgeschichtlichen Diskussionen um Idealismus, Atheismus, Pantheismus, über den poetischen Nihilismus bis hin zum Anarchismus und Nihilismus als Lebenshaltung zu berücksichtigen. Außerdem hat man die Untersuchungen auf die Romantiker beschränkt, obwohl des Öfteren auf die Entwicklungstendenz nihilistischer Gedankenexperimente von der Traumvision in Jean Pauls *Rede des toten Christus vom Weltgebäude herab, dass kein Gott sei* bis zu ihrer Verwirklichung in Georg Büchners *Dantons Tod* verwiesen wurde[47].

In der vorliegenden Untersuchung wird der Versuch unternommen diese in der Frühromantik begonnene Tendenz über das Nichts und die Nichtigkeit sowie Reduktion der Bedeutung der Welt auf Kausalitäten oder reine Ursachlichkeit zu erörtern, die dann bei Bücher in einer pessimistischen Form fortgesetzt wurde. Diese geistige Kontinuität innerhalb der nihilistischen Gedankenexperimente soll synthetisch erforscht werden. Gegenstand der Untersuchung sind deshalb wichtige Aspekte des „Nihilismus" in Texten ausgewählter Autoren von Jean Paul bis Georg Büchner, das heißt aus der Zeitspanne vor einer vollständigen Begriffsdefinition des Phänomens in Lexika und vor der Wandlung des Nihilismus selbst zum „bewussten Zeitgeist".

---

[46] Otto Pöggeler: *„Nihilist" und „Nihilismus"*; in: *Archiv für Begriffsgeschichte*, Bd. 19(1975) Heft 4, S. 203.

[47] Vgl. Rehm *Experimentum medietatis...* S. 30. Dieser These schließt sich auch Walter Hof ein. Er behauptet, dass Büchner „zum eigentlichen, grundsätzlichen Nihilismus fortschreitet", denn in seinen Werken sei im Gegensatz zur Romantik eine gewisse Verstärkung der nihilistischen Gedanken zu beobachten. Das sei nicht mehr die überspannte Phantasie und der Genuss der „ewigen Sehnsucht", die der Mensch erfährt, sondern das Gefühl der Unmöglichkeit und des Marionettenhaften, das ihn beängstigt, siehe: Hof *Pessimistisch-nihilistische Strömungen...* S. 129 und 49. Auf das Fortschreiten der Welt zum Chaos in Büchners Werken verweisen auch unter anderen: Bruno Hillebrand (*Literarische Aspekte des Nihilismus...* S. 97) und Dieter Arendt (*Der „poetische Nihilismus" in der Romantik...* Bd. 2 S. 538). All diese Hinweise auf eine geistige Kontinuität der nihilistischen Überlegungen blieben jedoch ohne ausführlichere Untersuchung.

3. Nihilismus oder nihilistische Gedankenexperimente?

Es sind verschiedene Versuche gemacht worden, den Begriff „Nihilismus" eindeutig zu erfassen, zumal er in den Bereich grundlegender kultur-philosophischer Überlegungen fällt. Sprachlich ist das Wort vom lat. „nihil" – „nicht" und „nihilum" – „Nichts" abgeleitet. „Nicht" ist logisch wie etymologisch eine Negation zu „etwas", das „Nichts" dagegen wird als Gegensatz zu „Sein" aufgefasst, d.h. als seine Verneinung und logischerweise als Negation alles Bestehenden[48]. Die Bezeichnung lässt sich in ihrem praktischen Gebrauch bis ins Mittelalter zurückverfolgen, als der „Nihilismus" und der „Nihilist" als Inbegriffe für Glaubenslosigkeit und Ketzer (die an nichts Glaubenden) in den mittellateinischen Entsprechungen „nichilianismus" und „nichilianista" ihren Ausdruck fanden. (Die Begriffe selbst findet man schon bei Augustinus[49].) In den Bereich der lateinischen Vorbegriffe dieses Phänomens gehört auch das Wort „annihilare" als Synonym für „vernichten" und „verneinen", wobei zu betonen wäre, dass dieser Begriff eine vollständige Vernichtung („destructio rei in nihilum") impliziert. Im neuzeitlichen Prozess der Säkularisierung von der „creatio ex nihilo", die auf den Menschen als „alter deus" übertragen wurde, löst sich auch die Annihilation von der christlichen Schöpfungslehre, da sie im Gedankenexperiment die Abgrenzung der Form von der Materie verwischt und an ihre Stelle das Chaos ihrer Elemente setzt, als ob es keine Einheit von Natur und Geschichte gebe. In der Aufklärung kommt es zur Radikalisierung der „annihilatio", die das Aufhören des Wirklichen (somit eine totale Auflösung der Form und Materie) impliziert und auf das erkennend–handelnde Subjekt übertragen wird. Schließlich wird im philosophischen Kritizismus Kants „nicht nur die Welt, sondern das Selbst des Menschen und damit Gott, der Welt und Mensch geschaffen hat", annihiliert[50].

Beizupflichten ist Hans Thom, dass

„der Nihilismus ohne Zweifel etwas besonders Europäisches sei, [... und] viel weniger in der natürlichen Bewegung unserer Geschichte beschlossen [ist,] als in ihrem entschiedenen Movens: im Christlichen, das den Nihilismus als latente Möglichkeit, als Mit-Gift immer schon enthält"[51].

---

[48] Siehe: Manfred Riedel: *Nihilismus*; in: *Geschichtliche Grundbegriffe. Historisches Lexikon zur politisch-sozialen Sprache in Deutschland,* hg. von Otto Brunner, Reinhart Koselleck; Stuttgart 1993, Bd.4, S. 371.
[49] Darauf verweisen unter anderen: D. Arendt (*Nihilismus-Anfänge von Jacobi bis Nietzsche;* Köln 1970, S. 63), und Manfred Riedel (*Nihilismus... S.* 373f.).
[50] Zitat aus Daniel Jenisch: *Über Grund und Wert der Endeckung des Herrn Professor Kant in der Metaphysik, Moral und Ästhetik;* Berlin 1796, S. 200, Vgl. S. 273, 274, 203.
[51] Hans Thom: *Wie alt ist der Nihilismus;* in: *Der Nihilismus als Phänomen der Geistesgeschichte in der wissenschaftlichen Diskussion unseres Jahrhunderts,* hg. von D. Arendt; Darmstadt 1974, S. 213.

Wenn man nämlich die Welt als Schöpfung aus dem Nichts betrachtet (creatio ex nihilo), so wird bei der Erschütterung des Glaubens nicht nur die Zivilisation, sondern vor allem der Sinn der Welt in Frage gestellt. Denn sobald der Mensch als „alter deus" die Realität selbstherrlich zu „annihilieren" versucht, und sie dann aus dem Chaos in der Willkür seines Ichs wiederherzustellen beabsichtigt, so gelangt er schließlich an die Abgründigkeit des „Nichts". Konsequenterweise verliert für ihn nicht nur die Welt, sondern vor allem das Leben selbst jeglichen Wert und Sinn, so dass ihm plötzlich alles als bedeutungslos und gleichgültig erscheint[52]. Die Doppelsinnigkeit des Nihilismus wäre somit im Zwiespalt der menschlichen Natur zwischen dem Weder-Sein-noch-Nichtsein begriffen. Dieses Zwischenreich (kein Ding ist wirklich und doch nicht völlig erlöschen) beschränkt sich weder auf die Erde noch auf das Jenseits, so dass sich der neuzeitliche Mensch vom Christlichen kaum wirklich lösen kann und sich immer wieder die Frage „Gott" oder „Nichts" stellt[53].

Im sprachlichen Kontext des „Nihilismus" muss noch kurz auf seine etymologische Bedeutung hingedeutet werden. Denn der wahre Sinn dieses geistigen Phänomens geht auf solche Erscheinungen zurück wie: „Fatalismus (Vernichtung der Freiheit durch die kausale Notwendigkeit alles Geschehens in der Welt), Atheismus (Nicht-Existenz Gottes), Pantheismus (Auflösung Gottes in der Welt) und Egoismus (die Reduktion der Welt auf das denkend-vorstellende Ich)"[54].

---

[52] In diesem Kontext sei betont, dass erst mit Kants Philosophie, die die Zentralität von Sinn und Letztbegründung aufgibt, das Wort „Nihilismus" als „Verfallsgeschichte des Sinns" erscheint, worauf schon Thomas Immelmann in seinem Werk: *Der unheimlichste aller Gäste. Nihilismus und Sinndebatte in der Literatur von der Aufklärung zur Moderne;* (Bielefeld 1992, S. 55) hinweist. Außerdem bemerkt er noch dazu: „Insgesamt läßt sich die aufklärerische Vorbereitung des Nihilismus als die bereits im Sinnparadigma selbst unbewußt veranlagte Möglichkeit beschreiben, daß einer rationalen Kritik der Letztbegründung und des Sinnpostulats nichts entgegnet werden kann." – Ebd. S. 56. Dementsprechend bietet substanzloser Sinn großen Raum für nihilistisches Denken. Immelmann betont noch in diesem Zusammenhang die Tatsache, dass in der Aufklärung „zum ersten Mal ein „Nichts" metaphorisch sagbar und vorstellbar [wird] und zwar nicht allein, als das Fehlen eines logisch oder intuitiv herzuleitenden Absolutismus – dieses Nichts bietet keine einwertige Negation, sondern sabotiert jede letztgültige Bedeutungszuweisung." - Ebd. S. 61. Vgl. dazu: Friedrich Schlegel: *Philosophische Lehrjahre*, Werke – Kritische Ausgabe, hg. von E. Behler, München 1963, Bd. 18, S. 77f. Die Konsequenzen der Relativierung lassen sich im neuen Verhältnis Welt - Mensch beobachten, indem, Immelmann zufolge, „der Mensch seinen Sinn bestimmen muss, da es den festen Standort, von dem auch die Sinnhaftigkeit von Welt zu konstatieren wäre, nicht mehr gibt". - Immelmann *Der unheimlichste aller Gäste...* S. 62.
[53] Vgl. Thom *Wie alt ist der Nihilismus...* S. 214-215.
[54] Riedel *Nihilismus ...* S. 372.

Es lässt sich aber fragen, inwieweit man diese umfangreiche und eindeutig neuzeitliche Definition des Nihilismus auf die ersten Versuche, die das Wort selbst um die Wende vom 18. zum Anfang des 19. Jh. charakterisieren, überhaupt übertragen kann. Besonders wenn man bedenkt, dass der Nihilismus erst in den vierziger Jahren des 19. Jh.s als „bewusster Zeitgeist" (als Atheismus und Negation des Positiven) unter der Bezeichnung „moderner Nihilismus" von Johann Wilhelm Hanne beschrieben wurde[55]. Bis dahin würde man eher von nihilistischen Gedankenexperimenten, oder Denk-Ansätzen im Sinne einer Voraussetzung des Nihilismus, und nicht von diesem als einem vollständig beschriebenen Phänomen, d.h. von einer Lehre sprechen.

Diese Behauptung lässt sich anhand des Nihilismus-Begriffes in Lexika der Romantikzeit untersuchen und nachvollziehen. Die frühesten deutschen Belege sind auf die Auffassung des Nihilismus von Wilhelm Traugott Krug im *Allgemeinen Handwörterbuch philosophischen Wissens* 1828 zurückzuführen, in dem der Nihilismus aus dem Idealismus abgeleitet wurde[56]. Als weitere Quellen werden erstens Heyses Versuch genannt, 1838 den Nihilismus und den Nihilisten mit Hilfe von Synonymen (Nichtigkeit, Nichtsein, Nichtigkeitslehre, Nichtsglaubender usw.) zu charakterisieren, oder zweitens Pierers Bestimmung des Nihilismus (1844) als einer anerkannten Nichtigkeit in Bezug auf eine aufgestellte Lehre oder sonstige Lebensanforderungen[57]. Umfangreicher werden die späteren Begriffsbestimmungen des Nihilismus in den Lexika in der zweiten Hälfte des 19. Jh.s beschrieben, in denen sich die neue Tendenz durchsetzt, dieses Phänomen aus der ethischen, politischen, religiösen, historischen usw. Per-

---

[55] Siehe: J.W. Hanne: *Der moderne Nihilismus und die Straußsche Glaubenslehre im Verhältnis zur Idee der christlichen Religion,* Bielefeld 1842. Vgl. dazu Riedel *Nihilismus...* S. 392.

[56] Unter den Wissenschaftlern herrscht jedoch keine Übereinstimmung darüber, wann genau die erste Auffassung des Nihilismus auf deutschem Boden vorzufinden ist. Es wird auf die Definition von W. T. Krug im *Handwörterbuch philosophischen Wissens* von 1828, Bd.3, S. 63 und dann im Supplementband 5/2 2 Aufl. 1832, S.83 verwiesen (Siehe: W. Goerdt: *Nihilismus,* in: *Historisches Wörterbuch der Philosophie;* Basel/Stuttgart 1984, S. 846-854); Dagegen werden bei Otto Pöggeler und Manfred Riedel zwar dieselben Quellen genannt (2. Aufl. B.3, S. 63 und dann 2. Aufl. B.5/2, S.83) aber aus den Jahren 1833 und 1838. Es steht aber fest, dass es sich bei der ersten Quelle um die Ableitung des Nihilismus aus dem Idealismus und in der zweiten Quelle um die Übernahme der französischen Bezeichnung für den Nihilisten handelt. W. T. Krug verwies im Supplementband 1838 auf die Definition von Mercier, der zufolge der Nihilist ein Atheist und Materialist sei, der „sich ganz isoliert und zum Mittelpunkt des Universums gemacht hat. [...] Er ist ein Egoist und hat das höchste Wesen nur getötet, um selber an seiner Stelle zu treten..." (L`an 2440, B.3, Paris 1791, S.165). Mehr zur Diskussion um die Begriffsbestimmung des Nihilismus in Lexika siehe u.a.: Büchmann: *Geflügelte Worte;* Frankfurt a. M./Hamburg 1957; Hans Georg Schenk: *Geist der europäischen Romantik;* Frankfurt a. M. 1970 und Hermann Schmitz: *Nihilismus als Schicksal?;* Bonn 1972.

[57] Vgl. Riedel *Nihilismus...* S. 396-397.

spektive festzulegen. (Zu nennen wären Brockhaus 1853 sowie das Staats- und Gesellschaftslexikon 1863)[58]. So lässt sich schlussfolgern, dass die frühesten Angaben zum Nihilismus in den Nachschlagewerken nur ausgewählte Aspekte berücksichtigen und erst nach 1840 ausführlichere Definitionen lieferten[59].

Große Bedeutung kommt somit der Auseinandersetzung mit dem sog. „alten Nihilismus" der Theologie, Metaphysik und Religionskritik zu - auf dem Wege zur Entstehung des „modernen Nihilismus", als bewusstem Zeitgeist (vom „privaten" Nihilismus der Dogmenkritik, dem Atheismus usw. verwandelt sich der Nihilismus in den bewussten Zeitgeist). Denn im Gegensatz zum Nihilismus der zweiten Hälfte des 19. Jh.s, der als gesamteuropäischer Vorgang des Wandels der Lebensformen, besonders in den sich industriell entwickelnden Ländern verkündet und charakterisiert wurde, hat man diese Zeiterscheinung zum Ende des 18. Jh.s erst in die geistige Diskussion eingeführt und zu bestimmen versucht. Da die Lexika nur aus den zeitgenössischen Auseinandersetzungen über das Wort „Nihilismus" ihm eine entsprechende Definition zuzuschreiben versuchten, was in Bezug auf das im ständigen Wandel seiner inhaltlichen Vielfalt begriffenen Phänomen nur selten gelingen konnte, müssen wir uns mit den ausschlaggebenden Aussagen der Zeitgenossen auseinandersetzen[60]. In diesem Zusammenhang werden wir einige Fragen aufwerfen und diese zu beantworten versuchen. Wer sagt, was Nihilismus ist und warum? Auf wen, worauf bezieht sich der Begriff selbst? Was gilt zu dieser Zeit als nihilistisch? Ist das Wort Nihilismus eindeutig als Scheltwort zu betrachten?

Es ist schwer zu beurteilen, wer der erste gewesen ist, der den Begriff des Nihilismus im 18. Jh. verwendete. Otto Pöggeler verweist auf die Schrift *Der wiederkommende Lebensgeist der verzweifelten Metaphysik* von J.H. Obereit aus dem Jahre 1787, in der die Metaphysik mit dem Nihilismus konfrontiert wird, obgleich sie in der zeitgenössischen Nihilismus-Diskussion kaum erwähnt wurde[61]. Wenig bekannt wurde auch das Werk von Daniel Jenisch *Über Grund und Wert der Entdeckung des Herrn Professor Kant in der Metaphysik, Moral und Ästhetik* (Berlin 1796), das sich mit dem Kritizismus Kants auseinandersetzt, dem zufolge er

---

[58] Ebd.
[59] An dieser Stelle muss verwiesen werden auf das wichtige Werk von J.E. Erdmann mit dem Titel: *Versuch einer wissenschaftlichen Darstellung der Geschichte der neueren Philosophie*; Bd. 3 Teil 1 Die Entwicklung der Spekulation seit Kant; Leipzig 1848. Es enthält ein Verzeichnis über den früheren Gebrauch des Begriffes „Nihilismus".
[60] „Jedenfalls – schreibt Pöggeler – deuten alle Zeugnisse darauf hin, dass am Ende des 18. Jh.s die Stunde gekommen war, den Nihilismusbegriff als ein Grundwort in die geistigen Auseinandersetzungen einzuführen." Siehe: Pöggeler „*Nihilist" und „Nihilismus"*... S. 201.
[61] Mehr zum Begriff Nihilismus bei Obereit siehe: Hermann Timm: *Gott und die Freiheit. Studien zur Religionsphilosophie der Goethezeit;* Bd.1 *Die Spinozismusrenaissance;* Frankfurt a.M. 1974, S. 339-341.

„auf die gewöhnlichsten Dinge des praktischen Lebens und unter anderen auch in die Geschichte übertragen, den offenbarsten Atheismus und Nihilismus (das letztere ist das eigentlichste Wort für die Sache)"[62]

verweist. Betont sei jedoch, dass diese kritischen Äußerungen zum Endpunkt der Entwicklung der neuzeitlichen Metaphysik, dessen Wurzeln man in Kants Philosophie vorgefunden hat, im Wort Nihilismus ihren Ausdruck fanden und ein wenig später in der großen Nihilismus-Diskussion von Friedrich Jacobi fortgesetzt wurden.

3.1. Nihilismus als „Scheltwort für den Idealismus" – die frühe Diskussion zur Bestimmung des Begriffes „Nihilismus"

Am Anfang der Diskussion sorgte Jacobis *Sendschreiben an Fichte* 1799 für großes Aufsehen aufgrund seiner Kritik des deutschen Idealismus, den Jacobi des Nihilismus verdächtigt. Er kritisiert die idealistische Deutung des Wortes Vernunft, die als „reine Vernunft allein, aus sich allein, alles herleiten können soll"[63] und als dessen Folge sich alles Vorgegebene im Nichts der Subjektivität auflöst[64]. Denn, wie Jacobi deutlich betont, diese „reine Vernunft [ist] ein Vernehmen, dass nur sich selbst vernimmt"[65], so dass alles außer ihr in Nichts verwandelt wird. Somit wertet er auch das aus sich selbst gestellte autonome Subjekt negativ, das schließlich in sich Norm und Sinn finden zu müssen glaubt und die Wirklichkeit aus eigener Willkür aufs Neue schafft. Konsequenterweise stürzt „das von der Geschichte und der in ihr sich ereignenden Wirklichkeit sich loslösende und monomanisch in sich selbst kreisende Subjekt" von der Stellung „zwischen Himmel und Erde" in den „wüsten Abgrund des Nichts"[66].

Um die Absurdität der idealistischen Auffassung der Vernunft noch deutlicher hervorzuheben, bedient sich Jacobi des Gleichnisses vom Strickstrumpf, der ohne seine empirische Vorstellung sowie ohne einen Zweck nicht entstanden

---

[62] Siehe: Jenisch *Über Grund und Wert der Entdeckung des Herrn Professor Kant...* S. 200, 203.
[63] Jacobi an Fichte am 6. März 1799 in: Arendt *Nihilismus - Die Anfänge von Jacobi bis Nietzsche...* S. 113.
[64] „Alles löset sich ihm dann allmählig auf in sein eigenes Nichts"; aus: Jacobis Werke, Leipzig 1812ff, Bd.3, S. 49.
[65] Jacobi an Fichte am 6. März 1799 in: Arendt *Nihilismus - Die Anfänge von Jacobi bis Nietzsche...* S. 113.
[66] Siehe: Arendt *Nihilismus - Die Anfänge von Jacobi bis Nietzsche...* S. 33, 34, 36, 44, 46. Auch in der Schrift von Schleiermacher *Über die Religion* (1799) wird darauf hingewiesen, dass eine neue Schöpfung aus dem Nichts hervorgeht und das Nichts selbst zur Religion wurde.

wäre. Denn das Stricken selbst bietet eine „unendliche Mannigfaltigkeit" und zugleich „mannigfaltige Unendlichkeit" der Form und führt letztendlich zum „leeren Weben seines Webers"[67]. Schlussfolgernd wäre also nur das bloße Handeln als einzige Realität zu vernehmen. Auf diese Weise wird die reine Vernunft als zu abstrakt und ausschließlich als diejenige entpuppt, die aus sich selbst, somit verklärend, die Wirklichkeit entstehen lässt. Außerdem ist die Vernunft nicht vollkommen, um dem Menschen an Gottes Stelle das höchste Wesen zu sein, mit Hilfe deren man Gut und Böse erkennen konnte. Jacobi verwirft auch den Gedanken über den unbedingt guten Willen in Bezug auf den Idealismus. Der Mensch solle den Verstand mit dem Gefühl vereinbaren, um dadurch zum Glauben zu gelangen, um somit dem Ideal der Menschlichkeit zu folgen. Deswegen wird auch der Kantische kategorische Imperativ, auf den sich der Idealismus bezieht, mit der unausweichlichen Konsequenz des Verstandes, die Realität zu materialisieren, kritisiert. In diesem Zusammenhang erlaubt sich Jacobi die Feststellung: „Wahrlich mein lieber Fichte, es soll mich nicht verdrießen, wenn Sie, oder wer es sei, Chimärismus nennen wollen, was ich dem Idealismus, den ich Nihilismus schelte, entgegensetzte"[68]. Da die Chimäre etwas nur Eingebildetes, also eigentlich das Nichts impliziert und sich auf die Welt der Erscheinungen beschränkt, entspricht sie dem Nihilismus selbst.

Mit seinem *Sendschreiben an Fichte* demaskiert Jacobi das absolute Subjekt-Denken des Idealismus und entfesselt so eine vielschichtige Diskussion nicht nur zur Fichteanischen Philosophie, aber vor allem zur Auffassung des Nihilismus, den er in seiner Idealismus-Kritik als Ausdruck für die latente Unsicherheit des menschlichen Bewusstseins genauer zu bestimmen sucht. Das Wort selbst aber wäre in seiner Schrift eher als „ein aus mannigfachen Einflüssen gespeistes Sammelwort"[69] zu bezeichnen, das die Unruhen seines Zeitalters impliziert, als ein streng philosophischer Begriff. Wie Dieter Arendt zu Recht betont, versinnbildlicht der Nihilismus bei Jacobi

„eine begründete Skepsis gegenüber den poetischen oder spekulativen Versuchen, die die objektiv-widerständige Wirklichkeit oder Geschichte nicht nur vom subjektiven Bewusstsein her zu ordnen und zu theologisieren vorgeben, sondern sich auf subjektiv-kreative Weise entwerfen in ein vorgängiges Nichts"[70].

Dieser Behauptung schließt sich auch Theobald Süss mit der Auffassung an, dass, dieses Phänomen bei Jacobi zwar „aus dem abstrahierenden und begriffbildenden Denken entsteht" und demzufolge die „an sich bestehende Wirklich-

---

[67] Jacobi an Fichte am 6. März 1799 in: Arendt *Nihilismus - Die Anfänge von Jacobi bis Nietzsche...* S. 118.
[68] Ebd. S. 131.
[69] Arendt *Nihilismus - Die Anfänge von Jacobi bis Nietzsche...* S. 53-54
[70] Siehe: Arendt *Nihilismus - Die Anfänge von Jacobi bis Nietzsche...* S. 39, 51.

keit der Gegenstände aufhebt"[71], zugleich aber lediglich als ein Begriff erscheint, der erst als Ausdruck der nihilistischen Disposition und nicht des Phänomens selbst zu betrachten ist. Jacobis Schrift enthält zugleich die Voraussetzungen dazu, den Nihilismus nicht nur mit dem Idealismus, sondern auch dem Atheismus (das Ich als höchstes Wesen müsse Gott ersetzen) und Pantheismus (Anknüpfung an die Lehre Spinozas, die die Keime des Nihilismus in sich trägt) zu assoziieren oder sogar gleichzusetzen. Im gleichen Sinne wird somit der Nihilismus-Begriff Jacobis in Pöggelers Interpretation als „wenig pointiert und präzise gebraucht"[72] bezeichnet. Davon zeugen auch die Aussagen der Zeitgenossen, die das Wort zwar von Jacobi übernommen haben mögen, aus dem Begriff sie indes oft verschiedene seiner vielfältigen Aspekte, dafür aber mit fast eindeutig pejorativen Sinninhalten hervorheben und verbreiten.

An dieser Stelle wäre zu fragen, warum sich Jacobi in der Kritik des Idealismus des kaum bekannten Wortes Nihilismus bediente und warum er damit eine rege Diskussion auslöste. Es ist schwierig festzustellen, von wem oder wovon Jacobi diesen Begriff herleitete. Otto Pöggeler stellt die These auf, Jacobi hätte die lateinische Vorform des Nihilismus, also den „Nihilianismus" gekannt, die er Johann Andreas Cramers Fortführung von Bossuets *Einleitung in die Geschichte der Welt und der Religion* (1786) entnommen haben könnte[73]. Demnach könnte man erklären, warum Jacobi den Begriff Nihilismus erst in der Rezension des Werkes *Wandsbecker Bote* von Matthias Claudius um 1798 im Sinne von „Nihilianismus"[74] verwendete. Hier geht es nämlich um die christliche Offenbarung, die anscheinend bei Claudius von dem leiblichen Gott gelöst sei und Jacobi auf den Gedanken brachte, Christus wäre dann nur eine Chimäre, so dass die Gefahr eines christlichen Chimärismus, also Nihilismus bestünde. Zu betonen ist, dass diese Rezension jedoch erst nach der Herausgabe des Send-

---

[71] Theobald Süss: *Der Nihilismus bei F. H. Jacobi;* in: *Der Nihilismus als Phänomen der Geistesgeschichte in der wissenschaftlichen Diskussion unseres Jahrhunderts;* hg. von Dieter Arendt, Darmstadt 1974, S. 76-77.

[72] Otto Pöggeler: *Hegel und die Anfänge der Nihilismus-Diskussion;* in: *Der Nihilismus als Phänomen der Geistesgeschichte in der wissenschaftlichen Diskussion unseres Jahrhunderts;* hg. von Dieter Arendt, Darmstadt 1974, S. 314.

[73] Otto Pöggeler beruft sich in dieser Behauptung auf das Werk von Günter Baum: *Vernunft und Erkenntnis. Die Philosophie F.H. Jacobis.* Siehe: Pöggeler „*Nihilist*" *und* „*Nihilismus*"... S. 203-204, oder desselben Autors *Hegel und die Anfänge der Nihilismus-Diskussion...* S. 325-327. Auf den Einfluss von Bossuets Geschichtswerke auf den Begriff „Nihilismus" weist auch M. Riedel hin. Siehe: Riedel *Nihilismus...* S. 379f.

[74] Der geschichtlich vom „Nihilianismus" abgeleitete „Nihilismus" wird auch später in Schlegels *Philosophischen Vorlesungen* (1804/1805) thematisiert: "die Idee der Gottheit (wird) sehr konsequent als das unendliche Nichts erklärt und ihre Denkart Nihilismus genannt." Siehe: Friedrich Schlegel: *Philosophische Vorlesungen (1800-1807)* in der Kritischen Friedrich Schlegel Ausgabe; hg. von Jean-Jacques Anstett; Paderborn 1964, Bd.12, S. 132-133.

schreibens an Fichte erschien[75]. Außerdem fand diese Auseinandersetzung mit der Gottesauffassung in solch einer Zeitperiode statt, in der man Versuche unternahm, die christliche Theologie den Ideen der Aufklärung anzupassen. Götz Müller zufolge geht es hier um die Problematik einer Theologie, die „über Jahrzehnte Stück um Stück die protestantischen Orthodoxie demontierte, (den unbegreiflichen Willkürgott Luthers zuerst, dann die Erbsünde und die paulinische Lehre von der Genugtuung und Wiedererbringung)"[76]. Das brachte die Gefahr mit sich, einerseits den Unsterblichkeitsglauben zu verlieren, andererseits Christus' Göttlichkeit zu bezweifeln.

Man könnte vermuten, dass der Atheismusstreit um Fichte, der gerade zu dieser Zeit ausgebrochen war, Jacobi dazu veranlasst hat, an dieser Diskussion teilzunehmen und die Arbeit an der Rezension aus diesem Grund vorübergehend einzustellen. Fichte wurde von Forberg im *Philosophischen Journal*[77] des Atheismus verdächtigt, da er Gott aus der absoluten und nicht der empirischen Vernunft abzuleiten versuchte. Demnach werde Gott, sobald nicht seine menschliche Natur angesprochen wird, nicht mehr als die höchste Instanz betrachtet, sondern ausschließlich auf eine abstrakte Idee herabgesetzt und mit dem darin steckenden Verdacht bedroht, vom endlichen Ich ersetzt zu werden. Jacobis viel umfangreichere Kritik des Fichteanischen Idealismus, die schon im Frühling 1799 im Jenaer Kreis im Umlauf war (lange bevor sie Ende des Jahres im Druck erschien), konnte die Diskussion erneut fortsetzen und damit großes Aufsehen hervorrufen.

Das Sendschreiben wurde von vielen gelesen und diskutiert, so dass sich bald neue Kritikschriften mit dem Fichteanischen Idealismus und zugleich mit der Deutung des von Jacobi kurz zuvor in diesem Kontext eingeführten Begriffes „Nihilismus" auseinandersetzten. Noch im Jahre 1799 schrieb Jean Paul die *Clavis Fichteana seu Leibgeberiana* als Pamphlet gegen Fichtes *Wissenschaftslehre*. Der Philosophie von Fichte wird ein Egoismus vorgeworfen, dem zufolge das subjektive Ich sich selbstherrlich zu Gott auf Erden erhöhen möchte. Gott selbst sei zum absoluten Wesen geworden, das sich mit dem kleinen menschlichen Verstand kaum begreifen lasse, und von ihm somit eher nolens volens als etwas Fragwürdiges bezeichnet werden müsse[78]. Zugleich wird der Idealismus in Jean Pauls Abhandlung weiter gedacht und ad absurdum geführt[79] mit der Ab-

---

[75] Die Rezension der Werke von Claudius, in der der Vorwurf des Nihilismus erhoben wurde, erschien erst 1811 in Jacobis Schrift *Von den göttlichen Dingen und ihrer Offenbarung* .
[76] Siehe: Götz Müller: *Jean Paul im Kontext. Gesammelte Aufsätze;* Würzburg 1996, S.106.
[77] Mehr dazu siehe: J. Ebbinghaus: *Fichtes Ursprüngliche Philosophie;* in: *Marburger Studentische Kulturblätter;* Köln 1944.
[78] Vgl. Dieter Arendt: *Nihilismus- Die Anfänge von Jacobi bis Nietzsche...* S. 152.
[79] Als Beispiel dafür könnte man hier ein Zitat aus Jean Pauls *Clavis Fichteana* anführen: „So stand es wohl noch mit niemand so schlecht als mit mir. [...] In der finster

sicht, den in ihm steckenden Verdacht des Nihilismus zu entlarven und in der geistigen Auseinandersetzung erneut aufzuwerfen.

Für große Aufregung im Jenaer Kreis sorgte dann Brentanos Philister-Kritik, die zum Jahreswechsel 1799/1800 öffentlich bekannt wurde. In dieser eindeutig gegen Fichte gerichteten Schrift wurde der Idealismus wieder als Philosophie des Nichts, also als Nihilismus dekuvriert. Brentano zufolge seien diejenigen, die in der Gefangenschaft ihres Selbst, abseits der Wirklichkeit denken, den Philistern gleichzustellen, die wie die Schnecken zugeklebt sind[80], und außer sich nichts wahrnehmen.

Zum Anfang des 19. Jh.s wird die Tendenz sichtbar, das Wort Nihilismus noch in der Diskussion um den deutschen Idealismus als einen selbständigen Begriff festzulegen. Vorübergehend wurde das *Kritische Journal der Philosophie* zum Forum für Nihilismus-Fragen. Unter den bedeutenden Publikationen wären u. a. zu nennen der Versuch Wilhelm Traugott Krugs (1801), eine Nihilismus-Beschreibung zu liefern sowie Hegels Postulat (1802), den Nihilismus selbst zur Aufgabe der Philosophie zu erheben, indem man das absolute „Nichts" erkennen sollte[81]. In diesem Zusammenhang wäre nach Hegel jedes Endliche in das Absolute und zugleich Unendliche zurückgenommen, d. i. in den Abgrund des Nichts, worin alles Sein versinkt. Sobald also Gott kein Jenseits, sondern Mensch wird, müsse der „Gottmensch Christus den Tod der Schmach sterben, damit Göttliches des Menschen nicht als etwas Gegebenes zuhanden sei, sondern das Absolute bleibe"[82]. In diesem Sinne wird der früher empirisch umschriebene Gott als die höchste Idee betrachtet, also - verabsolutiert. Dementsprechend kann man Hegel schon vor Nietzsche als denjenigen bezeichnen, der in seiner Rede über das Karfreitagsereignis Gott für gestorben erklärte und damit eine philosophische Tendenz, wonach das unmittelbare Verhältnis zu Gott verlorengegangen sei, zum Vorschein brachte[83].

---

unbewohnten Stille glüht keine Liebe, keine Bewunderung, kein Gebet, keine Hoffnung, kein Ziel - ich so ganz allein, nirgends ein Pulsschlag, kein Leben, Nichts um mich und ohne mich Nichts als Nichts." (Jean Pauls Sämtliche Werke, hg. von E. Berend; München 1927, Bd. 9, S. 501).

[80] Die Philister sind Menschen, die sich „wie eine Schnecke zugeklebt" haben. Siehe: Brentanos Philisterrede in: Brentanos Werken, Leipzig/Wien 1914, Bd.3, S. 294.

[81] Mehr dazu siehe: G.W.F. Hegel *Glauben und Wissen* (1802); in: SW; Berlin 1927, Bd. 1, besonders S. 413, 409. Aus der heutigen Perspektive bezeichnet man Hegels Überlegungen zum Nihilismus als einen „metaphysischen Nihilismus", in dem der Nihilist als Ausdruck des Zeitgeistes erscheint und als Negation eines bestimmten „Etwas" vorkommt, zu dessen Grundwörtern das Nichts, der Tod, die Entfremdung, der Zweifel sowie die Verzweiflung gehören. Vgl. Riedel *Nihilismus...* S. 388.

[82] In der Interpretation des philosophischen Beitrags zur Nihilismus-Diskussion von Hegel werde ich auf die ausführlichere Darstellung dieses Problems von Otto Pöggeler *Hegel und die Anfänge der Nihilismus-Diskussion* zurückgreifen. Hier S. 314.

[83] Ebd. 324.

Weitere kritische Stimmen zu dem im Idealismus steckenden Nihilismus sind in solchen Werken vorzufinden, wie das 1803 in Hamburg erschienene Buch von Friedrich Köppen: *Schellings Lehre oder das Ganze der Philosophie des absoluten Nichts* sowie im *Sextus oder über die absolute Erkenntnis von Schelling* von Franz Berg (1804). Die Nihilismus-Forscher sind sich jedoch darin einig, dass diese Schriften in Deutschland zu dieser Zeit kaum bekannt und somit von geringer Bedeutung in der damaligen Diskussion waren.

Eine wichtige Stellung in der geistigen Auseinandersetzung mit dem Begriff „Nihilismus" kommt der 1804 herausgegebenen *Vorschule der Ästhetik* von Jean Paul zu. In diesem Werk wird der Zeitgeist eine im Idealismus verwurzelte Erscheinung aufgefasst, die „ichsüchtig die Welt und das All vernichtet, um sich nur freien Spiel-Raum im Nichts auszuleeren"[84]. Obwohl jedoch Jean Paul noch auf die Fichteanische Philosophie zurückgreift, geht es ihm mehr um die romantische Dichtkunst, die die Nachahmung der Wirklichkeit missachtet und „aus der Willkür der Ichsucht" die Realität in der Phantasie literarisch verklärt. Hinsichtlich der Kritik der Werke der Romantiker liefert er mit dem sog. „poetischen Nihilismus" eine neue Definition dieses Phänomens. Auf diese ästhetische Kategorie des Nihilismus wird im Weiteren noch eingegangen.

Die einmal von Jacobi entfesselte Diskussion hat immer weitere bedeutende Gelehrten dieser Zeit aufgefordert, sich zum Idealismus und mittelbar zum Nihilismus zu äußern[85]. Den philosophischen Aussagen von Jean Paul, Brentano und Hegel folgte Friedrich Schlegel, der in seinen *Philosophischen Vorlesungen* meinte: „Ungeachtet Idealismus und Realismus in absolutem Gegensatz stehen, so ist doch sehr leicht von dem einem extrem zu dem anderen überzuspringen. Beide führen auch leicht zum Nihilismus [...] Sollte der Nihilismus nicht ein eigenes bestimmtes System bilden?"[86]

Schon 1804 sowie erneut 1807 distanzierte sich Fichte von dem Nihilismusvorwurf Jacobis, den er als ein Missverständnis zu erklären versuchte. Das Wort „Nihilismus" selbst nahm er wieder in der *Wissenschaftslehre* von 1812 auf, in der er polemisch äußerte: „Alle Reflexion zerstört die Realität. [...] Also - man muß eben nicht reflektieren: das Reflektieren der Wissenschaftslehre ist der Grund ihres vermeinten Nihilismus. Sie hieß ein Reflektiersystem." Mit der

---

[84] Jean Paul: *Vorschule der Ästhetik;* hg. von Wolfhart Henckmann; Hamburg 1990, S. 31.
[85] Wie schon Pöggeler zu Recht betont: „Es blieb die Aufgabe, nachzuweisen, dass nicht nur Jacobi den Idealismus einen Nihilismus gescholten hatte, sondern dass die Diskussion um den deutschen Idealismus auf weiten Strecken eine Nihilismusdiskussion gewesen ist" – Pöggeler *„Nihilist" und „Nihilismus"*... S. 199.
[86] Siehe: Friedrich Schlegel: *Philosophische Vorlesungen aus den Jahren 1804 bis 1806,* hg. von C.J.H Windischmann; Bonn 1837, Bd.2, S. 475.

Frage: „Was wäre denn das wahre Mittel, diesem Sturze der Realität, diesem Nihilismus zu entgehen?"[87] gab er erneut Stoff für Überlegungen.

Die Versuche, den Nihilismus als ein Phänomen zu charakterisieren, gingen weit über die Idealismus-Diskussion hinaus. Die schon von Jacobi angedeutete inhaltliche Nähe des Begriffes mit dem Atheismus und Pantheismus sowie mit dem Kantischen kategorischem Imperativ wurden gedanklich fortgesetzt.

3.2. Nihilismus als Atheismus

Wie schon früher angedeutet, war am Ende des 18. Jh.s Fichte der Erste, dem man öffentlich den Vorwurf des Atheismus gestellt hat. Aber erst nachdem der Idealismus des Nihilismus verdächtigt wurde, begann man atheistische Denkansätze mit dem Nihilismus selbst zu identifizieren. Jacobis *Sendschreiben an Fichte* ist somit eine der Schriften, in der diese Neuerung als eine Denk-Potentialität erstmals formuliert wurde. In seiner der Logik entsprechenden Deutung der idealistischen Vernunft, warnt er nämlich vor den Konsequenzen der Willkür des Subjekts, die unentbehrlich zur Leugnung Gottes führen müsse. Jacobi äußert seine Bedenken dazu:

„Ich selbst, wahrlich! Kann mein höchstes Wesen mir nicht sein [...]. So lehrt mich meine Vernunft instinktmäßig: Gott. Mit unwiderstehlicher Gewalt weiset das Höchste in mir auf ein Allerhöchstes über und außer mir"[88].

Er deutet somit auf eine höhere Instanz, d. i. Gott, die über den Menschen das Wahre und Gute festlegt. Jacobi fragt weiter: „Aber das Gute? Was ist es? Und antwortet: Ich habe keine Antwort, wenn kein Gott ist"[89], und beschwört die Heraufkunft des Chaos zwischen Gutem und Bösem, in dem die Gottheit ausschließlich auf das Tugendstreben und sittliche Weltordnung herabgesetzt wird:

„Ebenso wird mir auch alles, was ich gut, schön und heilig nannte, zu einem meinen Geist nur zerrüttenden, das Herz mir aus dem Busen reißenden Undinge, sobald ich annehme, dass es ohne Beziehung in mir auf ein höheres Wahrhaftes Wesen; nicht Gleichnis allein und Abbildung desselben in mir ist: wenn ich überall in mir nur ein leeres Bewusstsein und Gedicht haben soll. Ich gestehe also, daß ich das an sich Gute, wie das an sich Wahre, nicht kenne, [...] daß es mich empört, wenn man mir den Willen des Nichts will diese hohe Nuß der Selbständigkeit und Freiheit im absolut Unbestimmten dafür aufdringen will, und mich, wenn ich ihn

---

[87] Zitiert nach Pöggeler *Hegel und die Anfänge der Nihilismus-Diskussion...* S. 347-349. Vgl. J.G. Fichte's nachgelassene Werke, hg. von I.H. Fichte, Bd. 2 S. 325f und 344f.
[88] Jacobi an Fichte am 6. März 1799 in: Arendt *Nihilismus - Die Anfänge von Jacobi bis Nietzsche...* S. 125.
[89] Ebd. S.126.

dafür anzunehmen widerstrebe, des Atheismus, der wahren und eigentlichen Gottlosigkeit beschuldigt"[90].

Die Gefahr des Atheismus, die sich als Folge der idealistischen Vernunft weiterdenken lässt, wird auch in Jean Pauls *Clavis Fichteana seu Leibgeberiana* veranschaulicht, wo Gott selbst nolens volens als etwas Fragwürdiges und somit lediglich als Ausdruck des philosophierenden Ichs bezeichnet wurde. Sobald also der Mensch in sich allein sich und Gott zu finden versuchte, ohne Bezug zur Wirklichkeit, lief er Gefahr, das göttliche Wesen schließlich zu einem philosophisch erdachten Gespenst herabzusetzen. Eine warnende Stimme dazu ist schon in der Feststellung Novalis in seinem Werk *die Christenheit oder Europa* (1799) vorzufinden: „Wo keine Götter sind, walten Gespenster"[91]. Darauf kommt später auch Jacobi in seiner Abhandlung *Über eine Weissagung Lichtenbergs* (1801) zu sprechen. Seiner Meinung nach ist die Zeit dafür gekommen, gründlich nachzudenken über die Folgen der prophetischen Aussage Lichtenbergs: „Unsere Welt wird noch so fein werden, dass es eben so lächerlich sein wird, einen Gott zu glauben, als heutzutage Gespenster"[92]. Er selbst befürchtet eine schreckliche Vollendung dieser Prophetie in der Feststellung:

„Dann – und dies wird das Ende sein – dann werden wir nur noch an Gespenster glauben. Wir selbst werden sein wie Gott. Wir werden wissen: Sein und Wesen überall, ist und kann nur sein – Gespenst. [...], ein nichtiges Gespenst – mir schaudert [...] siehe! Es geht umher und lacht – und lacht"[93].

Demzufolge droht dem Menschen nicht nur eine Absage an Gott, sondern auch an die ihn umgebende Welt und schließlich an sich selbst. Auf diese Weise wird alles in der Nichtigkeit begriffen als „(menschliches) eigenes Echo, (vom) Ich bin – des Nichts"[94].

Jacobi begnügt sich aber nicht mit den Konsequenzen des Fichteanischen Idealismus und sucht den Ursprung für die atheistisch-nihilistischen Denkansätze seiner Zeit. Seine philosophischen Überlegungen veranlassen ihn dazu, sich mit Kants kategorialem Imperativ-Denken auseinanderzusetzen. Dementsprechend enthüllt er den kritischen Idealismus Kants, der das Wissen auf „Erscheinungen" einschränkt und somit den Grundsatz der gänzlichen Irrealität

---

[90] Ebd. S.126.
[91] *Novalis Gesammelte Werke;* hg. von Carl Seelig; Zürich 1945, Bd.5: *Die Christenheit oder Europa* S. 29.
[92] Friedrich Heinrich Jacobi: *Über eine Weissagung Lichtenbergs;* in Arendt *Nihilismus - Die Anfänge von Jacobi bis Nietzsche...* S. 164.
[93] Ebd. S. 164, 165.
[94] Ebd. S. 167 und weiter S. 175-176: „streng und einleuchtend läßt sich jedem Aufmerksamen und allein die Wahrheit Suchenden beweisen, daß wenn der Mensch einen nur erdichteten Gott; er auch eine nur erdichtete Natur haben kann", sowie S. 179-180.

menschlicher Erkenntnis hinsichtlich der „Dinge an sich" vertritt, als getarnten, aber unabdingbaren Weg zum Nihilismus, worauf bereits Daniel Jenisch aufmerksam gemacht hat[95]. Wobei Jenisch - im Gegensatz zu Jacobi - den Kantischen Kritizismus eindeutig sowohl des Atheismus als auch des Nihilismus verdächtigt.

Wenn man dem Gedankengang Jacobis folgen würde, um den Ausgangspunkt für die Herabsetzung Gottes vom philosophischen Wesen und Teil der sittlichen Ordnung bis auf seine Leugnung zu finden, müsste man kurz den Wandel vom kategorischen zum hypothetischen Denken beleuchten[96]. In der kategorischen Welt hatte der Mensch Substanz und Gebot auf Gott bezogen; somit hatte sein Dasein Grund und Sinn, die Vorstellung in der Welt aber war statisch und dogmatisch und dadurch unbeweisbar (kategorisches Denken). Mit der Vorherrschaft der Vernunft gewann das hypothetische Denken an Bedeutung. Denn an die Stelle der Offenbarung trat die Kausalität, so dass die Ursache nicht nur die Wirkung erklärte, sondern zugleich selbst beweisbar war und somit nicht grundlos-kategorisch[97]. Das moderne Kausaldenken (im Gegensatz zum Mittelalter, das auf die sog. causa prima, also Gott zurückgeht) ist als eine unendliche Kausalkette zu betrachten, in der ein Anstoß den anderen hervorruft und somit ständige Bewegung hervorruft. Die früher entscheidende Substanz - Gott - verlor ihre vorherrschende Stellung zugunsten der immer wichtigeren Veränderung mit ihrem dynamischen Aspekt. In diesem Kontext ist nur das real, was immer notwendig erscheinen muss. Der hypothetische Aspekt der Kausalität, dem es nicht auf das Wesen oder auf die Substanz ankommt, sondern darauf, was man aus ihnen machen kann, um sie dann zu beherrschen, bietet dem Menschen viele Möglichkeiten. Wobei man, Walter Hof zufolge, darauf hinweisen sollte, dass „der Kausalbegriff auf solchem Funktionalismus beruht, dessen Bestimmungen in sich stimmig und schlüssig sind, der (selbst) aber keine Substantialität mehr besitzt"[98]. Die daraus resultierende ungeheure Selbstüberschätzung des Menschen, der sich mächtig fühlte, Gott auf Erden zu ersetzen, begann mit seiner verstärkten Aktivität, die sich schließlich lediglich als bloße Tat-Hand-

---

[95] In der Einleitung zum Aufsatz: *Idealismus und Nihilismus* behauptet Jacobi, dass Kants Imperativ-Denken „zum Nihilismus führe, und zwar mit einer solchen allzerstörenden Kräftigkeit dahin führe, daß keine hintennach ersonnene Hilfe das ein für allemal Verlorene wiederbringen könne". Siehe: *F.H. Jacobis Werke;* Leipzig 1812ff, Bd. 2 S. 19. Mehr zu Daniel Jenisch siehe Anm. 14.

[96] Ausführlicher zur Bedeutung der kategorischen sowie hypothetischen Denkweise in der Geistesgeschichte siehe: Hof *Pessimistisch-nihilistische Strömungen...*

[97] Auf diese Tendenz, in der man „der alten Religion einen neuern, vernünftigern, gemeinern Sinn zu geben suchte, indem man alles Wunderbare und Geheimnisvolle sorgfältig von ihr abwusch" hat schon Novalis in der *Christenheit oder Europa* 1799 hingewiesen. Siehe: *Novalis Gesammelte Werke...* Bd.5 S. 23.

[98] Ebd. S. 12.

lung erwies und von der allumfassenden Nichtigkeit zur totalen Verzweiflung führte.

Solche philosophischen Überlegungen führten Anfang des 19. Jh.s zur Sinnlosigkeit jeglicher Frage nach dem Sinn des Lebens. Hermann Rauschning behauptet zu Recht:

„Der Mensch zweifelt nicht mehr, weil es nichts zu bezweifeln gibt. Er zweifelt und fragt nicht mehr, nicht weil er im Besitz der Wahrheit und Wirklichkeit ist, sondern weil es weder Wahrheit noch Wirklichkeit, weder Sinn noch Bestimmung in seinem Dasein gibt"[99].

Dementsprechend begann der Mensch im Mystizismus und Spiritualismus den „verlorenen Gott" aufs Neue zu suchen. Auf diese Tendenz seiner Zeit macht schon Friedrich Schlegel in seinen *Philosophischen Vorlesungen* (1804-1805) aufmerksam. Seiner Meinung nach äußert sich der Charakter des Mystizismus darin, „alle Erkenntnis der Gottheit aus übernatürlicher Offenbarung oder übersinnlicher Anschauung herzuleiten"[100], so dass alles Zeitliche (also Endliche) geleugnet wird. Demzufolge erscheint alles, was sich nicht auf Gott als den Inbegriff der Vollkommenheit bezieht, als sinnlos[101]. Der Spiritualismus wird von ihm als Spannungsfeld zwischen Naturalismus und Idealismus aufgefasst[102].

Der Nihilismus als Atheismus wird mithin auch in den Absichten verkörpert, einen neuen Mythos zu schaffen, also - anders gesagt - eine neue Religion zu gründen[103]. Die damit verbundene und fortschreitende Ästhetisierung im religiösen Bereich des menschlichen Lebens ist schon 1799 in Schleiermachers *Reden über die Religion an die Gebildeten unter ihren Verächtern* sowie Wackenroders *Herzensergießungen eines kunstliebenden Klosterbruders* festzustellen. Um so mehr gewinnen die modernen Mythen an Bedeutung, indem sie sich als Sinngebung des Menschen und seiner Existenz aus dem diesseitigen Menschentum mit Hilfe von Ideen und Parolen legitimieren. Sie werden nämlich

---

[99] Herman Rauschning: *Masken und Metamorphosen...* S. 99.
[100] Friedrich Schlegel: *Philosophische Vorlesungen (1800-1807)*, in: Kritischer Friedrich Schlegel Ausgabe, hg. von Jean-Jacques Anstett; Paderborn 1964, Bd.13, S. 365.
[101] Vgl. folgende Aussage von F. Schlegel: „Im Mystizismus wird behauptet, daß „die ganze geschaffene Welt, ihr Dasein überhaupt, so wie jenes der in ihr existierenden Wesen sei ein Unglück und ein Übel, und alles Sein, was nicht in Gott, der Urquelle und dem Inbegriff der Vollkommenheit und Seligkeit, sondern außer ihr, von ihm getrennt sich befinde, schon durch diese Entfernung in einem Zustande der höchsten Unvollkommenheit und Erniedrigung sei". Ebd. S. 366. Man muss betonen, dass F. Schlegel zwischen dem spekulativen (missverstandene Offenbarung) und berichtigten Mystizismus (Bestandteil der wahren vollkommenen Philosophie) unterscheidet.
[102] Ebd. S. 423.
[103] In diesem Zusammenhang verweist Eberhard Fahrenhorst auf die religiöse Zeitkrise, die sich, seiner Meinung nach, in solchen Absichten z. B. bei Friedrich Schlegel beobachten lasse. Siehe: Fahrenhorst: *Das neunzehnte Jahrhundert...* S. 105.

als notwendige Elemente der menschlichen Daseinsordnung betrachtet, da „sie als die vom modernen Bewusstsein zugelassenen Befriedigungen der metaphysischen Daseinssicherung in nicht metaphysischen Symbolen vorkommen"[104]. Das Leben wird auf diese Weise zur mythischen Wesenheit, als Versuch des modernen Menschen, in einer neuen Art des Heidentums zu leben. Die modernen Götter sind jedoch keine persönlichen Gestalten, sondern Abstraktionen. Mythen dienen der Gesellschaft, um das Kollektiv als eine absolute Gemeinschaft zu autorisieren, zugleich aber werden sie als Zwangsglauben verbreitet. Das Absolute muss in diesem Zusammenhang willkürlich geschaffen werden. Man mag Herman Rauschning Recht darin geben, dass moderne Mythen (deren Spuren man bis ins 18. Jahrhundert zurückverfolgen kann) ausschließlich als Masken und Verkörperung des Nihilismus zu betrachten seien[105].

In der Diskussion um die Gleichsetzung des Nihilismus mit dem Atheismus spielte Hegels philosophische Aussage über Gottes Tod eine große Rolle. In seinem Aufsatz *Glauben und Wissen* (1802) heißt es nämlich:

„Der eine Begriff aber, oder die Unendlichkeit, als der Abgrund des Nichts, worin alles Sein versinkt, muß den unendlichen Schmerz, der vorher nur in der Bildung geschichtlich und als das Gefühl war, worauf die Religion der neuen Zeit beruht, das Gefühl: Gott ist tot (dasjenige, was gleichsam nur empirisch ausgesprochen war, mit Pascals Ausdrücken: la nature est telle qu'elle marque partout un Dieu perdu et dans l'homme) [wird] rein als Moment [...] der höchsten Idee bezeichnet, und so dem, was etwa auch entweder moralische Vorschrift einer Aufopferung des empirischen Wesens oder der Begriff formeller Abstraktion war, eine philosophische Existenz geben [...] und damit das absolute Leiden oder den spekulativen Karfreitag, [...] und diesen selbst in der ganzen Wahrheit und Härte seiner Gottlosigkeit wiederhergestellt"[106].

Diese „Gott-ist-tot"-Rede bringt den schon früher in der Philosophie des Idealismus versteckten Atheismus (als Herabsetzung Gottes auf die höchste Idee) eindeutig zum Vorschein. Infolgedessen werden die bisher in menschlicher Moral und Religion geltenden Gesetze der Gefahr ausgesetzt, aufgehoben zu werden und somit den Menschen unaufhaltsam zur Verzweiflung sowie zu einem allumfassenden Sinnverlust zu führen. Die gedanklich schon in den philosophisch-theoretischen Schriften von Jacobi, Jean Paul oder Novalis gefürchtete Leugnung Gottes wurde in Hegels ausdrücklicher Verkündung nun zur Wirklichkeit.

---

[104] Rauschning *Masken und Metamorphosen...* S. 107. In diesem Kontext wird man an die sog. „fürchterlichen Erzeugnisse eines Religionsschlafes, jene Träume und Deliria des heiligen Organs" erinnert, die in der warnenden Stimme von Novalis schon Ende des 18. Jh.s verkündet wurden. Siehe: *Novalis Gesammelte Werke...* Bd.5 S.29.
[105] Mehr dazu siehe: Rauschning *Masken und Metamorphosen...* S. 113.
[106] Hegel *Glauben und Wissen...* Bd.1 S. 433.

Gottes Tod als Konsequenz philosophischer Selbstherrlichkeit des Fichteanischen Idealismus wurde dann in Jean Pauls *Vorschule der Ästhetik* (1804) weitergedacht. In dieser Schrift wird über die ichsüchtige Welt geklagt, die ihrem grausamen Schicksal entgegentreten wird. Denn:

„Wo einer Zeit Gott, wie die Sonne, untergeht: da tritt bald darauf auch die Welt in das Dunkel; der Verächter des All achtet nichts weiter als sich und fürchtet sich in der Nacht vor nichts weiter als vor seinen Geschöpfen"[107].

Ähnlich urteilt über die Zeit Friedrich Hebbel. Seiner Bitterkeit verleiht er mit folgenden Worten Nachdruck:

„Unsere Zeit ist schlimme Zeit. Das große Geheimnis, die letzte Ausbeute alles Forschens, alles Handelns und Strebens, die Überzeugung, dass Gott die Welt aus Nichts gemacht und bei der Spielerei in seiner langweiligsten Stunde von sich Nichts als höchstens einen glänzenden Schaum unter das Machwerk gemischt hat [...]. Die Weltgeschichte stehet jetzt vor einer ungeheuren Aufgabe; die Hölle ist längst ausgeblasen und ihre letzten Flammen haben den Himmel ergriffen und verzehrt; die Idee der Gottheit reicht nicht mehr aus"[108].

Diese so pessimistisch skizzierten Gegenwarts- und Zukunftsbilder lassen sich auf die philosophisch-geistige Wandlung der Menschheitsgeschichte zurückführen, in der der in sich atheistische Denk-Ansätze enthaltende Nihilismus eindeutig vom Christentum abgeleitet wurde.

3.3. Nihilismus in der Moral

Mit der Krise der Religion und der Gottes-Auffassung wurde der Mensch an seiner früheren Unbedingtheit, sich nach dem verbreiteten Gottesbild zu formen und zu entwickeln, gehindert; stattdessen sollte ein Humanitätsideal im Leben verwirklicht werden. Dies bedurfte aber einer starken Willenskraft und Selbstbeherrschung, weil seine Verwirklichung oft dem Misserfolg ausgesetzt war. Der Mensch stand plötzlich seiner sittlichen Selbstmächtigkeit gegenüber, er fürchtete die Zerstörung der bindenden Ethik früherer Zeiten. In diesem geistigen Zusammenhang verweist Wolfgang Proß auf eine frühe Schrift Jean Pauls: *Übungen im Denken,* mit dem Teil über „Die Wahrheit – ein Traum" aus dem Jahre 1781, in der Jean Paul nach der Erfassung der Wahrheit sucht. Sei diese nicht zu finden, so stellen sich die Menschen im Traum verschiedene Hypothesen an. Dementsprechend sei, Jean Paul zufolge, „jeder Mensch [...] sich selbst

---

[107] Jean Paul *Vorschule der Ästhetik...* S. 31.
[108] Hebbel an Elise Lensing (11.04.1837) in: SW, hg. von Richard Maria Werner; Berlin 1904, Bd. 1 S. 194f.

Maßstab, wonach er alles Äußere abmißt"[109] (1780). Zugleich verweist Proß in seiner Abhandlung „auf die Subjektivität des Erfahrungswissens und Ablehnung jeglicher Systematisierung des Wissens nach einem einheitlichen Prinzip"[110] gemäß solcher Denkweise.

Auf diese Tendenz macht auch Jacobi im Vorbericht zu seiner Werkausgabe (1819) mit folgenden Worten aufmerksam:

„Unverkennbar zeigt sich im gesamten Menschendasein und seiner Geschichte, eine schwer zu lösende Verkehrung und Ausartung des Ursprünglichen. Der Mensch, nach Gottes Ebenbild geschaffen, sinkt von seiner Höhe; seine Gedanken, die am Anfang nur auf Gott und göttliche Dinge gerichtet sind, schweifen abwärts in der Leere und Irre, und seine Erkenntnis nimmt Teil an dieser Richtung, gerät in Zweifel, Ungewissheit und Irrtum. Das Übel ist da, nach Aller Zeugnis, das höchste Gut ist verloren, die Tugend schwach, die Religion ausgeartet"[111]. „[Der Mensch] schaut nach keinem Gott im Himmel, und begehrt keinen unsterblichen Geist, sondern nur einen unvergänglichen tierisch beseelten Leib"[112].

Die sittlichen Gesetze wurden dementsprechend dem Willen der Menschheit untergeordnet, so dass der Wille selbst zum unberechenbaren Streben nach Selbstverwirklichung und somit zum Aufheber allgemeingültiger Sittlichkeit wurde[113]. Der Nihilismus in der Moral kommt also als individuelle Sittlichkeit und zugleich als subjektiver Wille vor.

In diesem Kontext sei auch auf Immanuel Kant und seine Behauptung verwiesen, objektive Wahrheit gebe es nur im Bereich der Urteile. Es kam somit zu einem Relativismus der Wahrheit, die sich nicht mehr ausschließlich auf Gott als die höchste Instanz bezieht. Diese Tatsache zeugte von dem sich vollzogenen Prozess des Substanzverlustes in der hypothetisch gewordenen Welt. Denn Kant wirft den Metaphysikern vor, das Kategoriale (d.h. auf Gott bezogene) für seiend zu halten, obwohl es sich, seiner Meinung nach, nur als forderndes Ideal auffassen ließe und somit lediglich angestrebt werden könnte, besonders im Bereich der Moral[114]. Kant ist jedoch nicht als Gottesleugner zu betrachten, obwohl

---

[109] Siehe: Wolfgang Proß: *Jean Pauls geschichtliche Stellung;* Tübingen 1975, S. 179.
[110] Ebd. S. 179.
[111] Siehe: Friedrich Heinrich Jacobi: *Über die Lehre des Spinoza in Briefen an Herrn Moses Mendelssohn,* auf der Grundlage der Ausgabe von Klaus Hammacher und Irmgard–Maria Piske, bearb. von Marion Lauschke; Hamburg 2000, S. 309.
[112] Ebd. S. 308.
[113] Vgl. Jacobis Feststellung dazu: „Unsere sittlichen Überzeugungen gehen aller unter, wenn uns das sittliche Urwesen als ein sittliches, das heißt persönliches Wesen, welches das Gute will und wirkt, verschwindet". Ebd. S. 318 sowie 317.
[114] Mehr dazu siehe: Walter Hof: *Stufen des Nihilismus;* in: *Der Nihilismus als Phänomen der Geistesgeschichte in der wissenschaftlichen Diskussion unseres Jahrhunderts;* hg. von Dieter Arendt, Darmstadt 1974, bes. S. 226-228. Zur Moral in der Kantischen Philosophie siehe auch: Daniel Jenisch: *Über Grund und Wert der Entdeckung des Herrn Professor Kant in der Metaphysik, Moral und Ästhetik;* Berlin 1796. Auch F. Schlegel kritisiert das

er das Übersinnliche bestreitet. Ihm ergibt sich Gott lediglich aus der Notwendigkeit des sittlichen Handelns – also – in der Morallehre[115]. Kant hat nämlich die Religion in die Privatsphäre hineingelegt, auf diese Weise war sie aus dem Bereich der Wissenschaften ausgeschlossen. In der *Kritik der reinen Vernunft* heißt es: „Außer der Transzendentalphilosophie gibt es noch zwei reine Vernunftwissenschaften, eine bloß spekulativen, die andere praktischen Inhalts: reine Mathematik und reine Moral"[116]. Die Moral gehöre somit der praktischen Seite des Lebens.

In einer weiteren Schrift Kants - *Die Religion innerhalb der Grenzen der bloßen Vernunft* – wurde auch nicht behauptet, dass die Religion der Offenbarung beraubt werden sollte, es wurde lediglich darauf verwiesen, dass „dasjenige, was im Text der für geoffenbart geglaubten Religion, der Bibel, [steht] auch durch bloße Vernunft erkannt werden kann"[117], was der Philosoph selbst in der Vorrede zum *Streit der Fakultäten* erklärte. Damit habe er aber das Problem des Dualismus zwischen der Körper- und Geisteswelt nur verschärft, meint Proß, denn die Religion wäre somit lediglich als Ausdruck des Nicht-Rationalen im Menschen zu bezeichnen, obwohl zugleich des historisch-dogmatischen Gehalts entleert[118]. Dementsprechend wäre auch die Kirche selbst, als eine religiöse Institution, unnötig[119].

Bedenken zu solch einer Deutung der Moral in Kants philosophischen Schriften als eines vom Menschen angestrebten Ideales von Gott, der selbst lediglich zu einer höchsten Idee werde und sich dank der menschlichen Vernunft erklären ließe, äußerte schon Jacobi in seinem *Sendschreiben*

"Lehret mich nicht, was ich weiß, und besser als euch lieb sein möchte, [...] wenn – ein allgemeingültiges, streng wissenschaftliches System der Moral zu Stande kommen soll. Dem

---

Moralsystem von Kant. Siehe das achte Buch zur Kritik der Moralprinzipien in seinen *Philosophischen Vorlesungen* (1804-1805) in Kritischer Friedrich Schlegel Ausgabe, Bd. 13, bes. S. 66-68.

[115] Vgl. dazu Heinrich von Treitschke *Deutsche Geschichte im 19. Jh.*, Leipzig 1882, S. 100.

[116] Immanuel Kant: *Kritik der reinen Vernunft*, hg. von Wilhelm Weischedel; Wiesbaden 1956, Bd. 2 S. 453.

[117] Siehe: Immanuel Kant: *Werke;* hg. von Wilhelm Weischedel; Wiesbaden 1956, Bd. 6 S. 267-268. Anm.) Proß S. 136. Wolfgang Proß bemerkt dazu, dass „die Unvereinbarkeit von Text der Offenbarung und rationaler Welterkenntnis, welche Kennzeichen der Aufklärung gewesen war, damit aufgehoben wird." - Proß: *Jean Pauls Geschichtliche Stellung...* S. 136 (in Anmerkung).

[118] Proß: *Jean Pauls Geschichtliche Stellung...* S. 136.

[119] In seiner Schrift *Dämmerungen für Deutschland,* im Teil *Über die jetzige Sonnenwende der Religion* nahm auch Jean Paul Stellung zur Rolle der Religion. Seiner Meinung nach gehöre sie weder dem staatlichen noch dem ästhetischen Bereich des menschlichen Lebens an. Die Religion sollte dementsprechend kein Herrschaftsmittel werden, sondern dem persönlichen Bedürfnis der Menschen dienen. Mehr dazu siehe: Proß: *Jean Pauls Geschichtliche Stellung...* S. 143.

sicheren Gange der Wissenschaft zu Liebe müsset ihr – oh ihr könnt nicht anders! Einem Lebendigtoten der Vernünftigkeit das Gewissen (den gewisseren Geist) unterwerfen, es blindgesetzlich, taub, stumm und fühllos machen; müsset seine lebendige Wurzel, die das Herz des Menschen ist, bis zur letzten Faser von ihm abreißen"[120].

An einer anderen Stelle derselben Schrift betont er diesen Gedanken noch deutlicher: „Dieses Herz soll Transzendentalphilosophie mir nicht aus der Brust reißen, und einen reinen Trieb allein der Ichheit an die Stelle setzen"[121]. Er selbst liefert eine eigene Vorstellung vom Moral-Prinzip, dem zufolge das menschliche Handeln von einer in sich geschlossenen Ganzheit zwischen Vernunft und Gefühl bestimmt sein sollte. Deswegen ruft er die Menschen auf zur „Einstimmigkeit mit sich selbst", denn obwohl nur in der Einheit vom vernünftigen und freien Handeln „der Mensch Wahrheit und höheres Leben" hat, sollte er sich nicht nur auf sie beschränken. Da die Vernunft selbst nur „öde, wüst und leer" also nicht das Wahre sei, bedürfte sie noch des fühlenden Herzens[122]. Auf diese Weise ist es ihm gelungen, den Grundsatz der Morallehre, der auf der menschlichen Vernunft beruht, mit der Gefühlssphäre zu vereinigen.

In der Wertsetzung, die alleinig der menschlichen Verantwortung überlassen wurde, müssen noch die Entscheidungsaspekte berücksichtigt werden, die dem Menschen oft zur Qual werden. Diese Qual ist im menschlichen Wesen verwurzelt, da der Mensch als Schöpfung Gottes zwar geistig unendlich und moralisch unbedingt, zugleich aber unvollkommen und bedingt als reales Geschöpf erscheint. Der zwiespältige Mensch, der einerseits dank seines Geistes die Realität überschreitet, andererseits von ihr oft enttäuscht wird und an ihr scheitert, hat oft eine Neigung zum Luziferischen, teilweise aus Trotz zu Gott, aber überwiegend als der von der Welt Enttäuschte. Im moralischen Sinne könnte dementsprechend der Nihilismus, worauf schon Hermann Rauschning hinweist, als das Fehlen der Auseinandersetzung zwischen Gut und Böse aufgefasst werden[123].

---

[120] Jacobi an Fichte am 6. März 1799 in: Arendt *Nihilismus - Die Anfänge von Jacobi bis Nietzsche...* S. 128.

[121] Ebd. S. 129. Zu dieser Aussage äußerte sich ironisch Hegel in den *Jeaner Kritischen Schriften* in: Gesammelte Werke; hg. von Hartmund Buchner und Otto Pöggeler; Hamburg 1968, Bd.4, S. 399.

[122] Ebd. S. 129. Vgl. folgende Feststellung: „Einstimmigkeit des Menschen mit sich selbst; stete Einheit - ist das Höchste im Begriffe; denn es ist diese Einheit die absolute, unveränderliche Bedingung des vernünftigen Daseins überhaupt [...] in ihr und mit ihr allein hat der Mensch Wahrheit und höheres Leben. Aber diese Einheit selbst ist nicht das Wesen, ist nicht das Wahre. Sie selbst, in sich allein ist öde, wüst und leer. So kann ihr Gesetz auch nie das Herz des Menschen werden, und ihn über sich selbst wahrhaft erleben; und wahrhaft über sich selbst erhebt den Menschen denn doch nur sein Herz, welches das eigentliche Vermögen der Ideen – der nicht leeren ist".

[123] Siehe: Rauschning: *Masken und Metamorphosen...* S. 100. Vgl. dazu die Definition des Nihilismus im Brockhaus [10 Aufl. Bd.11 (1853), S. 242] mit der Behauptung: „So z. B.

Walter Hof stellt in diesem Zusammenhang die These auf, dass man als Symbol für so einen Menschen-Typus die Tantalusqual anführen könnte. Für einen solchen Menschen, der „noch ganz dem Göttlich-Unbedingten zugewandt ist und der als entscheidendes Erlebnis das Sich-Entziehen des Unbedingten erfährt"[124]. Somit wird der Mensch ständig abwechselnd von der Begeisterung und Enttäuschung hingerissen, so dass er - von momentanen Gefühlen bewegt - seine Fähigkeit schwächt, eindeutig das Gute vom Bösen zu unterscheiden. Alles wird relativiert und dementsprechend moralisch – früher oder später - fragwürdig.

3.4. Nihilismus als Pantheismus

Zu vermerken ist, dass in der Diskussion um die Begriffsbestimmung des „Nihilismus" das Wort selbst auch mit dem Pantheismus assoziiert oder sogar mit ihm gleichgesetzt wurde. Die gedanklichen Experimente, die man als potentielle nihilistische Disposition betrachten könnte, sind auf Jacobis Werke *Über die Lehre des Spinoza* (1785) und das später verfasste *Sendschreiben* zurückzuführen[125]. Im Gegensatz zu seiner früheren Schrift, die sich ausführlich mit der Lehre von Spinoza auseinandersetzt, findet man in seiner späteren Abhandlung nur kurze Verweise darauf[126]. Dem Spinozismus wirft Jacobi vor, eine atheistische Lehre zu vertreten, in der Gott ausschließlich als „das lautere Principium der Würklichkeit in allem Würklichen, des Seins in allem Dasein, durchaus ohne Individualität, und schlechterdings unendlich"[127] in der Natur vorzufinden sei. Dementsprechend verfallen diejenigen, „welche die Natur vergöttern, [und dadurch konsequent] Gott leugnen"[128] dem Heidentum. Man könne nämlich nicht von der Natur ausgehend Gott finden, denn entweder ist er der Erste, oder er ist es nicht. Die Natur selbst könne dem Menschen lediglich dazu verhelfen, den Umgang mit Gott zu finden. Gegen solche Lehren über die Naturvergötterung Spinozas weiß sich Jacobi auf Kants Gottes-Auffassung zu berufen, der zufolge Gott „nicht etwa bloß eine blindwirkende Natur als die Wurzel der Dinge [sei], sondern ein höchstes Wesen, das durch Verstand und Freiheit Urheber der Dinge

---

würde man unter moralischem Nihilismus eine Theorie zu verstehen haben, welche den Unterschied von Gut und Böse aufhöbe".
[124] Hof *Pessimistisch-nihilistische Strömungen...* S. 35.
[125] Ausführliche Überlegungen zum Spinozismus sowie seiner Disposition zum Nihilismus findet man besonders in F. Jacobis Briefen an Mendelssohn.
[126] Siehe: Jacobi an Fichte am 3. März 1799 in: Arendt *Nihilismus - Die Anfänge von Jacobi bis Nietzsche...* S. 109-110, sowie in dem am 6. März geschriebenen Fragment, in dem die Lehre des Spinoza eindeutig atheistisch genannt und als solche der nihilistischen Voraussetzungen verdächtigt wurde. Ebd. S. 132.
[127] Jacobi *Über die Lehre des Spinoza in Briefen an Herrn Moses Mendelssohn...* S. 45. Zum Spinozismus als Atheismus siehe auch S. 118 und 307.
[128] Ebd. S. 307.

sein soll"[129]. Nur solch ein Gott wird in Jacobis Überlegungen zum höchsten Gut und zur Wahrheit der Menschheit.

Sobald man also im Pantheismus den geahndeten Gott verliert, wird man notwendig das Nichts finden. In diesem Zusammenhang behauptet Jacobi, dass „der Spinozismus nicht sowohl das Dasein eines Gottes, als (auch) das Dasein einer wirklichen und wahrhaften Welt leugne, grade wie sich dieses auch von jedem späteren System der Art sagen ließe"[130]. Hiermit wird der Pantheismus nicht nur als Atheismus, sondern auch als Voraussetzung für den Fichteanischen Idealismus entlarvt und somit des Nihilismus verdächtig. Die nihilistischen Denkansätze bezüglich der Lehre Spinozas verdeutlicht Jacobs Aussage über ihren Grundsatz „gigni de nihilo nihil, in nihilum nil potest reverti"[131]. Da entsprechend aus dem Nichts nur das Nichts kommen kann und diesem Prinzip nach alles im Nichts begriffen wird, so sei im Pantheismus die geistlose Substanz (Gott) alles und außer ihr nur das Nichts. Obwohl Spinoza in der transzendentalen Einheit der Natur mit Gott eine ewig in sich unveränderliche Ursache der Welt setzte, konnte er der Gefahr nicht entgehen, Gott seiner göttlichen Prädikate zu berauben und ihn lediglich auf zwei Eigenschaften, die unendliche Ausdehnung und das unendliche Denken, herabzusetzen[132]. Folglich wäre Gott im Gegensatz zu allen endlichen Wesen als „das einzige unendliche Wesen" zu betrachten, und zugleich „das Ur-Sein, [...] welches selbst keine Eigenschaft sein kann" und somit ausschließlich mit einer reinen Materie oder allgemeinen Substanz gleichzusetzen[133]. Dieser Auffassung Gottes setzt Jacobi das christliche Bild entgegen, dem zufolge der Mensch durch ein gläubiges Leben in Liebe der göttlichen Natur teilhaftig werden kann. Außerdem sei der Spinozismus des Fatalismus suspekt und als solcher zu leugnen, da in seiner Lehre alle endlichen Dinge aus dem göttlichen Wesen notwendig (der Kausalität der Naturursachen entsprechend) und nicht nach Ideen und Zwecken erfolgen können.

Jacobi führte auch einen philosophischen Streit mit Schelling, wo er die spekulative Theologie als Fortsetzung der neuzeitlichen Metaphysik von Spinoza und Fichte betrachtete, in der Gott im Bereich des Wissens und nicht des Glaubens gesucht werde. Er lehnte dies als eindeutig nihilistisch ab.

Friedrich Schlegel erwog zuerst in den *Philosophischen Lehrjahren* die Potentialität, den Nihilismus als die orientalisch-mystische Form des Pantheis-

---

[129] Ebd. S. 307.
[130] Ebd. S. 312.
[131] Ebd. S. 64. In seiner Auseinandersetzung mit dem Spinozismus hat Jacobi den Geist dieser Lehre auf das Uralte „a nihilo nihil fit" zurückgeführt. Siehe ebd. in Jacobis Gespräch mit Lessing, S. 24.
[132] Ebd. S. 96.
[133] Ebd. S. 94-95.

mus zu bezeichnen[134]. Einige Jahre später, in seinen in Köln gehaltenen *Philosophischen Vorlesungen,* setzte er seine Überlegungen fort und lieferte eine ausführlichere Charakteristik des Pantheismus, dem er viele nihilistische Züge nachzuweisen hatte. Das Wesen dieser philosophischen Lehre sei „in der Negativität, in der absolut–negativen Idee" zu finden, denn „die reelle innere Evidenz des Pantheismus liegt in dem Begriff eines unbegreiflichen Nichts"[135]. Somit gebe es im Pantheismus nicht nur eine negative Erkenntnis der Realität, sondern vor allem auch der Gottheit, die sich einerseits in Nichts auflöst und andererseits in Unbegreiflichkeit verliert. Konsequenterweise wird es unmöglich, der Gottheit, als dem unendlichen Nichts, positive Prädikate oder Qualitäten zuzuschreiben. Der Gottesbegriff Spinozas (Gott ist Alles und Alles ist Gott) sei zwar unendlich gewiss, aber ganz leer, so dass sich aus ihm nichts folgern lässt. Somit werden diejenigen, die sich dem Spinozismus hingeben, „in einen bodenlosen Abgrund von Leerheit und Nichtigkeit"[136] geführt. Dementsprechend fühlt sich F. Schlegel dazu berechtigt, diese „philosophische Verirrung", in der „der Ursprung und das Ende das Nichts seien"[137], Nihilismus zu nennen. An dieser Stelle muss jedoch betont werden, dass Schlegels philosophische Auseinandersetzung mit dem Pantheismus als gedankliche Anknüpfung und Fortsetzung der Denkrichtung von Jacobi zu betrachten ist.

Der Nihilismus-Verdacht, der sich aus einem konsequent gedachten Pantheismus herleiten lässt, ist - worauf schon Manfred Riedel hindeutet - auch in K. F. Göschels Werk *Die neue Unsterblichkeit* (1834) diskutiert worden. Göschel behauptet nämlich, dass sobald der Pantheismus die Persönlichkeit Gottes bestreitet und mithin den unsterblichen Geist in der Natur verkündet, er sich als eine Form des Nihilismus erweist[138].

---

[134] Siehe: Friedrich Schlegel: *Philosophische Lehrjahre (1796-1806)* in der Kritischen Friedrich Schlegel Ausgabe; hg. von Ernst Behler; Paderborn 1963, Bd.18 S. 27, 573, 575.
[135] F. Schlegel *Philosophische Vorlesungen (1800-1807)...* Bd.12 S. 133.
[136] Ebd. S. 134.
[137] F. Schlegel *Philosophische Vorlesungen (1800-1807)...* Bd.13 S. 361-362. Zum Pantheismus, heißt es auch an einer anderen Stelle der *Philosophischen Vorlesungen*: "Diese Denkart wäre als die jener Idealisten, welche (dank der vom Ich abgeleiteten unendlichen Realität) alles in eine Welt von Nichts verwandelt haben; es mag dies auch wohl der Grund sein, warum man im Fichteanischen System viel Ähnlichkeiten mit dem Pantheismus gefunden, der uns in den bodenlosen Abgrund von Leerheit und Nichtigkeit stürzt" (Bd.12 S. 149).
[138] K.F. Göschel: *Die Unsterblichkeitslehre,* Berliner Jbb. für wissenschaftliche Kritik (1834) Bd.1, 2.

3.5. „Der poetische Nihilismus" als ästhetische Kategorie

In der *Vorschule der Ästhetik* (1804), sowie schon früher in *Clavis Fichteana* [...] (1799), leitet Jean Paul den „poetischen Nihilismus" aus dem Fichteanischen Idealismus, genauer gesagt aus der Überschätzung des schöpferischen Ich ab, so dass in der Dichtung die Begriffe „Willkür" als Parallelbegriff zur Phantasie und der „Nihilismus" selbst als „umgekehrte Seite der Phantasie" erscheinen. Denn in der Frühromantik erhält die Phantasie eine besondere, nämlich eine religiöse Qualität, so erscheint sie in Schleichermachers Reden 1799 als „wahre göttliche Eingebung"[139] und in Schellings *Philosophie der Kunst* als „Prinzip der göttlichen Imagination"[140]. Somit wurde sie zur höchsten Gabe erhoben, die nicht jedem zugänglich sein konnte und dem Dichter (der schon seit der Renaissance einem Genie gleichgestellt wurde) unbeschränkte Möglichkeiten zu bieten hatte. Nichtsdestoweniger kritisiert Jean Paul die aus der unbeschränkten Phantasie resultierende „Entwirklichung" der Realität, die im Gegensatz zur früheren Dichtung, „welche das Wesen der Poesie in einer schönen, (geistigen) Nachmung der Natur (schon seit der aristotelischen Poetik) bestehen lässt" und die romantische literarische Schöpfung zu zwei Extremen hinführt „nämlich dem poetischen Nihilismus und dem Materialismus"[141].

In diesem Zusammenhang wären die poetischen Nihilisten als solche Romantiker zu bezeichnen, die der „gesetzlosen Willkür des jetzigen Zeitgeistes"[142] folgend, eine Kunst ohne Natur produzieren. Dementsprechend missachten sie die Regeln der früheren Dichtkunst, die eine Einheit von Form und Inhalt anstrebte. An einer anderen Stelle der *Vorschule der Ästhetik* heißt es nämlich:

> „Dem Nihilisten mangelt der Stoff und daher die belebte Form; dem Materialisten mangelt der belebte Stoff und daher wieder die Form, kurz: beide durchschneiden sich in Unpoesie. Der Materialist hat die Erdscholle, kann ihr aber keine lebendige Seele einblasen, weil sie nur Scholle, nicht Körper ist; der Nihilist will beseelend blasen, hat aber nicht einmal die Scholle"[143].

Geschichtlich gesehen geht der „poetische Nihilismus" auf die christliche Tradition zurück mit dem Dogma der Schöpfung Gottes aus dem Nichts. Im Laufe der Säkularisierung des Lebens schlägt diese Feststellung in die Schöpfung des Menschen aus der Willkür der Ichsucht um, die ins Nichts mündet. So-

---

[139] Schleiermacher: *Über die Religion. Reden an die Gebildeten unter ihren Verächtern;* 1799, S. 93. Zitiert nach Arendts *Nihilismus - Die Anfänge von Jacobi bis Nietzsche...* S. 58-59.
[140] Schellings Gesammelte Werke; hg. von K. J. A. Schelling; 1856-61, Bd. 5 S. 395.
[141] Jean Paul *Vorschule der Ästhetik...* S. 30
[142] Ebd. S. 31.
[143] Ebd. S. 43.

bald jedoch das Subjekt nicht nur von dem Nichts spricht, sondern es müde wird, kann man von einem Übergang des kreativ-idealistischen Optimismus in Pessimismus und der Resignation ins Nichts sprechen.

3.6. Nihilismus als Destruktion und Anarchie

Bei der Erörterung des Nihilismus ist zu betonen, dass er sich zuerst auf die geistige Sphäre beschränkte und sich und erst später als politische und soziale Bewegung äußerte. Nicht zu vergessen ist die Tatsache,

„der Nihilismus sei als das Ergebnis eines langen geistigen und politischen Auflösungsvorgangs zu betrachten im Kontext des alle Seiten des menschlichen Lebens umfassenden Zersetzungsprozesses der abendländischen, bisher christlichen Lebensordnung"[144],

auf die zu Recht Herman Rauschning hinweist. Davon zeugen Aussagen einiger Gelehrter dieser Zeit, die - wie Franz von Baader - im Nihilismus eine destruktive Kraft sahen, die sich gegen die christliche Tradition zu richten begann. Als Beispiel dafür kann man einen Auszug aus seiner Eröffnungsrede an der Münchener Universität (1825) anführen, in der er

„dem Nihilismus [...], d. h. dem für die Religion destructiven Missbrauch der Intelligenz"[145]

entgegenzuwirken versucht.

In politischen Diskussionen taucht der Begriff wesentlich später auf. In diesem Zusammenhang wird auf Görres, die Reden von Donoso Cortes, des spanischen Botschafters in Berlin, und Joseph von Radowitz (Abgeordneter im preußischen Parlament) hingewiesen, denen zufolge diejenigen, die sich von Gott scheiden, im Nihilismus enden. Donoso Cortes behauptete (1851) nämlich, der Nihilismus sei die Konsequenz des Abfalls von Gott „weil es außer Gott nur das Nichts gibt, verfallen diejenigen, welche sich von Gott trennen, diesem Nichts"[146]. Radowitz dagegen betont den sozialen und geistigen Zustand der Gesellschaft, der den Nihilismus heraufbeschworen hat.

Die nihilistischen Tendenzen in der Politik lassen sich auch in der Entstehung des Anarchismus im Sinne einer Negation der Gesellschaft als Fundament der Staatsform und seiner Institutionen beobachten. Wobei zu betonen wäre, wie Manfred Riedel zu Recht behauptet, dass der religiöse wie auch der politische

---

[144] Rauschning *Masken und Metamorphosen...* S. 102, 103.
[145] Siehe in seinen erst 1851 von Franz Hoffmann veröffentlichten *Sämtlichen Werken* (Leipzig, 1851, S. 149). Vgl. ebd. S. 74.
[146] Zitiert nach der dt. Übersetzung von C.B Reichling: *Versuch über den Katholizismus, den Liberalismus und Sozialismus;* Tübingen 1854, S. 184.

Nihilismus bis nach 1800 noch oft zusammen unter dem gemeinsamen Begriff des Atheismus (Novalis, F. Schlegel) diskutiert wurden. Gleichwohl bildet sich zu dieser Zeit schon die Bezeichnung Anarchismus aus diesem inhaltlichen Zusammenhang langsam als eine eindeutig sozial-politische Richtung heraus und verselbständigt sich[147]. Diese politisch-soziale Entwicklung reicht jedoch weit über unsere Überlegungen hinaus, die sich hauptsächlich auf die Nihilismus-Bestimmung von seinen Anfängen bis in die dreißiger Jahre des 19. Jh.s. beschränken sollen.

Mit anderen Worten: es kann kein Zweifel sein, dass man in der geistigen Diskussion in der Zeit der Romantik (als einer Zeitspanne vom Ende des 18. bis in die dreißiger Jahre des 19. Jh.s) unter dem Begriff „Nihilismus" das Verschiedenste verstanden hat. Der Begriff wurde somit zum Sammelbegriff für verschiedene Zeiterscheinungen, fast eindeutig negativen Inhalts, wie Atheismus, Egoismus, Idealismus, Pantheismus oder Fatalismus. Dementsprechend lässt sich behaupten, dass die größten Denker dieser Zeit im Wandel der gegensätzlichen Phänomene ihnen unter dem gemeinsamen, zugleich aber definitorisch noch nicht gefestigten Begriff „Nihilismus" einen Ausdruck zu verleihen suchten. Auf jeden Fall ist dieser Begriff selbst von Anfang an als Scheltwort in die Diskussion eingegangen und hat als solches seine pejorative Bedeutung bis heute erhalten. Das bedeutet aber lange noch nicht, dass man den Nihilismus ausschließlich nur mit den eindeutig negativen Inhalten zu assoziieren hat.

Nun muss man sich die Frage stellen, wie es um den Nihilismus in der Literatur von Jean Paul bis Georg Büchner bestellt ist. War die Literatur auch zum Spiegelbild der damals ausgelösten Diskussion um die Deutung des Wortes selbst geworden, oder vielleicht versuchte sie, sich mit diesem Phänomen auf eigene Art und Weise auseinanderzusetzten. Es wird zu untersuchen sein, ob der Nihilismus sich dort schon als vollständiges Phänomen, oder vielleicht erst als eine Voraussetzung, in der Form nihilistischer Gedankenexperimente, charakterisieren lässt.

---

[147] M. Riedel nennt als Beispiele zum politischen Nihilismus in Form des Anarchismus ausgewählte Zitate aus Novalis *Christenheit oder Europa* (1799) und in der Hochromantik aus F. Schlegels *Die Signatur des Zeitalters* 1820-1823, siehe: Riedel *Nihilismus...* S. 386f.

4. Nihilistische Gedankenexperimente im Weltverhältnis des Menschen

Die Analyse literarischer Werke in der Zeitperiode von Jean Pauls *Rede des toten Christus vom Weltgebäude herab, daß kein Gott sei* bis Georg Büchners *Dantons Tod* beginnen wir zuerst mit der Charakteristik der Weltanschauung, um festlegen zu können, was sich in diesem Bereich des menschlichen Denkens geändert hat und warum. Um dieses Problem erörtern zu können, müssen wir folgenden Fragen nachgehen. Wie betrachtet der Mensch metaphysische Werte, d. h. Gott und Unsterblichkeit. Welche Rolle in seiner Weltauffassung spielen Phantasie, Skeptizismus und Idealismus? Zu untersuchen sein wird auch der Einfluss von Zufall und Schicksal sowie von der Notwendigkeit auf das Leben des Menschen, besonders im Kontext der drohenden Bedeutungslosigkeit des Individuums. Von großer Bedeutung ist die Antwort auf die Frage, ob die menschliche Existenz lediglich zum Nichtigkeitsspiel und der Mensch selbst nur zur Marionette herabgewürdigt wird. Außerdem wird zu fragen sein, welche Werte und Prioritäten sich in der neuen Weltauffassung bewahren konnten und wie der Mensch zur Moralfrage steht.

4.1. Metaphysische Werte

Die ersten Überlegungen über mögliche Konsequenzen aus der Leugnung Gottes und der Unsterblichkeit werden in Jean Pauls Traumvision in der *Rede des toten Christus vom Weltgebäude herab daß kein Gott sei*[148] unternommen. Der Verzicht auf das Fortleben nach dem Tode scheint den Erzähler kaum zu betrüben, im Gegensatz zum Verzicht auf die Gottheit. Er will

„mit geringern Schmerzen die Unsterblichkeit als die Gottheit leugnen: dort verlier' [er] nichts als eine mit Nebeln bedeckte Welt, hier verlier' [er] die gegenwärtige, nämlich die Sonne derselben; das ganze geistige Universum wird durch die Hand des Atheismus

---

[148] Ursprünglich sollte diese Traumvision den Titel: *Schilderung des Atheismus. Er predigt, es ist kein Gott* tragen, wovon eine Tagebuchnotiz Jean Pauls unter dem Datum 3. August 1789 zeugt. Später wurden sowohl der Titel als auch die Konzeption etwas geändert: *Todtenpredigt Shakespeares*. Bis 1789 hatte Jean Paul die erste Fassung erneut ausgearbeitet und der neue Titel 1789/90 lautete: *Des todten Shakespear's Klage unter todten Zuhörern in der Kirche, dass kein Gott sei*. Erst 1796 wurde die Traumdichtung dem ersten Stück des *Siebenkäs* eingefügt mit der gleichzeitigen Veränderung des Titels auf die entgültige Fassung: *Rede des toten Christus vom Weltgebäude herab, daß kein Gott sei*. Dadurch gewann die Traumvision noch eine weitere Verstärkung, denn somit wurde es Christus selbst, der von Gottes Tode erzählt und dadurch seinen Tod und das ganze Evangelium in Frage stellt.

zersprengt und zerschlagen in zahlenlose quecksilberne Punkte von Ichs, welche blinken, rinnen, irren, zusammen und auseinander fliehen, ohne Einheit und Bestand"[149].

Somit wird der Leser in ein Gedankenexperiment über die Alternative zwischen Ablehnung der Unsterblichkeit und der Gottheit gezwungen, dessen tragische Folgen den gleichgültig gewordenen Menschen[150] erschüttern sollen. Der Verlust der Unsterblichkeit würde den Menschen nicht bekümmern, denn ihm fällt es schwer, sich dessen mögliche Folgen überhaupt vorzustellen. Im Gegenteil dazu wird ihn aber die „Nichtexistenz Gottes" im Innersten viel stärker bewegen, da er in diesem Fall den Bezugspunkt des ganzen Universums preisgeben müsste. Dementsprechend wäre die ganze geistige Welt ihrer geistigen Mitte beraubt und somit einem unbeschränkten Zerfallsprozess ausgesetzt. Auf diese Weise wäre die Reduktion der Welt in ihrem Wesen und ihrer geistigen Einheit unabdingbar und zugleich unaufhaltsam. In diesem Zusammenhang bemerkt Götz Müller:

„Da Jean Paul die Erbsünde jederzeit negierte, konnte die Erlösungstat Christi oder gar die stellvertretende Genugtuung keine Rolle spielen. Übrig blieb ein Gott, dessen Vernunft der Mensch in sich selbst und in der Natur nachvollziehen konnte. Wenn dieser Gott in Frage gestellt wurde, konnte leicht das ganze theoretische Gebäude erschüttert werden"[151].

Und eben dies ist die Absicht Jean Pauls in der *Rede des toten Christus...*, diesen Gedanken in seinen Einzelheiten zu ergründen versuchen.

In seinen weiteren Überlegungen behauptet er nämlich, dass der Gottesleugner plötzlich einsam und verwaist wird, denn der Verlust seines Vaters lässt sich nicht ersetzen, so dass er seinen Lebenshalt endgültig verloren haben mag. Seine Trauer wird unermesslich, weil von diesem Moment an jede Ganzheit zerstückelt wird. Die Aufgabe Gottes als Bezugspunkt des Menschen und des Universums müsste nicht nur den Zerfall der geistigen Einheit der Menschheit, sondern auch Chaos und Zersetzung der Natur herbeiführen. Da Gott als der Weltgeist, der bisher die Welt beseelt hat, verloren geht, verfault sie, so dass der einsame Mensch „neben dem unermesslichen Leichnam der Natur, den kein Welt-

---

[149] Jean Paul: *Siebenkäs;* Stuttgart 2002, S. 295. Weiter als Jean Paul *Siebenkäs...*
[150] „Die Menschen leugnen mit ebenso wenig Gefühl das göttliche Dasein, als die meisten es annehmen." Ebd. S. 295.
[151] Siehe: Götz Müller: *Jean Paul im Kontext...* S. 108. In diesem Kontext zitiert Müller die Beobachtung von Decke–Cornill, der zufolge dieses Werk „von der Negation einer eschatologisch geprägten Religiosität" handelt, was jedoch nicht ganz korrekt zu sein scheint, denn es ist nur ein Teil der Interpretation. In der *Rede des toten Christus...* werden nämlich die Konsequenzen sowohl der Leugnung der Unsterblichkeit als auch der Gottheit behandelt. Ebd. S. 109-110.

geist regt und zusammenhält"[152] trauert. Darüber hinaus wird die Natur dem Menschen verschlossen und unerkennbar erscheinen, so dass er nicht imstande sein wird, ihre Rätsel zu lösen. Das ganze All, in grenzenloser und unbestimmter Ewigkeit verharrend, bleibt ihm fremd und unerreichbar[153]. Die Problematik des Atheismus wird dann durch den Nihilismusgedanken über die Reduktion der Bedeutung der Welt verschärft. In der Weltdeutung wird nämlich eine Gefahr bestehen, konsequenterweise auf den metaphysischen Sinn zu verzichten und möglichst alles nur rational zu deuten.

Dann geht die Traumvision in apokalyptische Bilder einer gottlos gewordenen Welt über, die in folgenden Worten versinnbildlicht werden:

„Alle Gräber waren aufgetan, und die eisernen Türen des Gebeinhauses gingen unter unsichtbaren Händen auf und zu. An den Mauern flogen Schatten, die niemand warf, und andere Schatten gingen aufrecht in der bloßen Luft. In den offenen Särgen schlief nichts mehr als die Kinder. Am Himmel hing in großen Falten bloß ein grauer schwüler Nebel, den ein Riesenschatte wie ein Netz immer näher, enger und heißer hereinzog. Über mir hört' ich den fernen Fall der Lauwinen unter mir den ersten Tritt eines unermesslichen Erdbebens. Die Kirche schwankte auf und nieder von zwei unaufhörlichen Mißtönen, die in ihr miteinander kämpften und vergeblich zu einem Wohllaut zusammenflißen wollten"[154].

Da Gott dem Menschen verloren ging, beginnt ihm die Umgebung erschreckend zu erscheinen. Eine unsichtbare Macht öffnet und schließt die Gräber, die außer den von schlafenden Kindern besetzten, leer geworden sind. Das Nichts im Sinnbild der von niemandem geworfenen Schatten breitet sich langsam, aber unaufhörlich aus. Die trübe Stimmung der allumfassenden Nebel wird durch die Naturkatastrophen noch hervorgehoben. Unermessliche Erdbeben, von Lawinen begleitet, steigern das Gefühl der voranschreitenden Entfremdung. Sobald also Gott, als herrschende Mitte des Universums, nicht mehr vorhanden ist, beginnt der Prozess der allumfassenden und unbeschränkten Vernichtung. Nichts kann sich dem Zerfall und dem Auseinandergehen widersetzen.

---

[152] Siehe: Jean Paul *Siebenkäs...* S. 295. Die Feststellung über Gott als Weltgeist in der früheren Zeit erinnert an die Rede des Paulus auf dem Areopag: „In Deo vivimus, movemur et sumus" (In Gott leben wir, bewegen wir uns und sind wir).
[153] „Niemand ist im All so sehr allein als ein Gottesleugner - er trauert mit einem verwaisten Herzen, das den größten Vater verloren [...] und er trauert so lange, bis er sich selber abbröckelt von der Leiche. Die ganze Welt ruht vor ihm wie die große, halb im Sande liegende ägyptische Sphynx aus Stein; und das All ist die kalte eiserne Maske der gestaltlosen Ewigkeit". Jean Paul *Siebenkäs...* S. 295-296.
[154] Ebd. S. 297. Götz Müller weist darauf hin, dass Jean Paul in den apokalyptischen Beschreibungen sehr stark von dem Kupferstich Hogarths *Finis* (bekannt auch unter dem Titel: *Tail piece*) beeinflusst worden ist, siehe: Götz Müller *Jean Paul im Kontext...* S. 165-171. Auf die apokalyptischen Bilder dieses Kupferstichs macht auch der Kreuzgang in der sechzehnten Nachtwache aufmerksam. Siehe *Nachtwachen...* S. 132.

Die unabdingbare Katastrophe drückt sich aus in den auch in der Kirche waltenden beängstigenden Gefühlen der Leere und Nichtigkeit. Darauf deuten die herzlosen, zitternden Schatten sowie der aus dem Traum erwachte Tote, der seine Hoffnung auf das ewige Leben in der gottlos gewordenen Welt aufgeben und mit der Zersetzung seiner Glieder einbüßen muss[155]. Dem Zerfall ist auch die Zeit ausgesetzt, denn „das Zifferblatt der Ewigkeit, auf dem keine Zahl erschien und das „sein eigener Zeiger war"[156] konnte keine Zeit mehr bestimmen.

Die schreckliche Botschaft über Gottes Tod wird dann von Christus selbst vor dem Altar verkündet[157], so dass alle Erwartungen, die sich ausbreitende Katastrophe zu verhindern, plötzlich und endgültig vernichtet wurden. Nach der vergeblichen Suche nach Gott, seinem Vater, wurde er selbst zu nichts und die Natur zum ewigen Chaos[158]. Die Frage von Christus, mit der er sich an seinen

---

[155] „Alle Schatten standen um den Altar, und allen zitterte und schlug statt des Herzens die Brust. Nur ein Toter, der erst in der Kirche begraben worden, lag noch auf seinem Kissen ohne eine zitternde Brust, und auf einem lächelnden Angesicht stand ein glücklicher Traum. Aber da ein Lebendiger hineintrat, erwachte er und lächelte nicht mehr, er schlug mühsam ziehend das schwere Augenlied auf, aber innen lag kein Auge, und in der schlagenden Brust war statt des Herzens eine Wunde. Er hob die Hände empor und faltete sie zu einem Gebete, aber die Arme verlängerten sich und löseten sich ab, und die Hände vielen gefaltet hinweg." Siehe Jean Paul *Siebenkäs...* S. 297-298.

[156] Ebd. S. 298.

[157] Die Botschaft von Gottes Tod wurde zuerst in Jean Pauls *Shakespeares Klage unter todten Zuhörern in der Kirche, dass kein Gott sei* verkündet, denn der ersten Fassung nach konnte nur der englische Tragiker dieser Mitteilung einen entsprechend tragischen Ton verleihen. Die in Chaos abgestürzte Welt als Folge dieser Tatsache gleicht einer apokalyptischen Vision, die ohne jegliche Hoffnung auf Rettung in der Nacht des Todes zu versinken droht. Die Klage ertönt aus dem Munde eines toten Shakespeares in der Kirche, um die Menschen endgültig der Hoffnung auf Gottes Existenz zu berauben: „Wo ziehst du hin, du Sonne mit Planeten, du findest auf deinem langen Wege keinen Gott. Das Sein ist ein Hohlspiegel, der gaukelnde schlagende Menschen in die Luft stellt – Menschen wie Bilder der laterna magica, klein sind sie, hell und stark und verlieren sich mit der Vergrößerung – Die Natur seufzt und das Leben eines Menschen ist nichts als Echo dieses Seufzers – die Todtenasche ist die sichtbare Folie, die einen lebendigen Menschen darstellte - ..." der Abhandlung „Experimentum medietatis" von Walther Rehm entnommen, S. 22. Diese Version unterscheidet sich an manchen Stellen von der letztgültigen Fassung unter anderem in den Beschreibungen der Katastrophenvisionen sowie des Chaos. Kurzum: *die Rede des toten Christus...* ist eindeutig ausführlicher sowie tragischer, da Christus selbst den Tod seines Vaters verkündet.

[158] „Christus fuhr fort: ich ging durch die Welten, ich stieg in die Sonnen und flog mit den Milchstraßen durch die Wüsten des Himmels; aber es ist kein Gott. Ich stieg herab, soweit das Sein seine Schatten wirft, und schauete in den Abgrund und rief: Vater, wo bist du? Aber ich hörte nur den ewigen Sturm, den niemand regiert, und der schimmernde Regebogen aus Wesen stand ohne eine Sonne, die ihn schuf, [...] Und als ich aufblickte zur unermesslichen Welt nach dem göttlichen Auge, starrte sie mich mit einer leeren bodenlosen Augenhöhle an; und die Ewigkeit lag auf dem Chaos und zernagte es und

Vater richtet, bleibt ohne Antwort. Nicht nur Gottes Sohn bleibt verwaist, sondern auch die Menschen haben ihren Schöpfer und Wegweiser endgültig verloren und gehen daran zugrunde. Über die Welt wacht auch kein göttliches Auge mehr - als Symbol der Allwissenheit; es bleibt nur die Augenhöhle, die auf eine große Leere hindeutet. Nicht einmal die Kinder blieben von den Konsequenzen dieser schrecklichen Mitteilung verschont und wurden ohne ihren Vater Waisen. Die lieblos gewordene Welt wurde von Einsamkeit, Angst und Leere beherrscht. Vor Christus' Augen stürzte alles in den Abgrund der ewigen Nacht des Nichts[159]. Das Nichts wird dann von der „kalten ewigen Notwendigkeit! [und] Wahnsinnigem Zufall!"[160] begleitet, so dass die Zerstörung der Welt unaufhaltsam zu werden droht. Alles wird nämlich von diesen waltenden Kräften ergriffen und der Gefahr der totalen Vernichtung ausgesetzt.

Die Verwüstung des Universums, das dem Menschen noch im Leben zur Leichengruft wurde, führt zu seiner großen Einsamkeit[161]. Dieses menschliche Gefühl verstärkt sich im Verlassensein Christus', der sich mit seiner Kreuzes- und Golgathafrage vergeblich an seinen Vater zu wenden versucht. Für den Schuldigen erklärt er das menschliche Ich, das sich imstande fühlte, Gott zu ersetzen, um an seiner Stelle „eigener Vater und Schöpfer"[162] zu sein. In seiner Selbstherrlichkeit kann er sich jedoch nicht vernichten. Dementsprechend wird er in seinem Wesen lediglich als „Seufzer der Natur oder nur sein Echo"[163] bezeichnet und muss die Konsequenzen seiner Einbildung tragen. Seine Zukunft sowie Gegenwart werden die Klarheit verlieren und nur verschwommen erscheinen. Auch Christus trauert um den Verlust Gottes und der früher glücklichen Welt. Einerseits beneidet er die glücklichen Erdenbewohner, die in ihrer Naivität noch an Gott glauben, andererseits ist er sich dessen bewusst, dass ihnen die Enttäuschung noch bevorsteht. Erst nach dem Tode wird ihnen nämlich die schreckliche Wahrheit über die Nichtexistenz Gottes und ihre aussichtslos chaotische Welt zuteil. Somit geht auch ihre Hoffnung auf ewiges Leben und Auferstehung mit Gott endgültig verloren. Deswegen wendet er sich mit einer

---

wiederkäuete sich. – Schreiet fort, Mißtöne, zerschreitet sie Schatten; denn Er ist nicht! [...] und alles wurde leer." Jean Paul *Siebenkäs...* S. 298.

[159] „Das ganze Weltgebäude sank mit seiner Unermeßlichkeit vor uns vorbei – und oben am Gipfel der unermeßlichen Natur stand Christus und schauete in das mit tausend Sonnen durchbrochene Weltgebäude herab, gleichsam in das in die ewige Nacht gewühlte Bergwerk, in dem die Sonne wie Grubenlichter und die Milchstraßen wie Silberadern gehen." Ebd. S. 299.

[160] Ebd. S. 299.

[161] „Wie ist jeder so allein in der weiten Leichengruft des All!" Ebd. S. 299.

[162] Ebd. S. 300.

[163] Ebd. S. 300.

Warnung an sie, der zufolge sie sich mit der Anbetung Gottes zu retten versuchen sollten[164].

Aber die allumfassende Auflösung ist nicht mehr zu verhindern, denn das Nichts hat schon die ganze Erde ergriffen und möchte die Zersetzung vollbringen. Dieser Prozess der totalen Vernichtung der Welt drohte mit einem Glockenhammerschlag „die letzte Stunde der Zeit" zu verkünden, als die Traumvision unerwartet zu Ende ging. Die apokalyptischen Bilder wurden durch eine harmonische und friedliche Naturbeschreibung der Welt ersetzt, in der man, vor Freude weinend, Gott wieder anbeten konnte[165]. Wie G. Müller zu Recht betont, wird

„die Vision des Nihilismus heilsam, die totale Privation wird zum glückseligen Verlust, weil sie den Umschwung zum Glauben provoziert. Nach dem Traum erlöst, weint die Seele vor Freude über die wiedergefundene Glaubensgewissheit"[166].

Die Aussagekraft der *Rede des toten Christus vom Weltgebäude herab, daß kein Gott sei* beruht darauf, dass Jean Paul in dieser Erzählung erstmals in der Literaturgeschichte eindeutig und ausdrücklich die Konsequenzen einer gottentfremdeten Welt darstellt. Da das Universum dann auch selbst von Gott verlassen wird, kann die gottlos gewordene Welt dementsprechend dem Menschen nur leer, öde und nichtig erscheinen. Die unausweichliche Entgöttlichung der Welt, als Folge der neuen Betrachtung der metaphysischen Werte durch den Menschen, also die Leugnung Gottes und der Unsterblichkeit, muss unweigerlich im Nichts enden. Diese Traumvision, in der Gott, also die frühere Mitte der Menschheit, nicht mehr vorhanden ist, führt zur Erfahrung des unbestimmten Nichts, indem der Mensch seinen Bezugspunkt sowohl auf der Erde sowie nach dem Tode verloren hat. Die schreckliche Nachricht von Gottes Tod wird zudem von Christus selbst verkündet, der dadurch selbst fragwürdig geworden ist. Dementsprechend wird auch der menschliche Glaube an das ewige Leben nach dem Tode und die spätere Auferstehung mit Christus erschüttert. Außerdem sind die Menschen vaterlos geworden und dieses ewige Fehlen muss konsequenterweise negative Folgen für die verwaisten Kinder haben. Von diesem Moment an werden sie daran gehindert, solche Gefühle wie Vertrauen oder Liebe zu äußern.

Da sich Christus mit seiner Botschaft selbst zum Nichts macht, wird somit jegliche Schöpfung unmöglich. Ganz im Gegenteil beginnt unter der alleinigen

---

[164] „Wenn der Jammervolle sich mit wundem Rücken in die Erde legt, um einen schönern Morgen voll Wahrheit, voll Tugend und Freude entgegen zu schlummern: so erwacht er im stürmischen Chaos, in der ewigen Mitternacht – und es kommt kein Morgen und keine heilende Hand und kein unendlicher Vater! – Sterblicher neben mir, wenn du noch lebest, so bete Ihn an: sonst hast du Ihn auf ewig verloren." Ebd. S. 300.
[165] „Meine Seele weinte vor Freude, daß sie wieder Gott anbeten konnte – und die Freude und das Weinen und der Glaube an ihn waren das Gebet." Ebd. S. 301.
[166] Müller: *Jean Paul im Kontext...* S. 117.

Macht des waltenden Nichts eine allumfassende Zersetzung, in der langsam alles vernichtet wird. Dieser Zerstörung kann sich weder die Natur noch die Zeit widersetzten, und alles wird im Nichts verschwommen, was selbst im Sinnbild der ewigen Nacht veranschaulicht wird. Notwendigkeit und Zufall drohen somit zu den auf Erden alleinig herrschenden Mächten zu werden, denen der verwaiste Mensch ausgeliefert sein würde.

In der düster gewordenen Welt wird die hoffnungslose Lage des Menschen durch die sich verbreitende Leere verstärkt. Die vergeblichen Versuche, Gott zu finden, führen zur Vernichtung jeglicher Hoffnung auf Rettung und enden in uferloser Einsamkeit. Der vereinsamte Mensch kann sich dem Gefühl der Nichtigkeit nicht mehr entziehen und erliegt der Verzweiflung. Auch die Natur, die ihm früher Geborgenheit bot, wirkt plötzlich fremd und beängstigend. Die Leere erscheint als eine schreckliche Versinnbildlichung der auf Erden nicht mehr existierenden Vernunft Gottes und ihrer Konsequenzen. Jean Paul betont jedoch ausdrücklich, dass der Mensch allein mit seinen selbstherrlichen Ansprüchen, Gott in seiner Allmacht zu ersetzten, dieses Unheil heraufbeschwört hat[167]. Seine Traumvision endet zwar glücklich, da der Mensch aus dem schrecklichen Traum erwacht und Gott wieder anbeten kann, doch die Tendenz, menschliche Zweifel an Gott und an der Unsterblichkeit zu thematisieren, also die metaphysischen Werte in Frage zu stellen, hat in der Literatur erneut an Bedeutung gewonnen und sollte in vielen literarischen Werken der Romantik fortgesetzt und auf vielfältige Art und Weise variiert werden.

Im Kontext der sogenannten „Aufklärungssucht"[168], die nach Balder (aus Ludwig Tiecks Roman *William Lovell*) in der Erfahrung der Wahrheit mit Hilfe der Vernunft erfolgen sollte, stellte er Überlegungen über Unsterblichkeit, Gott und Ewigkeit an. Diese Methode, wie Balder unverzüglich selbst erfahren wird, erweist sich als gefährlich, da sie den Menschen nicht nur an die Grenzen seiner Erkenntnis, sondern sogar zum Wahnsinn führen kann. Denn die Wahrheit und Irrtum sind angesichts der Subjektivität der Urteile kaum voneinander zu trennen. Somit widerspricht Balder der in der Aufklärung zugeschriebenen Macht

---

[167] In diesem Kontext weist Walter Rehm auf die Konsequenzen des sog. „experimentum mediatatis" hin im Sinne „der schicksalhaften, verantwortungsvollen Freiheit des Menschen zum Bösen (statt zum Guten), dem luciferischen Abfall oder - antik gesehen - der prometheischen Empörung, [die als] ewige Möglichkeiten, die sich im menschlichen Bewusstsein zurückdrängen, aber nie völlig tilgen lassen [zu betrachten sind]" . Siehe: Walter Rehm *Experimentum mediatatis...* S. 8. Anders gesagt geht es hier um die Versuche des Ich, Mitte oder selbst Mittler sein zu wollen (experimentum suae mediatatis), die schon bei Augustinus in seiner Schrift *De trinitate* beschrieben wurden. In diesem Werk von Augustinus wird auch auf den menschlichen Weg zwischen Himmel und Hölle hingewiesen.

[168] So Balder in einer Geschichte über die Menschen, die sich alles mit Hilfe des Verstandes zu erklären suchen. Siehe Ludwig Tieck: *William Lovell;* Stuttgart 1999, S. 142. Weiter als: Tieck *William Lovell...*

der menschlichen Vernunft mit der Feststellung, dass es solche Bereiche des menschlichen Lebens gibt, die sich mit der Ratio nicht erklären lassen, wie z. B die metaphysischen Werte[169]. Anderer Meinung ist Rosa (Held desselben Romans), der sich ohne Bedenken auf seinen Verstand verlässt und ihn für seine Zwecke verwenden möchte. Zwar erkennt er die göttliche Ordnung in der Natur[170], aber diese geordnete Welt ist ihm zuwider, denn er fühlt sich in ihr wie ein Sklave. Dementsprechend würde Rosa gern auf Gott verzichten, um mit seinen geistigen Kräften die Gesetzte der unbeschränkten Freiheit einzuführen. Deswegen bevorzugt er die Auflösung dieser göttlichen Ordnung mit folgenden Worten: „willkommen denn wüstes, wildes, erfreuliches Chaos! – Du machst mich groß und frei [...]"[171]. Kritisch wird Gott auch von Godwi (aus dem gleichnamigen Roman von Clemens Brentano) betrachtet. Seiner Ansicht nach, „sey [Gott] zu geistig, und substanzlos, und ohne die Menschwerdung gar nicht da; aber es sey keine rechte Menschlichkeit in der Menschwerdung; es sey nichts als eine Allegorie auf Leben, Gedanken und Wort, eine Lehre, die zum Lehrer geworden"[172]. Angesichts der unabänderlichen Gegensätze zwischen Glauben und Wissen, wie sie in Godwis Aussage thematisiert sind, wird Gott in seinem Wesen bezweifelt.

Schwankende Ungewissheit begleitet jedoch nicht nur die Anhänger der Vernunftwissenschaft, sondern auch die an Gott Glaubenden. Sowohl Godwis Vater als auch Schoppe (aus dem *Titan* von Jean Paul) unternehmen fragwürdige Versuche, um sozusagen Gott zu prüfen. Schoppe besucht in der Nacht eine Kirche, wo er nach dem Orgelspiel eine Kausalpredigt hält[173], Godwis Vater möchte dagegen in der Kirche laut sprechen und „in einem lüderlichen Hause beten"[174]. All das, um den Allmächtigen einer Probe seiner Macht zu unterziehen. Nichtsdestoweniger zeugen diese Verhaltensweisen von der ständigen Suche nach Gott, wie es ausdrücklich über Schoppe in folgenden Worten festgelegt wurde: „etwas Höheres als das Leben suchtest du hinter dem Leben, nicht dein Ich, keinen Sterblichen, nicht einen Unsterblichen, sondern den Ewigen, den All-Ersten, den Gott"[175]. Zweifel über Gottes Existenz hegt auch der Poet aus

---

[169] „Vernunft! – O William, was nennen wir Vernunft? [fragte Balder und beantwortete selbst seine Frage] Schon viele wurden wahnsinnig, weil sie ihre Vernunft anbeteten und sich unermüdet ihren Forschungen überließen. Unsere Vernunft, die vom Himmel stammt, darf nur auf der Erde wandeln, noch keinem ist gelungen über Ewigkeit, Gott und Bestimmung der Welt eine feste Wahrheit aufzufinden, wir irren in einem großen Gefängnisse umher [...]". Tieck *William Lovell...* S. 141, siehe auch S. 144-145, 162
[170] Ebd. S. 166.
[171] Ebd. S. 167.
[172] Brentano, Clemens: *Godwi oder das steinerne Bild der Mutter. Ein verwilderter Roman;* hg. von Ernst Behler, Stuttgart 1995, S. 471. Weiter als Brentano *Godwi...*
[173] Jean Paul: *Titan;* Frankfurt am Main 1983, S. 733-734. Weiter als Jean Paul *Titan...*
[174] Brentano *Godwi...* S. 415.
[175] Jean Paul *Titan...* S. 853.

den *Nachtwachen des Bonaventura,* der innerlich beunruhigt schreit: „Wie ist denn kein Gott? [...] und das Echo gab ihm das Wort Gott laut und vornehmlich zurück. Jetzt stand er ganz einfältig da und käuete an der Feder"[176]. Sein ganzes Leben lang ist es ihm nicht gelungen, Gott zu finden, so dass er kurz vor dem Selbstmord einen Abschiedsbrief mit der verzweifelt-ironischen Bemerkung verfasst: „ich hinterlasse nun nichts und gehe dir trotzig entgegen, Gott oder Nichts"[177]! Wobei zu betonen ist, dass die in Jean Pauls Traumvision erst angedeutete Leere nach dem für tot erklärten Gott hier mit dem nichtigen Nichts gleichgesetzt wird.

Gott wird auf vielfältige Weise provoziert, um sein Dasein zu beweisen. Eine besondere Herausforderung an Gott dachte sich Büchners Titelheld Lenz aus, der nach vergeblichen Versuchen, in Gebeten seinen chaotischen Geist zu beruhigen, Gott dazu zwingen möchte, ihm ein Zeichen seiner Existenz zu geben und durch ihn ein verstorbenes Mädchen zu beleben[178]. Da Gott seiner Aufforderung nicht nachkommt, wendet er sich von ihm ab. Lenz sieht keine Chance mehr, seine innere Leere, Kälte und das Gefühl des Gestorbenseins mit Gebeten zu verdrängen. Obwohl er Gott als den Schöpfer preist[179], der eine schöne Welt erschaffen hat, sieht er sich religiösen Quälereien ausgesetzt und im großen Schmerz ergriffen, richtet er über Gott, dem er menschliche Leiden vorzuwerfen hat.

Eine quasi gerichtliche Beweisführung über die Nichtexistenz Gottes führt Dantons Mitläufer Payne (in Büchners Drama *Dantons Tod*) im Gefängnis vor. Seiner Meinung nach

„gibt es keinen Gott, denn: entweder hat Gott die Welt geschaffen oder nicht. Hat er sie nicht geschaffen so hat die Welt ihren Grund in sich und es gibt keinen Gott, da Gott nur dadurch Gott wird, dass er den Grund alles Seins enthält. – Nun aber kann Gott die Welt nicht geschaffen haben, denn entweder ist die Schöpfung ewig wie Gott, oder sie hat einen Anfang. Ist Letzteres der Fall, so muss Gott sie zu einem bestimmten Punkt geschaffen haben, Gott muss also nachdem er eine Ewigkeit geruht, einmal tätig geworden sein, muss also eine Änderung in sich erlitten haben, die den Begriff Zeit auf ihn anwenden lässt, was beides gegen das Wesen Gottes streitet. Gott kann also die Welt nicht geschaffen haben. Da wir nun aber sehr deutlich wissen, dass die Welt oder dass unser Ich wenigstens vorhanden ist und dass sie dem Vorhergehenden nach also auch ihren Grund in sich oder in etwas haben muss, das nicht Gott ist, so kann es keinen Gott geben. Quod erat demonstrandum"[180]

---

[176] *Nachtwachen von Bonaventura;* hg. von Wolfgang Paulsen, Stuttgart 2003, S. 134. Weiter als *Nachtwachen...*
[177] *Nachtwachen...* S. 71. Obwohl der Poet sein ganzes Leben lang nach Gott vergeblich sucht, sieht er in Gott die Macht, die über alles entscheidet und es kommt oft vor, dass Gott die Pläne der Menschen durchkreuzt.
[178] Büchner, Georg: *Lenz;* hg. von Hubert Gersch, Stuttgart 1998, S. 21-22. Weiter als Bücher *Lenz...*
[179] Ebd. S.14.
[180] Georg Büchner,: *Dantons Tod;* Darmstadt 2004, S. 50. Weiter als Büchner *Dantons Tod...*

- (was zu beweisen war). Gott wird in dieser Rede nur als potenzieller Schöpfer und somit Sinngeber der Welt gesehen. Da aber die Weltschöpfung keinen Anspruch auf ewige Dauer erheben kann, wird Gottes Erschaffung als zeitlich bedingt betrachtet und dementsprechend dem göttlichen Prädikat der Ewigkeit als widersprüchlich erscheinen.

Wenn die Schöpfung aber ewig wäre, setzt Payne seine Überlegungen fort, wäre die Welt nun keine von Gott erschaffene Ganzheit mehr, sondern eine Einigkeit mit ihm, was der Lehre von Spinoza entsprechen würde[181]. Gott als ein unübertreffliches Wesen wird von Payne als Ursache der Weltentstehung mit dem Argument bestritten, dass er in seiner Vollkommenheit keine unvollkommene Welt schaffen könnte. Wenn dies jedoch der Fall wäre, müsse Gott solch eine Welt aus Furcht vor möglichen Unannehmlichkeiten zu meiden suchen. Andererseits fragt er sich, ob es nicht menschlich sei, sich Gott nur schaffend denken zu können, sonst (da die Menschen sich ihre Existenz ständig mit „wir sind" beweisen müssen) müssten sie „Gott auch dies elende Bedürfnis [sich ständig zu behaupten] andichten"[182]. Außerdem befürchtet Payne, dass selbst die Anerkennung Gottes als dem Vater und der Menschen als seiner Kinder ständige Vorwürfe und Klagen Gott gegenüber hervorbringen würde. Aber eigentlich ist die von Payne als Möglichkeit betrachtete Kritik des Menschen an Gott als Teil des menschlichen Glaubens schon in der biblischen Geschichte von Hiob dargestellt.

Dieses biblische Motiv wird in Schoppes Kausalpredigt verwendet, um eine Klage gegen Gott zu erheben. Der Vorlesung aus dem Buch Hiob über die Freuden des Nicht-Seins folgen die Passagen über Hiobs Zweifel an Gottes Güte den Menschen gegenüber[183]. Hiob klagt über Gott, der ihn so viel Unglück erleben ließ, ohne dass er gegen ihn je gesündigt oder gelästert hätte. Trotz dieser Vorwürfe verliert Hiob sein Vertrauen auf Gott nicht, er bleibt ihm treu und wird dafür von Gott belohnt, indem er all seine verlorenen Güter sowie seine Gesundheit zurückbekommt. In der christlichen Tradition wird das Buch von Hiob als Beweis für die dem Menschen unbekannte und unerforschte Weisheit Gottes interpretiert. Nichtsdestotrotz wundert sich Schoppe, warum der Mensch in seinem Leben weniger Glück als Leiden erleben müsse, was ihn zu innerer Unruhe über Gottes Güte bewege. In diesem Fall wird von Schoppe nicht die Existenz Gottes in Frage gestellt, sondern sein Vorgehen mit dem Menschen.

---

[181] Ebd. 51.
[182] Ebd. 51.
[183] Im Text: „war ich nicht glückselig? War ich nicht fein stille? Hatt' ich nicht gute Ruhe? Und kommt solche Unruhe", Jean Paul *Titan...* S. 734. Vgl. mit derselben Stelle in der Bibel aus Hiob, Kap. 3, Vers 26: „Noch hatte ich nicht Frieden, nicht Rast, nicht Ruhe, fiel neues Ungemach mich an", in: *Neue Jerusalem Bibel,* hg. von Alfons Deissler und Anton Vögtle, Freiburg/Basel/Wien 1985, S. 732.

Indirekte Vorwürfe gegen Gott betreffen somit die menschlichen Leiden, die Gott in seiner Allmacht zulässt. In diesem Zusammenhang negiert er auch die menschliche Unsterblichkeit, die er als die „Himmelfahrt ins zukünftige Nichts"[184] bezeichnet und in der er keine Leiden mehr zu befürchten glaubt. Seinen Besuch in der Kirche beendete er mit einer Bitte an Gott, den er trotz seiner Zweifel für gut und barmherzig hält, ihn sterben zu lassen, sobald er körperlich oder geistig krank würde. Man könnte die These wagen, dass diese Zweifel Schoppes an diejenigen aus der *Rede des toten Christus...* erinnern, da in beiden Fällen der Zweifelnde seine Überlegungen mit der Freude der Anbetung Gottes schließt.

In den *Elixieren des Teufels* von E.T.A. Hoffmann erscheint Gott selbst als Richter, der den Menschen für seine Verbrechen straft. Es geht um den Fluch gegen einen Maler und seine Familie, aus der man sich erst durch Entsagung der körperlichen Sinnlichkeit erlösen kann. Diese Aufgabe wird Franz gestellt, der in ein Kapuzinerkloster geht und erst nach vielen sündigen Taten und deren Bereuung das Unheil für seine Familie abwenden kann. Gott wird somit im christlichen Sinnzusammenhang gesehen, als derjenige, der für Sünden straft und für gute Taten lobt[185].

Sonst aber wird eben Gott dem menschlichen Urteil ausgesetzt. Lenz kann es sich nicht erklären, warum der Allmächtige menschliche Leiden zulässt. An Gottes Stelle würde er den leidenden Menschen retten[186]. Von geistigen Schmerzen befallen, versuchte er Trost in Gebeten zu finden, aber vergebens. Da er für sich keine Rettung mehr sieht, erhebt er sich gegen Gott, was in folgenden Worten deutlich zum Ausdruck kommt: „Es war ihm, als könne er eine ungeheure Faust hinauf in den Himmel ballen und Gott herbeireißen und zwischen seinen Wolken schleifen; als könnte er die Welt mit den Zähnen zermahlen und sie dem Schöpfer ins Gesicht speien; er schwur, er lästerte"[187].

Auch Dantons Zweifel werden durch den christlichen Glauben hervorgerufen, denn er fragt sich, wie der alleinige und allmächtige, der liebende und

---

[184] Jean Paul *Titan...* S. 734.
[185] Obwohl das ganze Werk vom Leben eines Mönchs handelt, gibt es wenig direkte Anknüpfungen an Gott selbst, außer der Anspielung, dass das wunderbare Kind, mit dem Franz in seiner Kindheit spielt und ihm wunderbare Geschichten über die Heiligen erzählt, das Jesus-Kind sei. Sonst wird die Erwähnung Gottes eher gemieden. Siehe: E.T.A Hoffmann: *Die Elixiere des Teufels. Nachgelassene Papiere des Bruders Medarus eines Kapuziners;* hg. von Wolfgang Nehring, Stuttgart 2000.
[186] Lenz meint: „Aber ich, wär' ich allmächtig, sehen Sie, wenn ich so wäre, und ich könnte das Leiden nicht ertragen, ich würde retten, retten, [...]", Büchner *Lenz...* S. 29. Auch Woyzeck wirft Gott vor, nichts gegen Böses in der Welt zu unternehmen:„Warum bläst Gott nicht die Sonn aus, dass alles in Unzucht sich übereinander wälzt, Mann und Weib, Mensch und Vieh." (Georg Büchner: *Woyzeck;* Darmstadt 2004, S. 23).
[187] Büchner *Lenz...* S.22.

gnädige Gott das Böse, Quälende und Zerstörende in der Welt zulassen kann[188]. Das menschliche Leiden widerspricht der Vorstellung von einem guten Gott. Darauf kommt auch Robespierre zu sprechen, der Gott die „Wollust des Scherzens"[189] vorzuwerfen hat. Zu erwägen wäre jedoch noch eine andere These, der nach Gott selbst in seinem Wesen böse sein könnte. Vielleicht sei er doch nicht allmächtig und vollkommen, da er sein Schöpfungswerk verfehlt habe und selbst daran leide. Wie Danton behauptet, sei die Schöpfung eine Wunde, die Menschen seine Blutstropfen und die Welt das Grab[190]. Man mag also Ludwig Bütters Meinung zustimmen, der nach Büchners „verzerrtes Gottesbild nichts als das radikale Gegenteil des erhabenen und idealen christlichen Gottes"[191] sei.

In diesem Zusammenhang scheint auch die These Benno von Wieses ihre Geltung zu bewahren, indem er auf zwei mögliche Deutungen in Büchners *Dantons Tod* „für die tragische Situation des in der Welt von sich selbst abgefallenen Gottes, gespiegelt im Schmerz, Schuld und Endlichkeit des Menschen"[192] hinweist. Einerseits wird die Welt wegen der vermutlichen Fehlschöpfung als ein Leiden Gottes verstanden, wobei der Mensch seinen Anteil an Gottes Schmerzen hat. Davon zeuge die Aussage von Robespierre, der zufolge die Menschen Gottes Sohn gekreuzigt haben und im blutigen Schweiß ringen müssen, da es für dieses Verbrechen keine Erlösung geben kann[193]. Andererseits aber wird das Leid immer wieder tragisches Motiv gegen Gott[194], wovon die Klagen von Lenz, Danton und Woyzeck Zeugnis ablegen[195]. „Der Mann am Kreuze [bemerkt ironisch Danton] hat sich's bequem gemacht: es muss ja Ärgernis kommen, doch wehe dem, durch welchen Ärgernis kommt"[196].

In seiner Suche nach Gott erwog der Mensch verschiedene Möglichkeiten seiner Bestimmung und bediente sich dabei verschiedener Methoden. Dies aber

---

[188] Vgl. dazu auch Ludwig Büttner: *Büchners Bild vom Menschen;* Nürnberg 1967, S. 10
[189] Büchners *Dantons Tod...* S. 30.
[190] Büchner *Dantons Tod...* S. 67.
[191] Büttner *Büchners Bild vom Menschen...* S. 10
[192] Benno von Wiese: *Georg Büchner. Die Tragödie des Nihilismus;* in: Benno von Wiese: *Deutsche Tragödie von Lessing bis Hebbel;* Teil 2: *Tragödie und Nihilismus;* Hamburg 1973, S. 525. Weiter als Wiese *Georg Büchner...*
[193] Büchner *Dantons Tod...* S. 30.
[194] Wiese *Georg Büchner...* S. 525.
[195] In *Dantons Tod* knüpft Büchner auch an alte antike und ägyptische Vorstellung vom Menschen an, dessen Leid lediglich zum Spiel der Götter wird. Camille fragt: „ist dann der Äther mit seinen Goldaugen eine Schüssel mit Goldkarpfen, die am Tisch der seligen Götter steht und die seligen Götter lachen ewig und die Fische sterben ewig und die Götter erfreuen sich ewig am Farbenspiel des Todeskampfes?" (S. 80) Siehe dazu auch Büttner *Büchners Bild vom Menschen...* S. 8; Wiese *Georg Büchner...* S. 526, sowie Robert Mühlher: *Georg Büchner und die Mythologie des Nihilismus;* in: *Georg Büchner,* hg. von Wolfgang Martens; Darmstadt 1973, S. 267-268.
[196] Büchner *Dantons Tod...* S. 42.

hat zu keiner endgültigen Feststellung geführt, sondern eher im Gegensatz dazu, eine Verwirrung der Argumente und Einseitigkeit der gefallenen Urteile mit sich brachte. Dementsprechend wurde die Auffassung Gottes zerstückelt, so dass Gott von den Protagonisten nur hinsichtlich eines bestimmten Bereiches seines Wesens betrachtet wurde. Neben gewissen göttlichen Prädikaten, die ihn als Schöpfer und Sinngeber der Welt oder Richter bezeichnen ließen, konnte Gott aufgrund der von der Aufklärungslehre verstärkten Bedenken in seiner Existenz überhaupt negiert, oder auf ein Nichts herabgesetzt werden.

Die in der *Rede des toten Christus...* von Jean Paul vorsichtig angedeutete Vision von Gottes Tod und seinen Konsequenzen fand eine gedankliche Fortsetzung bis hin zur Gleichsetzung Gottes mit dem Nichts. Schon in den *Nachtwachen des Bonaventura* weiß der Poet nicht mehr, ob er nach seinem Tode Gott oder ein Nichts zu erwarten hat[197]. Auch Paynes Streitgespräch über Gott, das von Herault weiterentwickelt wurde, läuft auf die Behauptung der Nichtigkeit Gottes hinaus. Da Gott in seinem Wesen, alles zu sein, auch potenziell sein eigenes Gegenteil enthalten könnte, d.h. vollkommen und unvollkommen, böse und gut, selig und leidend wäre, was sich gegenseitig aufheben würde, so käme er zum Nichts[198]. Auch Danton meint, wenn die höchste Ruhe Gott ist, dann müsste auch das Nichts Gott sein[199]. Diese Aussage muss man in einem breiteren Kontext zu verstehen suchen. Der Schlüssel zur Deutung der Äußerung von Danton liegt darin, dass ihm das Leben selbst zu einer unerträglichen Last wurde. Somit könnte ihm Gott, dem er die Schuld für den Fehlschlag der Schöpfung und Verwesung der Welt zuschrieb, keine Geborgenheit bieten. Deswegen erscheint ihm das Nichts als ein Asyl, in dem er endlich seine Ruhe finden könnte. Seine Enttäuschung über die zum Chaos gewordene Welt mündet somit in der Behauptung – „das Nichts ist der zu gebärende Weltgott [...]"[200].

Die fragwürdig gewordene Weltordnung Gottes muss jedoch nicht unbedingt ausschließlich negativ betrachtet werden. Rosa begrüßt das Chaos, in dem er Chancen für die Blüte seiner Freiheit sieht, die er mit Hilfe des Verstandes verwirklichen möchte[201]. In der geordneten Welt fühlte er sich nämlich zum Sklaven erniedrigt. Eine andere Haltung zu den Bruchstücken der Weltganzheit nimmt Lady Hodefield (in Brentanos Roman *Godwi*) ein. Sie betont, dass es zwar

---

[197] *Nachtwachen...* S. 71. Wolfgang Paulsen bemerkt hinzu: „auch Bonaventuras Buch ist [...] ein religiöses Buch, und zwar „religiös" sozusagen wider Willen und letzten Endes – um das Paradox zu wagen ohne Religion, denn Gott wird ja nicht etwa geleugnet, er wird nur, wie seine Welt demaskiert", (*Nachtwachen...* S. 179).
[198] Büchner *Dantons Tod...* S. 52.
[199] Ebd. S. 67.
[200] Ebd. S. 80.
[201] Jean Paul *Titan...* S. 167.

„ein schöner Beginn ist, die göttlichen Trümmer mit Mühe zu ergänzen und zu erläutern, so bleibt doch der Gedanke traurig, dass wir uns dann selbst mit zerlegen und zusammensetzten müssen, um in unserm Einzelnen die wenigen Strahlen, die das Verlorene zurückgelassen hat, aufzufinden, und so aus uns verderbten und verkehrten Wesen die entarteten Gliedmassen herzustellen [...]"[202].

Sie deutet auf wichtige Faktoren hin, die mit der Zerstörung der göttlichen Welt zusammenhängen. Erstens werde die Welt der göttlichen Sinngebung beraubt, die man neu erfinden müsse. Aber bevor dies überhaupt möglich werde, müsse auch der Mensch sich neu bestimmen, denn er könne sich nicht mehr als Gottes Kind betrachten. Die Zersetzung der Welt werde also von der Auflösung des Menschen begleitet. Darauf macht auch Jean Paul in der Traumvision *Die Rede des toten Christus...* aufmerksam[203]. Außerdem wird es schwierig sein, überhaupt mit verdorbenen und falschen Wesen eine neue Ordnung einzuführen.

Um den Verlust Gottes und der von ihm geordneten Welt trauert auch der Nachtwandler Kreuzgang in seiner Rede an einen Wurm:

„O was ist die Welt, wenn dasjenige, was sie dachte, nichts ist und alles darin nur vorüberfliegende Phantasie! [...] O rühmt mir nichts von der Selbständigkeit des Geistes – hier liegt seine zerschlagene Werkstatt, und die tausend Fäden, womit er das Gewebe der Welt webte, sind alle zerrissen, und die Welt mit ihnen"[204].

Aber es gibt auch solche Protagonisten, die sich weder um Gott noch um das Jenseits kümmern. Sie konzentrieren sich ausschließlich auf das Diesseits und möchten ihr Leben genießen, ohne sich irgendwelche Sorgen um metaphysische Werte zu machen. William Lovell stellt fest:

„Meine Existenz ist die einzige Überzeugung, die mir notwendig ist, und diese kann mir durch nichts genommen werden. – An dies Leben hänge ich alle meine Freunden und Hoffnungen, - jenseits, - mag es sein, wie es will, ich mag für keinen Traum gewisse Güter verloren geben"[205].

Außerdem gerät Lovell unter dem Einfluss von Rosa und Andrea Cosimo, wie sein alter Diener behauptet, auf einen gottlosen Weg, dem der alte Willy traurig

---

[202] Brentano *Godwi...* S. 108.
[203] Jean Paul *Siebenkäs...* S. 295.
[204] *Nachtwachen...* S. 141-142. Auf die Bedeutung dieser Stelle aus den *Nachtwachen* verweist auch Horst Fleig in seinem Buch *Literarischer Vampirismus*. (Siehe Horst Fleig; *Literarischer Vampirismus. Klingemanns „Nachtwachen des Bonaventura";* Tübingen 1985, S. 132).
[205] Tieck *William Lovell...* S. 165. Dieses Zitat erinnert an eine Passage aus der *Rede des toten Christus...* von Jean Paul, in der eindeutig hervorgehoben wird, dass man „mit geringerm Schmerzen die Unsterblichkeit als die Gottheit leugnen [will] [...]" vgl. Jean Paul *Siebenkäs...* S. 295.

zusehen muss.²⁰⁶ In seiner Unbekümmertheit, die durch Louises Verführung verstärkt wird, schreckt er nicht davor zurück, auf Gott zu verzichten und ihn durch Wollust zu ersetzten²⁰⁷. Auch sein Freud Rosa möchte das Leben in vollen Zügen genießen²⁰⁸. Obwohl er in der Natur die göttliche Ordnung erkennt, ist ihm aber das Chaos viel lieber, da er selbst dank der Vernunft in der Welt seine Freiheit beweisen möchte. Diese Helden stehen für einen neuen Heldentyp vertretend, dem nach man die innere Unruhe und Zweifel vergebens durch Genussleben und Sinnlichkeit zu stillen beabsichtigt. Als Nachfolger der Aufklärungszeit bevorzugen sie in dem Streit zwischen Wissen und Glauben eindeutig die Macht der Vernunft, können jedoch keinen Ersatz für ihre metaphysischen Bedürfnisse finden. Deswegen leugnen sie Gott, als Teil der sozusagen alten Weltordnung und versuchen, dank Freiheit und Verstand ihr Leben neu zu gestalten. Aber besonders die Existenz von Lovell zeugt davon, dass er sein Ziel verfehlt. Als der aus der Gesellschaft Ausgestoßene bereitet er seinem Leben unerwartet im Duell ein Ende.

Im Kontext der Genusssucht erscheint die These von Danton interessant zu sein, wonach Christus der feinste Epikureer sei²⁰⁹. Diese Aussage wird in der Diskussion mit Robespierre um die Tugenden und Laster der Menschen von Danton geäußert. Zu fragen wäre jedoch, ob es Danton um den auf Genuss materieller Freuden des Daseins gerichtetes Lebensprinzip geht, oder vielleicht um eine Differenzierung im menschlichen Handeln. Im ersten Fall wäre Christus mit dem Genussmenschen gleichzusetzen, was mit anderen Thesen Dantons über Gott im scharfen Gegensatz stünde. Wenn er aber Unterschiede in der menschlichen Lebensweise hervorzuheben beabsichtigte, so wäre Christus ein Beispiel dafür, dass jeder seiner Natur gemäß handelt, so dass keiner auf der Erde berechtigt ist, Gottes Gericht zu übernehmen und nach seinen Tugendprinzipien die anderen hinzurichten. Diese Deutung wäre somit eine gedankliche Fortsetzung der Thesen, die in den *Nachtwachen des Bonaventura* im Monolog des wahnsinnige Weltschöpfers aufgestellt wurden.

„Aber dies winzige Stäubchen, dem ich einen lebendigen Atem einblies und es Mensch nannte [bemerkt der wahnsinnige Weltschöpfer], ärgert mich wohl hin und wieder mit seinem Funkchen Gottheit, das ich ihm in der Übereilung anerschuf und worüber es verrückt wurde. Ich hätte es gleich einsehen sollen, dass so wenig Gottheit nur zum Bösen führen müsse, denn die arme Kreatur weiß nicht mehr, wohin sie sich wenden soll, und die Ahnung von Gott, die sie in sich herumträgt, macht dass sie sich immer tiefer verwirrt, ohne jemals damit auf

---

²⁰⁶ Vgl. Tieck *William Lovell...* S. 194. Der alte Willy ist sehr traurig, dass Lovell seine Seele verschwendet. Ebd. 194.
²⁰⁷ Lovell bemerkt:„ich habe zum Dienste jener höheren Gottheit geschworen [...], die alles ist, Wollust, Liebe [...]" Tieck *William Lovell...* S. 92.
²⁰⁸ Ebd. S. 166.
²⁰⁹ Büchner *Dantons Tod...* S. 26.

reinste zu kommen. [...] Zuletzt - und das war das ärgste - dünkte sich das Stäubchen selbst Gott und bauete Systeme auf, worin es sich bewunderte. Beim Teufel!"[210]

Der Mensch, der gottähnlich erschaffen wurde, hat schließlich den Anspruch darauf erhoben, seine Gottheit der göttlichen Gottheit entgegen zu stellen, um Gott dank seiner Vernunft zu ersetzen.

Auch wenn viele Protagonisten von Zweifeln über Gottes Wesen, oder gar von seiner Existenz befallen sind, vergeblich nach ihm suchen oder ihn einfach leugnen, gibt es doch Helden, die unerschüttert an Gott glauben. Zu diesen Gläubigen gehören unter anderen Eduard Burton, der alte Willy und Werdo Senne (Joseph) sowie Pfarrer Oberlin als Vertreter der alten Ordnung; können sie sich gar nicht vorstellen, Gott in seiner Existenz oder in seinem Wesen anzuzweifeln. Vom Leben und seinen Genüssen angelockt, hat Franz (Bruder Medarus aus dem Kapuzinerkloster) viel gesündigt, trotzdem aber bleibt er gläubig und bittet Gott um Vergebung. Zu nennen wäre auch eine Gruppe der Frauen, die in ihrem Leben Gott verehren und in ihrem Erscheinen einer heiligen Person ähnlich sind. Durch ihre demütige, von Vertrauen geprägte Hinwendung an Gott wird Liane als „mehr eine Braut Gottes als die eines Menschen"[211] bezeichnet. Auch die Persönlichkeit der Aurelien ähnelt der einer Heiligen. Ihre Gläubigkeit und das Versagen der irdischen Liebe führen Aurelien zu dem Entschluss, sich Gott als Nonne hinzugeben. Bei der Einkleidungszeremonie in der Kirche wird sie erstochen und kurz darauf zu einer Heiligen erhoben. Als sehr religiöse Gestalten sind auch Idoine und Otilie zu betrachten. Genannt werden müssen auch unter Vorbehalt an Gott Glaubende wie Balder und Schoppe, die sich intensiv mit der Gottes- und Weltauffassung in ihren Erwägungen auseinandersetzten, nichtsdestotrotz aber Gott in ihrem Glauben treu bleiben.

Wie schon in der *Rede des toten Christus...* angedeutet, fällt es dem Menschen schwieriger, auf Gott als die Unsterblichkeit zu verzichten. Sorglos gibt Rosa die Hoffnung auf das ewige Leben auf[212]. Auch Godwi glaubt an nichts nach dem Tode, trotzdem aber bemüht er sich ein guter Mensch auf Erden zu sein[213]. Er könnte als Vertreter des sich rasch verbreitenden Humanismus betrachtet werden, in dem man einen Ersatz für christliche Werte suchte. Im Gegensatz zu diesen Helden macht sich Schoppe viele Gedanken über die Unsterblichkeit, die er dann bezweifelt. Seiner Meinung nach, bestehe die Freude des Christen in der „Himmelfahrt ins zukünftige Nichts"[214], da nach dem Tode wieder Tod kommt und man sich ewig vom Ich befreien werden könne. In seiner Zweifelsucht richtet er sich dann an die Gestorbenen, um zu erfahren, wie es

---

[210] *Nachtwachen...* S. 81.
[211] Jean Paul *Titan...* S. 397. Mehr dazu siehe auch unter anderen S. 119, 222, 223, 369, 414.
[212] Tieck *William Lovell...* S. 196.
[213] Brentano *Godwi...* S. 47-48.
[214] Jean Paul *Titan...* S. 734.

ihnen nach dem Tode geht und ob sie Grund zur Klage hätten. Zu seinem Bedauern bekommt er keine Antwort auf seine Frage und muss mit seinen Zweifel leben. Deswegen sucht er auch im Tod kein Versprechen für sein ewiges Fortdauern, sondern viel mehr Befreiung von den Leiden des Lebens. Derselben Ansicht ist Lenz, dem der Tod keine Rettung für seinen verwirrten Geist bieten kann. Von Gott, der ihm keine Heilung für seine Schmerzen auf Erden in Aussicht stellt, wird er enttäuscht und schenkt ihm sowie seiner Lehre kein Vertrauen mehr. Danton, der wie Lenz eine Klage gegen Gott erhebt, kann nicht an eine Verbesserung der menschlichen Lage im Jenseits glauben. In diesem Zusammenhang erscheint ihm der Tod lediglich als eine Fortsetzung der auf der Erde begonnenen Fäulnis[215], wobei er hier indirekt an den in Jean Pauls Traumvision vorausgesagten Zersetzungsprozess anknüpft.

In den *Nachtwachen des Bonaventura* wird die Unsterblichkeit als leeres Nichts entblößt. Der sterbende Freigeist, wie es Kreuzgang bemerkt, „schaut blaß und ruhig in das leere Nichts, wohin er nach einer Stunde einzugehen gedenkt, um den traumlosen Schlaf auf immer zu schlafen"[216]. An keine Unsterblichkeit nach dem Tode glaubt auch der Wahnsinnige im Irrenhaus, für den es nur „hinunterstützen in das ewige Nichts"[217] gibt. Aus einer anderen Perspektive betrachtet Roquairol die Unsterblichkeit. Im Gespräch mit Schoppe nennt er sie "künstliche Zukunft zur Gegenwart"[218], die sich der Mensch als einen „Paradiesegarten" im Gegensatz zu seinem irdischen Leben ausgedacht hat. In Übereinstimmung mit dieser Ansicht scheint auch die ironische Äußerung des wahnsinnigen Weltschöpfers aus den *Nachtwachen des Bonaventura* zu stehen, der nach der Mensch von der Unsterblichkeit träumt und diesen Traum irrtümlich für wahr hält[219]. Voller Ironie ist auch der gescheiterte Versuch des Poeten, ein Gedicht über die Unsterblichkeit zu verfassen. Einerseits fehlt dem Dichter die Inspiration, die er erfolglos auf dem Friedhof zu erwecken glaubte, andererseits erhofft er sich von diesem Thema keinen Gewinn.

Ähnlich wie in der Gottes-Auffassung ist auch die Auswahl der Deutungen der Unsterblichkeit vielgestaltig variiert: vom Verzicht auf sie durch den Menschen, der sich aufs Diesseits konzentrieren möchte, über den Zweifel an ihr und ihre Gleichsetzung mit dem Nichts, bis hin zur Annahme, dass sie nur als menschlicher Traum, also als Täuschung existiert. Auch hier gibt es Menschen, die ihren Glauben an die Unsterblichkeit bewahrt haben, um beispielsweise Werdo Senne oder Albano zu nennen. Sie glauben an Gott und können deswegen überzeugend das ewige Leben nach dem Tode verkünden, wie in den folgenden Worten Albanos: „O, es ist Himmel und eine Unsterblichkeit – wir

---

[215] Büchner *Dantons Tod...* S. 67.
[216] *Nachtwachen...* S. 6-7.
[217] Ebd. S.117.
[218] Jean Paul *Titan...* S. 285-286.
[219] *Nachtwachen...* S. 81-82.

bleiben nicht in der dunklen Höhle des Lebens – wir ziehen auch durch den Äther wie du, du glänzende Welt"[220]. Diese Potentialität der Betrachtungsweise und ihrer Resultate hinsichtlich der metaphysischen Werte gehört in den Umkreis nihilistischer Gedankenexperimente. Davon zeugen die sorgfältig überlegten Deutungsmöglichkeiten, die die christliche Denkweise bis auf ihre Negation im leeren Nichts leiten.

Zum Gesamtbild metaphysischer Werte gehört dementsprechend auch die Stellungnahme des Menschen zur Religion, die im Sinne der gläubig verehrender Anerkennung einer alles Sein bestimmenden göttlichen Macht angesichts der sich verändernden Auffassung Gottes plötzlich in eine schwere Krise geraten musste. Die heranziehende Gefahr kommt in Godwis Aussage deutlich zum Ausdruck:

„In der Religion sey es eben so, es komme den Menschen heut zu Tage eine boßhafte Lust an, sich ihrer selbst zu bemächtigen, um sich zu befreien, aber nur der sey ein Sclave, der sich selbst besitze [...] in diesem schlechten Momente höre der Mensch auf zu glauben und meine, Wissen sey etwas anderes, als ein langweiligeres Glauben"[221].

Auch in der Diskussion um die Religion zeigt sich, dass ihr das Ringen zwischen Wissen und Glauben das Gepräge verleiht.

Von Veränderungen in der Betrachtung der Religion zeugt auch eine Anspielung auf das neue Bild des gläubigen Menschen in Brentanos *Godwi*. In der Rede über die Kreuzzüge werden die Gläubigen, den Zeittendenzen in den Geisteswissenschaften zum Ende des 18. Jahrhunderts entsprechend, in drei Gruppen eingeteilt. Die erste verkörpert mit ihrer Individualität und Kraft die Leitbilder der Idealisten, die für ihre Ideale zu sterben bereit sind. Ihnen erscheint Gott als die höchste Idee. Die zweite Gruppe wird von den Naturmenschen gebildet, die zwar eine Neigung zum Mystizismus haben und sich den Naturgesetzten fügen, sich aber von anderen abgrenzen und in sich zurückziehen. Sie können als Mystiker oder Pantheisten gelten. Die letzte Gruppe der Schwärmer knüpft eindeutig an die Romantiker an, die ihre Individualität und den Lebensgenuss sowie das Zurückreißen der Natur in sich hervorheben. Unter ihnen kann man sowohl Gläubige als auch ausschließlich auf Diesseits konzentrierte Menschen finden[222].

Aber nicht nur diese Differenzierung in der Haltung zur Religion deutet auf eine neue Denkweise hin. Sie drückt sich auch in einer alle Bereiche des menschlichen Lebens umfassenden Ästhetisierung aus, vgl. Violette (im Roman *Godwi*), die bemerkt: „Religion sey nichts als unbestimmte Sinnlichkeit, das

---

[220] Jean Paul *Titan...* S. 268.
[221] Brentano *Godwi...* S. 470.
[222] Vgl. Brentano *Godwi...* S. 298-302.

Gebet ihre Aeußerung²²³". Das Göttliche hat man somit als etwas dem Sinnengenuss zugeneigt auch in der Kunst gesucht. Aber wie Gerhart Hoffmeister betont, entlarvt schon Bonaventura in den *Nachtwachen*... diese Kunstreligion als erbärmliches Flickwerk, indem er Kreuzgang im „Invalidenhaus unsterblicher Götter und Helden"²²⁴ eine Rede auf den jungen Kunstbruder halten lässt: „Die Alten sangen Hymnen [...] unsere moderne Kunstreligion betet in Kritiken, und hat die Andacht im Kopfe, wie echt Religiöse im Herzen. Ach man soll die alten Götter wieder begraben"²²⁵. Dadurch versetzt Bonaventura gleichzeitig dem Griechenkult der Klassik und Romantik den Todesstoß, denn für ihn handelt es sich dabei um einen „ganz verstümmelten Olymp" mit „steinernen Göttern als Krüppel ohne Arme und Beine"²²⁶, die man vergeblich ins Leben zu rufen trachtete.

Immerhin aber, trotz der zahlreichen Schar der Anhänger der Wissenschaft, oder der Kunstreligion, gibt es Gläubige, die an ihrer Religion festhalten und sich in Gebeten an Gott und die Heiligen wenden. Eine große Rolle im Kontext von Sünde und Buße spielen weiterhin das Beten und Pilgerfahrten. Der Reliquienkult, wie in den *Elixieren des Teufels* von E.T.A. Hoffmann deutlich gezeigt wird, hat seine Geltung bis in die Neuzeit bewahrt. Wobei zu betonen ist, dass es mehr um den geistigen Einfluss der Gegenstände religiöser Verehrung geht als um ihre Authentizität²²⁷. Nichtsdestotrotz hat die Religion infolge der neuen wissenschaftlichen Theorien, jedoch viel an ihrer früheren Bedeutung im menschlichen Leben verloren.

Kurzum: Die Infragestellung Gottes, die Suche nach ihm, der Versuch seiner Bestimmung (Gott als Schöpfer, Epikureer, große Macht über den Menschen, Richter, lediglich als menschliche Vorstellung, Gott als Nichts, oder mit Büchners Worten „Nichts als der [erst] zu gebärende Weltgott") und seines Einflusses auf den Menschen sowie die neue Stellungnahme zu Unsterblichkeit und Religion wurden zum Ausdruck einer fortschreitenden Ästhetisierung des Lebens aufgrund aufklärerischer Denkansätze²²⁸. Ansporn zu der hier präsentierten

---

²²³ Vgl. ebd. S. 470.
²²⁴ *Nachtwachen...* S. 108.
²²⁵ Ebd. S.109.
²²⁶ Ebd. S.108. Vgl. dazu Gerhart Hoffmeister: Bonaventura: *„Nachtwachen";* in: *Romane und Erzählungen der deutschen Romantik,* hg. von Paul Michael Lützeler; Stuttgart 1981, S. 194-212, bes. S. 206.
²²⁷ Hoffmann *Elixiere des Teufels...* S. 26.
²²⁸ Vgl. Hans Sedlmayr: *Verlust der Mitte;* Berlin 1958, bes. S. 19-28. Wie Sedlmayr betont, lässt sich die Ästhetisierung des Lebens auch in der Kunst beobachten. Sedlmayr zufolge hat diese Tendenz in den Museen als ästhetischen Kirchen, sowie in den Gärten, in denen die Natur als pantheistische Naturreligion verherrlicht wurde, ihren deutlichen Ausdruck gefunden. Auch die gestörten Verhältnisse Mensch-Gott, sowie die Verachtung des anderen Menschen kommen, seiner Meinung nach, deutlich in der Kunst des 19. Jh.s vor und zeugen davon, dass der Mensch nicht nur kein Ebenbild Gottes mehr sei, sondern

Auswahl von literarischen Auseinandersetzungen mit metaphysischen Werten hat die von Jean Paul angedeutete Möglichkeit der Leugnung Gottes samt deren Konsequenzen gegeben. An dieser Stelle muss jedoch betont werden, dass die Diskussion um metaphysische Werte, die in der Literatur Ende des 18. Jahrhunderts entfesselt wurde, als literarische Leistung zur Auffassung des Zeitgeistes im Kontext geistig-philosophischer Streitgespräche dieser Zeit[229] zu betrachten ist. Dementsprechend lieferten die Dichter der Romantik einen wesentlichen Beitrag zur Schilderung wichtiger Zeitfragen und zu Zweifeln an Gott, der Welt und sich selbst.

4.2. Die Weltauffassung

Wie betrachtet der Mensch Ende des 18. und Anfang des 19. Jahrhunderts die Welt, und inwieweit handelt es sich dabei um nihilistische Gedankenexperimente? Um diese Fragen ausführlich zu beantworten, muss man die Rolle der Phantasie, des Skeptizismus und des Idealismus in der Welterfassung gründlich betrachten. In diesem geistig–philosophischen Kontext wäre auch zu bedenken, ob das Leben lediglich zu einem Nichtigkeitsspiel und der Mensch zu einer Marionette geworden ist. Da das Individuum in seinem Handeln bedeutungslos zu sein scheint, wird auch nach dem Einfluss von Notwendigkeit, Schicksal und Zufall gefragt. Dementsprechend wird zu ergründen sein, ob die nihilistischen Gedankenexperimente durch Notwendigkeit gefordert und durch Zufall gelenkt sind. Das wichtigste zu lösende Problem in diesem Gedankenzusammenhang bezieht sich auf die Sinnerfassung des modernen Menschen. Zu fragen wird, welche Werte und Prioritäten noch erhalten wurden und welche verlorengegangen sind. Nur auf diese Weise wird es möglich sein, das Weltbild im Zusammenhang mit der Nihilismus-Frage möglichst genau zu erfassen.

Die Auswahl der Weltdeutung, ähnlich wie im Falle der Erfassung metaphysischer Werte, ist ziemlich groß. Erstens wird die Welt als Lebensraum des Menschen, einleitend vor allem angesichts der Leugnung Gottes und der menschlichen Suche nach der neuen Stellung ihr gegenüber überlegt. In dieser

---

auch selbst entmenschlicht wurde. In der Sinnlichkeit, Selbstsucht, Ruhmsucht und Spottsucht versuchte er seine Zerrissenheit und Angst zu verdrängen und durch den Rausch seine seelische Unruhe zu unterdrücken. Diese von der Kunst her dargestellte Zeitdiagnose schließt Sedlmayr mit folgender Feststellung, dass „die Kunst selbst nur Symptom für den gestörten Gesamtzustand des Menschen ist" (S. 185).

[229] Es geht nicht nur um die philosophische Weltauffassung dieser Epoche, sondern vor allem um den regen Gedankenaustausch unter den Dichtern und Philosophen (der von Jacobi ausgelöst wurde) um die Bestimmung des Begriffes „Nihilismus", mit dem man fast eindeutig negative Zeiterscheinungen oder anders gesagt Zeittendenzen in Verbindung brachte. Mehr dazu siehe Kapitel 2. *Nihilismus oder nihilistische Gedankenexperimente*.

Abhandlung wurde schon öfters auf die Komplexität der Darstellung von Folgen der Nichtexistenz Gottes in Jean Pauls *Rede des toten Christus...* hingewiesen. Auch diesmal beginnen wir mit dem dort entworfenen Weltbild, das in anderen Werken mehrfach übernommen, oder gedanklich weiter entwickelt wurde. In seiner Traumvision prophezeit Jean Paul den unabdingbaren Zerfall der Welt, die ohne Gott durch Fäulnis ganz zu verderben droht. Diese Metapher wird von Georg Büchner übernommen. In *Dantons Tod* wird die Welt zum verwesenen Leib des toten Weltgottes[230], denn „das Nichts hat sich ermordet, die Schöpfung ist seine Wunde, wir sind seine Blutstropfen, [und] die Welt ist das Grab, worin es fault"[231]. Ohne göttliche Ordnung wird die Welt nicht nur dem Verwesungsprozess, sondern auch dem Chaos ausgesetzt. Deswegen empfindet auch der Titelheld von Büchners Erzählung *Lenz* einen tiefen und unsagbaren Schmerz mit dem All, das nach seiner Meinung voll in Wunden ist[232].

Aber die Welt droht in den Abgrund des Nichts zu stürzen[233], worauf nicht nur in der *Rede des toten Christus...*, sondern auch in den *Nachtwachen des Bonaventura* hingedeutet wurde. Am Grab des Vaters bemerkt Kreuzgang ironisch „O was ist die Welt, wenn dasjenige was sie dachte nichts ist und alles darin nur vorüberfliegende Phantasie"[234]! Vor dem Absturz möchte auch Danton in seinem Traum die Welt retten, aber die in ihrem Schwung keuchende Erdkugel ist der Katastrophe so nahe, dass Dantons Versuche kaum erfolgreich enden können, so dass ihn eine große Angst ergriffen hat[235]. In diesem Sinnzusammenhang erscheint dem Menschen die Welt als nichtig und nichtswürdig. Deswegen kann er dieser Welt nur mit Verachtung entgegentreten, wovon William Lovell an seinen Freund Rosa schrieb. Manchmal erscheint ihm die Welt sogar „als nichts, [und zugleich] als ein buntes bestandloses Schattenspiel, Wogen die den Bach hinunterlaufen, ohne zu wissen wohin"[236].

Angesichts der fehlenden Existenz Gottes und der Zerstörung der früheren Weltdeutung überlegt sich der Mensch seine Stellung im Universum, was in Brentanos Roman *Godwi* sehr deutlich vom Erzähler Maria in folgender Frage zum Ausdruck kommt „Erschafft mich die Welt, oder ich sie?" Er fügt noch hinzu, „die Frage sey die älteste und verliere sich in die dunklen Zeiten meines Lebens, wo keine Liebe war, und die Kunst von dem Bedürfnisse hervorgerufen

---

[230] Vgl. Mühlher: *Georg Büchner und die Mythologie des Nihilismus...* S. 282.
[231] Büchner *Dantons Tod...* S. 67.
[232] Büchner *Lenz...* S. 12.
[233] Jean Paul *Siebenkäs...* S. 299.
[234] *Nachtwachen...* S. 140-141.
[235] „Unter mir keuchte die Erdkugel in ihrem Schwung; ich hatte sie wie ein wildes Roß gepackt, mit riesigen Gliedern wühlte ich in ihren Mähnen und presste ich ihre Rippen, das Haupt abwärts gewandt, die Haare flatternd über dem Abgrund; so ward ich geschleift. Da schrie ich in der Angst, und ich erwachte." Büchner *Dantons Tod...* S. 42.
[236] Tieck *William Lovell...* S. 418.

ward"[237]. Von ähnlichen Bedenken ist auch Albano (der Held des *Titans* von Jean Paul) erfüllt, der über den Weltgeist in einem Brief an seine Geliebte grübelt. Ihn betrübt die Materialisierung der Welt dank der Vernunft, wobei der frühere Wert und Sinn des Lebens verlorengehen müssen[238]. Manchen Leuten ist jedoch diese Veränderung noch nicht bewusst geworden und sie bleiben in der Geburtsstunde der neuen Weltdeutung gleichgültig. Kennzeichnend dafür ist eine Szene aus den *Nachtwachen,* in der die Welt, derjenigen des Jüngsten Gerichts ähnelt, in der ein Komet vom Himmel fällt. Der Nachtwächter versuchte die Menschen zu einer Reflexion zu bewegen, über die Welt und ihr Leben. Da kommt es zur Abrechnung mit seiner Zeit und seinen Zeitgenossen. Aber der Nachwächter selbst wurde ausschließlich für einem Narren gehalten. Seine Auseinandersetzung mit den Philosophen und den Gelehrten, deren Lehre zur Zersetzung des menschlichen Geistes geführt hat, macht auf seine Zeitgenossen keinen Eindruck. Deswegen trauert er um die Mitmenschen, denen Gott das Recht gab, „die Weltgeschichte zu schreiben"[239], aber sie haben lediglich „einen albernen Roman" geschrieben, und deswegen sind sie, wie Kreuzgang bemerkt, für den Himmel zu schlecht und für die Hölle zu langweilig.

Nichtsdestoweniger gibt es Menschen, die sich über die Weltveränderung Gedanken machen. Die materialistisch aufgefasste Welt wird plötzlich zu eng, worauf Büchners Helden aufmerksam machen. Danton fragt voller Angst: „Will denn die Uhr nicht ruhen? Mit jedem Picken schiebt sie die Wände enger um mich, bis sie so eng sind wie ein Sarg"[240]. Die Verengung des Raumgefühls drückt sich auch in der Aussage von Lenz aus, der meint: „Es ist mir manchmal, als stieß ich mit den Händen in den Himmel; o ich ersticke!"[241] Außerdem hat der Mensch in der Welt unerwartet einen ungeheuren Riss entdeckt, dem zufolge er gefühllos bleibt. „Er hatte keinen Haß, keine Liebe, keine Hoffnung, eine schreckliche Leere und doch folternde Unruhe, sie auszufüllen. Er hatte nichts"[242]. Die frühere Welt, in der sich der Mensch geborgen fühlte, ist ihm fremd, leer und öde geworden.

An dieser Stelle wird zu erfassen sein, wie sich die Welt im Sinne des gesamten Daseins der Menschheit und der gesamten Verhältnisse auf der Erde geändert hat. In vielen Werken der Romantik wird die Erde als leidenschaftsvoller Platz dargestellt, „wo die Seele mehr liebt [...], mehr leidet und wo sie trüber,

---

[237] Brentano *Godwi...* S. 247.
[238] „Warum liegt der Mensch nicht auf den Knien und betet den Geist, dass er ist und dass er die ungeheure Welt denkt und sich! Siehe: Jean Paul *Titan...* S. 685. Zur Vernunft und ihrer Rolle siehe ebd. S.140-141.
[239] *Nachtwachen...* S. 53.
[240] Büchner *Dantons Tod...* S. 73.
[241] Büchner *Lenz...* S. 21.
[242] Ebd. S. 27. Zum Riss der Schöpfung siehe auch in Büchners *Dantons Tod...* S. 52.

aber wärmer ist[243]". Außerdem bleibt dem Menschen das Wesentliche des Lebens verborgen, obwohl, wie der Erzähler Maria behauptet, es viele verschiedene Theorien seines Wesens gibt[244]. In dem Wirrwarr, der sich aufdrängenden Lösungen wird dem Individuum jedoch das Leben immer unbekannter und fremder erscheinen. Die Menschen werden somit zu „hilflosen Seufzer"[245], worauf schon in der *Rede des toten Christus* hingewiesen wurde. Das Leben wird dementsprechend mit dem menschlichen Leiden verbunden. Davon zeugen folgende Bezeichnungen: „kahles, ebenes Leben", Leben als „eine tragische Muse" (Roquairol)[246], „langer Selbstmord" (Linda), oder sogar Leben als langer Weg zum Tod, in dem „wir leben, um zu sterben" (Kreuzgang)[247]. Die menschliche Existenz werde für den Menschen hin und wieder zur Last, so dass sie ihm in Extremfällen unerträglich wird. Von solchen existenziellen Schmerzen, von denen es keine Heilung gibt, wird Lenz ergriffen, „er tat alles wie es die anderen taten, es war aber eine entsetzliche Leere in ihm, er fühlte keine Angst mehr, kein Verlangen; sein Dasein war ihm eine notwendige Last. -- So lebte er hin"[248]. Das heißt natürlich lange noch nicht, dass die Menschen früherer Zeiten an ihrer Existenz nicht gelitten haben. Im Gegensatz zu den vergangenen Epochen, in denen die Menschen einen Bezugspunkt, oder anders gesagt in Gott und seiner Weltordnung einen Wegweiser hatten, fehlte zum Ende des 18. Jahrhunderts ein entsprechend bedeutungsvoller Ersatz. Die Infragestellung Gottes brachte Verwirrungen mit sich, durch die der Mensch gezwungen wurde, seiner Existenz sowie der Deutung der Welt einen neuen Sinn zu geben, was ihn angesichts der damit zusammenhängenden Probleme beängstigte und ihm eigentlich bis heute nicht richtig gelingen will. Im Chaos vieler möglicher Lösungen wurde das Individuum besonders für negative Erscheinungen sensibel.

Das sich als krankhaft erwiesene Leben auf Erden tritt im Komischen Anhang zum Titan unter dem Titel *Luftschiffers Giannozzo Seebuch* ans Licht. Der Italiener hat ein Luftschiff konstruiert, dessen Name Siechkobel quasi ein Quarantänehäuschen versinnbildlichen kann. Dank des Luftschiffes wird es Giannozzo möglich, sich in der Freiheitsluft vom Kerkerboden zu entfernen[249]. Diejenigen aber, die auf der Erde bleiben, müssen den Gefahren des Lebens entgegentreten. Denn

---

[243] Jean Paul Titan... S. 9, im Teil: Der Traum der Wahrheit.
[244] Brentano *Godwi...* S. 319. Marias Meinung zufolge ist das Leben „ein geschwätziges breites Wesen, von dem man nicht weiß, wie es im Herzen aussieht." Ebd.
[245] Ebd. Im *Siebenkäs...* wurde die Menschen als „Seufzer der Natur" bezeichnet, S. 300.
[246] Jean Paul *Titan...* S. 520, 674
[247] *Nachtwachen...* S. 58.
[248] Büchner *Lenz...* S. 31.
[249] *Jean Paul Werke;* hg. von Norbert Miller, München 1980, Bd. 3, bes. S. 929-930.

„das Leben ist nur das Schellenkleid, das das Nichts umgehängt hat, um damit zu klingeln und es zuletzt grimmig zu zerreißen und von sich zu schleudern. Es ist alles Nichts und würgt sich selbst auf und schlingt sich gierig hinunter, und eben dieses Selbstverschlingen ist die tückische Spiegelfechterei, als gäbe es etwas, da doch, wenn das Würgen einmal innehalten wollte, eben das Nichts recht deutlich zur Erscheinung käme, dass sie davor erschrecken müssten; Toren verstehen unter diesem Innehalten die Ewigkeit, es ist aber das absolute Nichts und der absolute Tod, da das Leben im Gegenteile nur durch ein fortlaufendes Sterben entsteht"[250].

Kreuzgang knüpft eindeutig an Schoppes Vermutung an, der nach das Leben nicht nur von der sich ausbreitenden Leere, sondern vor allem durch „ein durchsichtiges Nichts"[251] beherrscht wird.

So ein Leben kann dem Menschen entweder verächtlich erscheinen oder zur Gewohnheit werden. Der alte Burton aus dem Roman *William Lovell* schrieb in seinen Tagebüchern: „Das Leben und alles darin ist nichts, alles ist verächtlich und selbst, dass man die Verächtlichkeit bemerkt[252]". Voll von Lebensekel ist dagegen Schoppe, der sich gegen Wüstenei und Leere seiner irdischen Existenz erhebt und auf der verächtlichen Erde frei bleiben möchte[253]. Von Leere und Nichtigkeit des Lebens enttäuscht, ist er der „Einspinnung und Verpuppung[254]" nahe. Dies bedeutet, dass Schoppe kurz davor steht, in sich selbst zurückzukehren und einer Larve ähnlich, in völliger Ruhestellung sein Leben tatenlos zu verharren. Die einzige Rettung aus diesem Lebens-Marasmus kann ihm seine Freiheit bieten. Deswegen wird ihm die Freiheit zum höchsten Gut seines Lebens.

Von der Nichtigkeit des Lebens sind auch Balder und William Lovell fest überzeugt. Der erste stellt sich die Frage, ob der Mensch in seinem Leben nur dem Tod gegeben sei und deswegen keine Freuden auf der Erde haben kann. Lovell assoziiert das Leben mit einem nichtigen und schwindelnden Zirkeltanz, in dem der Mensch zur bedeutungslosen Marionette wird[255]. Auch Schoppe behauptet, das Leben sei nichtig und alles auf der Erde werde vernichtet, so dass nichts standhaft bleibe. Seiner Meinung schließt sich Roquairol an, der jedoch die Nichtigkeit durch die Freuden des Lebens zu verdrängen sucht[256]. Dieses nichtige Leben kann den Menschen auch zur Gewohnheit werden, die sich „so

---

[250] *Nachtwachen...* S. 75.
[251] Jean Paul *Titan...* S. 24. Schoppe fragt: „Besteht denn der Himmel unseres Daseins, wie der blaue über uns, aus öder matter Luft, die in der Nähe und im Kleinen nur ein durchsichtiges Nichts ist und die erst in der Ferne und im großen blauer Äther wird?" Ebd.
[252] Tieck *William Lovell...* S. 411.
[253] Jean Paul *Titan...* S. 736. Schoppe stellt fest: „Frei will ich bleiben auf einer so verächtlichen Erde – keinen Lohn, keinen Befehl."
[254] Ebd. S.737.
[255] Tieck *William Lovell...* S. 189, 366.
[256] Jean Paul *Titan...* S. 489 und 517.

jämmerlich und phlegmatisch durch die spannenlange Zeit schleppen", wie es „ihnen vom kargen Verhängnisse gegönnt ist"[257].

Zuletzt wäre in diesen einleitenden Überlegungen zur Welterfassung kurz nach den Veränderungen im Naturbild zu fragen. Der früheren Vision von der von Gott beseelten Natur, der noch einige Protagonisten der Romantik gedenken und sich an ihr erfreuen[258], wird das Chaos und Zersetzung entgegengestellt. Das romantische Bild der idealen Natur, die den Menschen Heilung und Genuss bietet[259], wird durch die neue Betrachtungsweise ihres trügerischen Scheins entblößt. Ihre Schönheit wird lediglich zur Tarnung der „verkleideten Verwesung"[260], von der sie schon seit langem heimgesucht wird. So eine Natur muss den Menschen ängstigen, da er gezwungen wird, seine Rolle aufs Neue zu bedenken und zu gestalten. Die materialistisch erfasste Welt bewegt den Menschen dazu, die ewigen und unabänderlichen Gesetze der Natur anzuerkennen und sich ihnen zu fügen[261]. Godwis Auffassung zufolge, ist die Natur in ihrem Wesen unermesslich und dadurch nicht einfach zu beherrschen. Auf die Grausamkeit der Natur, die den Menschen vernichten kann, macht St. Just in *Dantons Tod* aufmerksam[262]. Zugleich entfernt sich die Menschheit von der reinen Natur und, wie Lenz vermutet, „je feiner der Mensch geistig fühlt und lebt, um so abgestumpfer würde [ihm] dieser elementarische Sinn"[263]. Er kann sie nicht mehr begreifen. Die infolge der romantischen und idealistischen Denkansätze verherrlichte Natur, in der sich der Mensch geborgen fühlte, wird unerwartet als unverständlich, fremd und bedrohlich empfunden. Das Gefühl der Entfremdung wird noch durch Angstzustände verstärkt, die besonders in der Finsternis die Leere und Nichtigkeit der Erde intensiver empfinden lassen, wie bei Lenz, dem es

„entsetzlich einsam [wurde], er war allein, ganz allein, er wollte mit sich sprechen, aber er konnte, er wagte kaum zu atmen, das Biegen seines Fußes tönte wie Donner unter ihm, er musste sich niedersetzen; es fasste ihn eine namenlose Angst in diesem Nichts, er war im

---

[257] Tieck *William Lovell...* S. 189.
[258] Um beispielhaft Balders Aussage zu zitieren, der nach „in der freien Natur alles mit der Seele verwand ist und auf einen Ton gestimmt." Siehe Tieck *William Lovell...* S. 369.
[259] Auf die heilende Rolle der Natur deutet Godwi hin, der auf dem Lande von einem Naturmädchen betreut wird. In seinem Brief an Römer schreibt er voll Begeisterung: „ich fühle, dass ich am Busen der Natur in einer elastischen Ruhe des Genießens liege", und über die Rolle Otiliens – „sie hat alle Krankheiten einer Welt in mir geheilt". Siehe Brentano *Godwi...* bes. S. 133, 131.
[260] Tieck *William Lovell...* S. 140.
[261] Vgl. Brentano *Godwi...* S. 46
[262] St. Just meint: „Die Natur folgt ruhig und unwiderstehlich ihren Gesetzen, der Mensch wird vernichtet, wo er mit ihnen in Konflikt kommt". Büchner *Dantons Tod...* S. 47.
[263] Büchner *Lenz...* S. 12-13.

Leeren, er riß sich auf und flog den Abgang hinunter. Es war finster geworden, Himmel und Erde verschmolzen in eins"[264].

4.2.1. Die Rolle der Phantasie

Die oben kurz skizzierten Tendenzen in der Welterfassung um die Wende vom 18. - 19. Jh. werden durch die Rolle der Einbildungskraft ergänzt. Nicht die Phantasie überhaupt wird hier als Voraussetzung nihilistischer Gedankenexperimente im Weltbild gesehen, sondern nur die Phantasie im Kontext des „poetischen Nihilismus" – wie dies schon Jean Paul in seiner *Vorschule der Ästhetik* dieses Phänomen beschrieb. Er kritisierte die Überschätzung des schöpferischen Ich, das dem Idealismus entnommen wurde und zur Entwirklichung der Realität führte, wie auch die damit verbundene und ständig fortschreitende Ästhetisierung des Lebens. Dieser den Romantikern gestellte Vorwurf wurde in ausgewählten Werken dieser Epoche teilweise von Dieter Arendt untersucht[265]. Der Begriff „poetischer Nihilismus" könnte somit als potentieller Nihilismus gedeutet werden. Arendt zufolge ist dieser Begriff als „eine poetische Selbstrealisierung mittels einer willkürlich schaffenden Phantasie"[266] zu deuten. Diese Auffassung ist auf die Hochschätzung der Phantasie in der Romantik zurückzuführen; es sei an dieser Stelle nur beispielsweise auf Schleiermachers Aussage hingewiesen, der die Phantasie als eine „wahre göttliche Eingebung"[267] betrachtet. Zuerst mit der religiösen Gabe und Intuition verbunden, entpuppt sie sich dann als eine „Willkür-Phantasie", die schwerwiegende Folgen für den Menschen, seine Welt- und Selbsterfassung haben musste.

Die negative Rolle der Phantasie kommt vor allem in Tiecks *William Lovell* zum Ausdruck. Schon Eduard Burton stellt der Phantasie den Vorwurf, die Realität unbeschränkt zu idealisieren, so dass sie zu einem magischen Betrug der realen Welt wird und den Menschen in ihrer Deutung blendet[268]. Er versucht seinen Freund Lovell vor ihr zu warnen, aber der junge Schwärmer, von der Phantasie seiner Kinder- und Jugendjahre beherrscht, muss noch viel Erfahrung sammeln, bevor er Burton in dessen Urteil über die Einbildungskraft zustimmen kann. Nachdem sich seine träumerischen Vorstellungen von der Welt lediglich

---

[264] Ebd. S. 6.
[265] Siehe Dieter Arendt: *Der „poetische Nihilismus" in der Romantik...*
[266] Ebd. S. 46.
[267] Mehr dazu siehe: Schleiermachers *Reden über die Religion an die Gebildeten unter ihren Verächtern* aus dem Jahre 1799, S. 99. Zitiert nach Arendts *Nihilismus - Die Anfänge von Jacobi bis Nietzsche...* S. 58-59. Vgl. Schellings *Philosophie der Kunst*, in der Phantasie als „Prinzip der göttlichen Imagination" bezeichnet wurde; in: Schellings Gesammelte Werke; hg. von K. J. A. Schelling; 1856-61, Bd. 5 S. 395.
[268] Burton meint, die Phantasie habe „zum Idealisieren einen ganz freien Spielraum", siehe: Tieck *William Lovell...* S. 58.

als Trug und Schein der Wirklichkeit erweisen, möchte er wissen „warum wir uns selbst Phantasien erschaffen, die unser Inneres so gewaltig umrütteln, o wer kann das ergründen?"[269] Er selbst musste sich den Gefahren seiner Vorstellungskraft aussetzten, die ihm nicht nur die äußere Welt verschönerten, sondern auch einen Einblick in seine Seele ermöglichten. In seinem Innern, wo er Ordnung vorzufinden glaubte, hat er sich nur immer mehr verwirrt, so dass er schließlich nicht imstande war, seine Gedanken zusammenzufassen. Er erschrak über die Leere, die in der Tiefe seiner Seele lauerte und dank seiner Vernunft nicht zu verdrängen war. Lange Zeit lebte er nämlich in seiner Traum- und Vorstellungswelt, so dass sein Erwachen und die Anerkennung der Realität sowohl große Enttäuschung, als auch schmerzliche Erfahrung mit sich brachten. In seiner idealisierten Welt entfremdete er sich nicht nur von der Realität, sondern vor allem von anderen Menschen, was konsequenterweise zu Konflikten und schließlich zur Einsamkeit führen musste[270]. Aber nicht jedem, der in seiner Phantasiewelt lebte, ist es gelungen, sich der Wirklichkeit anzupassen. Eusebio (ein Held aus dem Roman *Godwi* von Brentano) ist in seiner Einbildungskraft so verfangen, dass er nicht mehr imstande ist, die Welt anders als durch seine Vorstellung zu betrachten[271]. Von seiner Phantasie wird auch Balder dermaßen beherrscht, dass er einen starken Widerwillen gegen die wahre Welt empfindet und sich immer wieder in die Schranken seiner Einbildungskraft flüchtet.

Die Phantasie als Trugbild der Realität kommt auch in den *Nachtwachen des Bonaventura* vor. Im Kontext des „poetischen Nihilismus" werden in diesem Werk die Poeten dargestellt, die sich so weit in die Phantasie verstrickt haben und mit ihrer Hilfe sogar die reale Welt zu betrachten begonnen haben. Kreuzgang bemerkt:

„Die Dichter sind ein unschädliches Völkchen, mit ihren Träumen und Entzückungen und dem Himmel voll griechischer Götter, den sie in ihrer Phantasie mit sich umhertragen. Bösartig werden sie sobald sie sich erdreisten, ihr Ideal an die Wirklichkeit zu halten, und nun in diese, mit der sich gar nichts zu schaffen haben sollten, zornig hineinschlagen. [...] Für den Maßstab ihres Ideals muß alles zu klein ausfallen, denn dieser reicht über die Wolken hinaus und sie selbst können sein Ende nicht ablesen, und müssen sich nur an die Sterne als provisorische Grenzpunkte halten, [...][272].

Die Kritik Kreuzgangs richtet sich gegen die romantischen Dichter, die in ihren Werken das reale Weltbild willkürlich verschönern und zugleich verklären[273].

---

[269] Ebd. S.361
[270] Ebd. S.203.
[271] Brentano *Godwi...* S. 94.
[272] *Nachtwachen...* S. 65-66.
[273] Vgl. dazu Dieter Arendt: *Der „poetischer Nihilismus" in der Romantik...* bes. Bd. 1 S. 50-72.

Diese Idealisten wurden aber „mit Gewalt [...] zu Realisten bekehrt", wie der Erzähler ironisch betont[274].

Wie früher angedeutet wurde, hindert die Phantasie den Menschen nicht nur an der Welt-, sondern auch an der Selbsterfassung. Unbeschränkte Phantasie quält Lovell lange und verursacht eine nicht zu bewältigende Trunkenheit des Geistes und Verwirrung der Gefühle. Lovell wird sich schließlich dessen bewusst, dass

> „wenn man seiner Phantasie erlaubt, zu weit auszuschweifen, [...] - geraten wir endlich in ein Gebiet einer so exzentrischer Gefühle, - indem wir gleichsam an die letzte Grenze alles Empfindbaren gekommen sind, [...] und so befällt uns endlich jene Leerheit der Seele, jene dumpfe Trägheit, die alle Federn unseres Wesens lahm macht. Man hüte sich daher vor jener Trunkenheit des Geistes, die uns zu lange von der Erde entrückt; wir kommen endlich als Fremdlinge wieder herab, die sich in eine unbekannte Welt versetzt glauben, und die doch die Schwingkraft verloren haben, sich wieder über die Wolken hinauszuheben"[275].

Man wird dadurch der Realität entfremdet und die Welt lässt sich nicht wiedererkennen. Es ist ein Beweis für das Gefühl des Schwebens zwischen Himmel und Erde, das für die romantischen Dichter sehr charakteristisch ist und in Tiecks Roman deutlich zum Ausdruck kommt[276]. Aber auch andere Protagonisten der Romantik müssen sich mit diesem Gefühlszustand auseinandersetzten.

Unter der unbezwungenen Phantasie litt in seinen Kinderjahren nicht nur William Lovell sondern auch Godwi. Die Überspannung der Phantasie und der Gefühle machte sie zu Schwärmern und verursachte ihre seelische Störung[277].

---

[274] *Nachtwachen...* S. 66.
[275] Tieck *William Lovell...* S. 124-125.
[276] Der Ausdruck „zwischen Himmel und Erde wurde ich am einsamsten", auf den sich viele Forscher der Romantik berufen, wurde dem *Luftschiffers Giannozzo Seebuch* aus dem Komischen Anhang zum *Titan* von Jean Paul entnommen (S. 966). Dieter Arendt behauptet sogar, das das Schweben zwischen Himmel und Erde als Zustand des romantischen Nihilismus zu deuten sei, denn „der topologisch objektive Himmel ist dem durch die Aufklärung gegangenen Subjekt nicht mehr glaubbar; ein subjektiv sich selbst tragender Kunstglaube verharrt zwischen nicht mehr gültigen Tradition und einer nicht anerkannten, sondern als philiströs diffamierten Gesellschaft dieser Erde; der subjektive Kunstglaube schwebt also zwischen einem verlorenen Himmel und einer verlassenen Erde in sich selbst über dem wüsten Abgrunde im Nichts. Eine solche ästhetische Konfession ist dokumentarisch nicht nur für die Kunstauffassung der Romantik, sondern darüber hinaus für einen bedeutsamen Augenblick des Übergangs in der Geschichte". Arendt *Der „poetische Nihilismus" in der Romantik...* S. 89. Vgl. dazu auch Walter Hofs *Pessimistisch-nihilistische Strömungen...* bes. S. 44. In der Interpretation von Hof wird der Überspannung der Phantasie für die Tantalusqual der romantischen Helden Schuld gegeben. Der Nihilismus wäre nach Hof somit als „eine Art Kater nach übermäßiger Eskalation" zu betrachten. S.44.
[277] Brentano *Godwi...* unter anderen S. 162, 166.

Die Phantasie hatte auch Überhand über Roquairol gewonnen, denn „dieser so willkürliche Mensch lag unwillkürlich auf den Windmühlen-Flügeln seiner Phantasie geflochten und wurde bald von der Windstille gefesselt, bald vom Sturme umgeschleudert, den er zu durchschneiden glaubte"[278]. Der Einfluss der Phantasie auf Roquairol war viel stärker als auf andere Protagonisten. Deswegen ist er in seinem Handeln immer wieder von den Zufällen, die er sich dank seiner Einbildungskraft erklärte, hin und her gerissen. Seine imaginäre Weltvorstellung steht im krassen Gegensatz zur Realität, an die er sich nie anpassen kann und sie ständig negiert. Seine Flucht aus der wahren Welt endet schließlich im Selbstmord auf der Bühne. Auf diese Weise versuchte er hinsichtlich seines gescheiterten Lebens sein Gesicht zu wahren im Hinblick auf sein Scheitern im Leben. Von seinen starken inneren Gefühlen getragen, kann er die innere Leere nicht durch das Genussleben stillen, so dass er plötzlich erkennen muss, „in der lauen, grauen, trocknen Nebel-Masse des Lebens [zu sein] und so durch das Leben fort [zu sterben][279]". Schoppes Ansicht nach, hat die Phantasie bei Roquairol zu seiner Selbst-Zersetzung geführt, in deren Folge er sein Leben nicht mehr beherrschen konnte[280].

Vor solch tragischen Konsequenzen der zerstörerischen Kraft der Phantasie versucht William Lovell seinen Freund Balder zu warnen. In einem Brief bittet er ihn mit folgenden Worten: „Aber laß diese Genüsse der abenteuerlichen Phantasie fahren, die dich zugrunde richten, kehre zur Welt und zu den Menschen zurück..."[281]. Lovell vermutet nämlich, dass Balder sich infolge seiner trüben Gedanken von der Welt und den Menschen entfernt, wenn er sich weiterhin in seine Phantasiewelt vertiefen wird. Es scheint ihm, dass Balder sich seiner Vorstellungskraft ohne jeglichen Widerstand hingegeben hat, was zu seiner inneren Verwirrung führen musste. Die bis zur Krankheit des Geistes vorangetriebene Phantasie Balders kann jedoch nicht rechtzeitig überwunden werden, so dass er sich von panischer Angst gequält, dem Wahnsinn nähert[282]. Zugleich werden ihm sowohl die Welt als auch die Menschen immer unverständlicher und dadurch fremd.

Von seiner Einbildungskraft geblendet, kann Balder nicht mehr entscheiden, ob die Erscheinungen der Dinge, die außerhalb von ihm existieren, wahr sind oder vielleicht nur über die Täuschung seiner Sinne zustande kommen. Verzweifelt stellt er sich die wichtigste Frage „wer bin ich dann?[283]", auf die er leider keine Antwort findet. In diesem Zusammenhang ist die Befürchtung Lovells verständlich, der nach Balder an seiner eigenen Existenz zu zweifeln

---

[278] Jean Paul *Titan*... S.286.
[279] Ebd. S. 288.
[280] Ebd. S. 525.
[281] Tieck *William Lovell*... S. 160.
[282] Ebd. S. 174-175.
[283] Ebd. S. 163.

beginnt, was nur als „der sonderbarste und widersinnigste Widerspruch [bezeichnet werden muss], den sich ein moralisches Wesen nur erlauben darf"[284]. Lovells Vermutungen haben sich bestätigt. Die gefährliche Seelenkrankheit, von der übertriebenen Phantasie hervorgerufen, lässt sich nicht mehr heilen. Balder kämpft mit Phantomen seiner Einbildungskraft, in dem Bewusstsein, dem Wahnsinn bald anheimfallen zu können[285]. Er ist verwirrt und kann seine Gedanken kaum ohne Befürchtungen verfolgen. Seine ernste Lage ist ihm völlig bewusst:

„Entweder ich komme ganz zu den Menschen hinüber, oder ich werde jenseits in ein dunkles, chaotisches Gebiet geschleudert, das sich dann vielleicht in meinem Geiste entwickelt; dass ich dann mit der Seele einheimisch bin, wohin mir kein Gedanke der übrigen Sterblichen folgt"[286].

Die Grenze zwischen Wirklichkeit und Traumvorstellung wird im Laufe der Zeit schmaler, so dass Balder beginnt im Wachzustand zu träumen. Schließlich ist er so weit, dass er dem Wahnsinn erliegt.

Auch Lenz lebt in großer Angst, sein Bewusstsein in der Finsternis zu verlieren. Deswegen klammert er sich an den rettungslosen Gedanken, „als sei alles nur sein Traum"[287], was ihn beängstigt. Um dies zu beweisen, sucht er sich in der Dunkelheit an all Gegenstände oder Wesen festzuhalten, aber die Gestalten, die rasch an ihm vorbei ziehen, und an die er sich drängt, erweisen sich plötzlich als Schatten, so dass er in seinem Innern erstarrt. Die Phantasie richtet sich gegen Lenz, dem es nicht mehr möglich ist, Wirklichkeit und Traum voneinander zu unterscheiden[288]. Um sich von seinem Dasein zu überzeugen, fügt er sich Schmerzen hinzu. Davon zeugen die sich wiederholenden Versuche, seine Sinnesgefühle durch nächtliche Kaltbäder im Brunnen zu wecken, was aber nicht ausreicht. Deswegen wird Lenz in seinem Handeln unberechenbar und da-

---

[284] Ebd. S. 164.
[285] „Dann sitze ich hier in einer wilden ausgestorbenen Leere, bilde mir ein, einen Brief zu schreiben, an ein Wesen, das sich nur meine Phantasie erschaffen hat, - o ich muß aufhören, auf diesem Weg kann man wahnsinnig werden;" so Balder über seine Krankheit. (Ebd. S. 163-164).
[286] Ebd. S. 173.
[287] Büchner *Lenz...* S. 9.
[288] Ebd. S. 25. Lenz meint: „Wenn ich nur unterscheiden könnte, ob ich träume oder wache." Die Versuche, aus der unerträglichen Wirklichkeit in die Welt der Phantasie zu fliehen, erweisen sich leider als großes Scheitern. Wie schon Walter Rehm bemerkt, beruht die Rolle der Phantasie bei den Helden der Romantik auf dem Wunsch, sich von den Angstgefühlen, der Schwermut, der Langeweile, sowie der Verzweiflung und folglich von dem Nichts zu befreien. (Siehe: Rehm: *Experimentum medietatis...*, vgl. Arendt *Der „poetische Nihilismus" in der Romantik...* S. 4.) Oft wird jedoch dieses Ziel nicht nur verfehlt, sondern auch für den Protagonisten gefährlich, sobald ihnen die Grenze zwischen Realität und Phantasie nicht mehr eindeutig, sondern verschwommen erscheint.

durch für sich selbst gefährlich, so dass er ständig von jemandem beobachtet werden muss.

Auf die negativen Konsequenzen der übersteigerten Phantasie wird auch Godwi von seinem Halbbruder Römer aufmerksam gemacht. Er wirft ihm vor, in einer Phantasiewelt zu leben, was für ihn schwerwiegende Folgen haben muss, wenn er nicht rechtzeitig aus dem ruhelosen Schlaf des Lebens erwacht. Römer erklärt seinem Freud, dass sein Aufwachen zwar für ihn bestimmt schmerzhaft sein wird, rät ihm aber dazu, seinen Empfehlungen zu folgen, solange es nicht zu spät ist. Er meint: „Bey deinem Erwachen wird dir leer und müde seyn, aber nicht wieder einschlafen, um Gottes Willen nicht!"[289] Ein langes Verharren in der Phantasiewelt droht mit dem Verlust der Realitätsbezogenheit, was den Menschen nicht nur von der wahren Welt und den Mitmenschen entfremdet, sondern auch zu geistigen Problemen führen kann. Man verliert dann die Fähigkeit, Illusion des Traumes oder Phantasie von der Wirklichkeit zu unterscheiden.

Schlussfolgernd lässt sich sagen, dass die Phantasie überwiegend dem Zweck dient, die irgendwie unerträglich gewordene äußere Welt zu verschönern. Diese Flucht aus der Realität in die Welt der Träume birgt jedoch eine große Gefahr in sich, die menschliche Wahrnehmung zu verfälschen. Solange die Entwirklichung der Welt kontrollierbar ist, so dass die Welterfassung bewusst nur teilweise verändert wird, drohen den Protagonisten keine schwerwiegenden Konsequenzen. Abgesehen von einer gewissen Entfremdung und Angst vor den Menschen und der Umgebung, können die Helden ihr Selbstbewusstsein bewahren und ihr Leben ihren Wünschen entsprechend gestalten, wie William Lovell oder Karl Godwi, obwohl sie letztendlich einsam und verlassen sind. Diejenigen indes, die der Phantasie freien Lauf lassen, so dass sie Überhand über ihr Denken und Handeln gewinnen kann, erleiden schwerwiegenden Schaden. Sie leiden oft unter seelischer Krankheiten, die ihnen die wahre Existenz immer unerträglicher erscheinen lassen, bis sie an den Rand der Gesellschaft gedrängt werden. Aus ihrem Milieu ausgestoßen und ihren phantasievollen Gedanken verfallen, werden einige von ihnen wahnsinnig wie Balder, oder sind dem Wahnsinn sehr nahe wie Lenz. Roquairol, der sein Bewusstsein trotz ständiger Verklärung der äußeren Welt bewahrt hat, kann den Widerspruch zwischen Realität und Phantasievorstellung nicht mehr ertragen. Das Leben scheint ihm leer und öde, so dass er sich entscheidet, Selbstmord zu begehen und ihn auf der Bühne als böses Spiel und zugleich Verachtung der menschlichen Existenz zu stilisieren. Man kann dementsprechend betonen, dass eine anscheinend sorglose Hinwendung zur Phantasie die Gefahr bringt, den Menschen als Willkür-Phantasie zu beherrschen und ihn nicht nur in der Welt- oder Selbsterfassung zu beeinflussen, sondern ihn auch zugrunde zu richten.

---

[289] Brentano *Godwi...* S. 207.

4.2.2. Die Rolle des Idealismus

Friedrich Jacobis *Sendschreiben an Fichte* (1799), in dem der Idealismus des Nihilismus verdächtigt wurde, hat eine große geistige Diskussion ausgelöst[290], an der nicht nur Philosophen oder Denker jener Zeit, sondern auch Dichter teilgenommen haben. Jacobi kritisierte die idealistische Deutung der Vernunft, aus der man alles willkürlich herleiten könne. Dabei deutete er auf die Gefahren des Idealismus hin, die, vor allem in der unbeschränkten Subjektivität des Ich verwurzelt seien und es in seinem Denken bis ins leere Nichts führen müssten. In der Auffassung von der Welt und sich selbst könne der Mensch dank seiner Vernunft freiwillig die Wirklichkeit aufs Neue schaffen, ohne Rücksicht auf die vorhandene Weltordnung und metaphysische Werte. Freiheit und Unbeschränktheit der Urteile würden somit jedes Subjekt in Versuchung bringen, nicht nur in sich Norm und Sinn zu finden, sondern auch in der Gottersetzung seine Machtansprüche zu befriedigen. Alles wäre dann der Willkür der Ichsucht ausgesetzt.

Die Befürchtungen Jacobis hinsichtlich der Philosophie des Idealismus, die die Voraussetzungen für den Nihilismus, oder anfangs nur für nihilistische Gedankenexperimente schaffen konnte, teilten viele Dichter der Zeit der Romantik. Eine große Auseinandersetzung mit idealistischen Theorien liefert Brentano[291] in seinem Roman *Godwi*. Der Erzähler Maria behauptet,

„Es giebt allerdings Leute, die so mit den Schattenbeinen zu gehen glauben, und große Beschreibungen von solchen Reisen zu erzählen wissen. Ich meine eine gewisse Gattung junger Philosophen, denen die Sonne noch nicht gerade über den Kopf steht, sondern hinter den Rücken. Das Licht, das die Sonne vor ihnen hergießt, nennen sie ihr eigenes Product, ihr ganzer Gesichtskreis ist ihnen ihr Object, und ihren Schatten nehmen sie als ihr Subject, ihr Ich an, das ihnen durch Anschauung zum Object geworden ist. Erst stehen sie sehr ernsthafte still, schütteln in tiefen Gedanken den Kopf, schneiden Gesichter, und betrachten das im Schatten, und nennen es zum Selbstbewußtseyn kommen; dann heben wechselweise Arme und Beine – so viel als möglich zierlich, der Aesthetik halber – und haben sie dies im Schatten beobachtet, so sind sie zum Bewußtseyn der reinen Acte gekommen. Haben sie dieses Alles einige Zeit getrieben, so bedenken sie, dass es nützlich sey, die äußere Welt an sich zu reißen, ihre physische Kraft zu befestigen. Dies geschieht nun, indem sie ihren Gesichtskreis, ihr Object auf alle Weise in sich herein bringen, das heißt, indem sie durch Hin- und Wiederspringen, bald dieses, bald jenes Stück Wegs mit ihrem Schatten bedecken"[292].

---

[290] Mehr dazu siehe: Kapitel 3.1. *Nihilismus als „Scheltwort für den Idealismus" – die frühe Diskussion zur Bestimmung des Begriffes „Nihilismus".*
[291] An dem von Jacobi ausgelösten Streitgespräch um Fichte und seine *Wissenschaftslehre* beteiligte sich auch Brentano sehr aktiv, indem er seine Philisterrede zum Jahreswechsel 1799/1800 öffentlich bekannt machte. In dieser eindeutig gegen Fichte gerichteten Schrift, wurde der Idealismus wieder als Philosophie des Nichts, also als Nihilismus dekuvriert.
[292] Brentano *Godwi...* S. 262-263.

Demzufolge wird der Idealismus wegen seiner verklärten Deutung der Welt eindeutig ironisch kritisiert und als eine subjektive Entwirklichung der Realität entblößt. Dieses verfälschte Bild der Wirklichkeit lasse sich, Marias Ansicht nach, aus der Willkür der Ichsucht erklären.

Gegen die Rolle der Vernunft, mit der man nicht nur die Welt, sondern auch Gott und Unsterblichkeit zu deuten versucht, richtet sich der Erzähler in der *Rede des toten Christus*... Er lässt keinen Zweifel daran, wen seine apokalyptische Traumvision besonders erschüttern sollte[293]. Ihm geht es vor allem um die Gelehrten und Philosophen, die Gott auf eine aus der menschlichen Vernunft abgeleitete Idee herabsetzten. Somit verweist Jean Paul auf die Gefahr des im Idealismus steckenden Atheismus und dessen Folgen, vor denen er seine Zeitgenossen warnen möchte[294]. Sobald man nämlich den persönlichen Gott bestreitet, wird konsequenterweise nach einer anderen Kraft gesucht, die die Welt- und Menscherfassung bestimmen könnte wie Notwendigkeit, Schicksal oder Zufall.

Mit dem Vorwurf des übersteigerten Subjektivismus, der der idealistischen Philosophie gemacht wurde, setzt sich vor allem Ludwig Tieck im Roman *William Lovell*[295] auseinander. Der Titelheld, von Rosa maßgebend beeinflusst, betrachtet die Welt eindeutig aus seiner eigenen Perspektive, wobei er betont: „Freilich kann alles, was ich außer mir wahrzunehmen glaube, nur in mir selbst existieren"[296]. Seine Betrachtungsweise beruht zwar auf der sinnlichen Erfassung der Welt, aber erst mit Hilfe der Vernunft wird den äußeren Erscheinungen Sinn und Zusammenhang gegeben. Deswegen kann Lovell prahlerisch feststellen:

„Alles unterwirft sich meiner Willkür, jede Erscheinung, jede Handlung kann ich nennen, wie es mir gefällt; die lebendige und leblose Welt hängt an den Ketten, die mein Geist regiert, mein ganzes Leben ist nur ein Traum, dessen mancherlei Gestalten sich nach meinem Willen formen. Ich selbst bin das einzige Gesetz in der ganzen Natur, diesem Gesetzt gehorcht alles. Ich verliere mich in eine weite, unendliche Wüste"[297].

---

[293] Jean Paul *Siebenkäs...* S. 296.
[294] An dieser Stelle richtet sich Jean Paul eindeutig gegen den deutschen Idealismus und die Idealisten, was später in der geistigen Diskussion um die Jahrhundertwende von 1799 auf 1800 gedanklich konkretisiert wurde. Siehe Kap. 2. Nihilismus oder nihilistische Gedankenexperimente?
[295] Man muss betonen, dass dieses Werk noch vor dem Ausbruch der Diskussion um den Idealismus geschrieben und herausgegeben wurde.
[296] Tieck *William Lovell...* S. 167. Hier gibt es eine deutliche Anknüpfung an Plotins Aussage: „Unser Auge ist sonnenhaft, sonst sähe es die Sonne nicht". Vgl. Jacob Burckhardt *Weltgeschichtliche Betrachtungen,* in: *Gesammelte Werke,* Basel 1970, Bd.4, S. 6.
[297] Tieck *William Lovell...* S. 169.

Lovell bildet sich ein, als das höchste Wesen auf Erden alles willkürlich mit seiner Einbildungskraft erfassen zu dürfen, bis auf die Unterordnung der Natur. Zugleich aber ist er sich dessen bewusst, dass schrankenlose Freiheit des menschlichen Geistes ihn trügerisch in eine Leere oder Öde seines Selbst führen kann. Wobei Lovell auch damit zu rechnen hat, letztendlich dem Nichts zu verfallen. Deswegen ist ihm manchmal der Idealismus, der sich ihm „fast unwiderstehlich aufdrängt"[298], unerwünscht. In diesem Zusammenhag kann man Dieter Arendt Recht darin geben, dass in diesem Roman der leere Enthusiasmus der Idealisten bloßgestellt und in seiner Endphase als nichtig erkannt wird, was in folgenden Worten von Lovell zum Ausdruck kommt:

„Alles wird zu nichts [...] Eine schreckliche Nüchternheit befällt mich, wenn ich an mich selbst denke, ich fühle meine ganze Nichtswürdigkeit, wie jetzt nichts in mir zusammenhängt, wie ich so gar nichts bin, nichts, wenn ich aufrichtig mit mir verfahre. O es ist schrecklich"[299].

In diesem Bekenntnis wird deutlich, dass der anfängliche Glaube an die Kraft des menschlichen Geistes den Protagonisten zuletzt zum Scheitern gebracht hat.

Die Welt als subjektive und zugleich willkürliche Idee des Individuums wird auch in Büchners Erzählung *Lenz* betrachtet. Die geistige Überspannung bringt den an seiner Existenz leidenden Lenz auf die Idee, dass nur er alleine existiere und die Welt lediglich ein Ausdruck seiner Vorstellungskraft sei[300]. Vielmehr fühlt er manchmal „einen unendlichen Trieb [dazu], mit allem um ihn im Geiste willkürlich umzugehen – die Natur, Menschen [...] alles traumartig, kalt; er amüsierte sich, die Häuser auf die Dächer zu stellen, die Menschen an- und auszukleiden, die wahnsinnigsten Possen auszusinnen"[301]. Aber auch er ist nicht imstande, seinen übermutigen Geist zu beherrschen, so dass er die Realität kaum von seinen krankhaften Einbildungen unterscheiden kann, bis er schließlich dem Wahnsinn unterliegt.

In den *Elixieren des Teufels* von E.T.A. Hoffmann gibt es auch einen Hinweis auf die möglichen Konsequenzen des Idealismus, der sich von der Hervorhebung der menschlichen Subjektivität bis hin zu Versuchen, Gottes Stelle auf Erden zu übernehmen, entwickeln könnte. Der Mensch als ein Auserwählter, dem die Welt gehört, möchte in seinem Ehrgeiz über die Menschen herrschen. Der Mönch Medarus versucht dieses Ziel durch seine Kirchenreden zu erreichen und noch lebendig als Heiliger anerkannt werden[302]. Sein übertriebener

---

[298] Ebd. 471.
[299] Tieck *William Lovell...* S. 559. Dieter Arendt *Nihilismus – Anfänge von Jacobi bis Nietzsche...* S. 20.
[300] Büchner *Lenz...* S. 28. „Es war ihm dann, als existiere er allein, als bestünde die Welt nur in seiner Einbildung, als sei nichts mehr als er [...]".
[301] Ebd. S. 27.
[302] Hoffmann *Elixiere des Teufels...* S. 31.

Subjektivismus führt dazu, dass er nach der Gott erwiesenen Ehre zu streben beginnt, indem er behauptet: „Den Heiligen sollten sie in mir erkennen, sich niederwerfen [...] und die Fürbitte erflehen vor dem Throne Gottes"[303]. In dem Wahn der Kirchenreden begriffen nennt er sich selbst Heiliger Antonius und wird deswegen für einen Wahnsinnigen gehalten. Die Schuld an einem solchen Verhalten findet der Prior in dem sündigen Ursprung des Menschen, die

„jedem mächtigen Emporstreben unserer geistigen Kraft die Schranken des Verderbnisses öffnet, wohin wir uns in unbedachten Fluge nur zu leicht verirren! Der Beifall, ja die abgöttische Begeisterung, die dir [Medarus] die leichtsinnige, nach jeder Anreizung lüsterne Welt gezollt, hat dich geblendet, und du siehst dich selbst in einer Gestalt, die nicht dein eigen, sondern ein Trugbild ist, welches dich in den verderblichen Abgrund lockt[304]".

Aber die Warnungen des Priors helfen wenig, die bei Medarus einmal geweckte Lust über eine andere Macht auszuüben, lässt sich kaum verhindern. Der Mönch entscheidet sich, das Klosterleben zu verlassen und in der weltlichen Existenz sein Glück zu suchen. Seine Machtansprüche werden jedoch bald von Schönfeld in einer ironischen Bemerkung bloßgelegt. Medarus ehrgeizige Bestrebungen fasst er in folgenden Worten zusammen: „Mein ist die Welt! – ich bin reicher, klüger, verständiger als ihr alle, ihr Maulwürfe; beugt euch vor mir!"[305] Der Mönch muss aber noch viel erleben, bevor er sein sündhaftes Leben mit einer demütigen Rückkehr, mit der Bereitschaft für seine Verbrechen abzubüßen, beenden kann.

Einer scharfen Kritik wird der Idealismus, der mit seinem Subjektivismus den Menschen konsequenterweise auf die Idee bringen konnte, sich selbst für Gott zu halten, oder wenigstens eine entsprechende Maske anzuziehen, im Prolog des Hanswursts zu der Tragödie *Der Mensch* unterzogen[306]. In diesem Monolog wird außerdem behauptet, dass das Tragische darauf beruht, dass die Dichter, um den Menschen bedeutender zu machen, sogar einen Gott und eine Unsterblichkeit in die Tragödie des Lebens hineinerfunden haben. Somit wäre Gott wieder einer menschlichen Idee gleichgesetzt.

Eine interessante Auseinandersetzung mit Fichtes Idealismus finden wir auch im *Monolog des wahnsinnigen Weltschöpfers*. Durch die dort dargestellte Vergöttlichung des Ich ist es dem Wahnsinnigen gelungen, den philosophischen Standpunkt der absoluten Emanzipation dieses Ichs ad absurdum zu führen, worauf schon Gerhard Hofmeister hingewiesen hat[307]. Der Kommentar Kreuzgangs hebt dies besonders deutlich hervor:

---

[303] Ebd. S. 32.
[304] Ebd. S. 32-33.
[305] Ebd. 94.
[306] *Nachtwachen...* S. 76.
[307] Hoffmeister *Bonaventura: "Nachtwachen"...* S. 205-206.

„Sehen sie nur [...] wie grimmig der Kerl es auf die Welt angelegt hat; [...] er hat ebenso gut ein konsequentes System wie Fichte, und nimmt es im Grunde mit dem Menschen noch geringer als dieser, der ihn nur von Himmel und Hölle abtrennt, dafür aber alles Klassische ringsumher in das kleine Ich [...] zusammendrängt"[308].

In der Selbstüberhebung des Menschen lauert aber die Gefahr, sich in dem unerschöpflichen Ich zu verlieren. Solche Bedenken hegt Schoppe:

„Wer Fichten und seinen Generalvikar und Gehirndiener Schelling so oft aus Spaß gelesen wie ich, der macht endlich Ernst daraus. Das Ich setzt sich und den Ich samt jenem Rest, den mehrere die Welt nennen. Wenn Philosophen etwas, z.b. eine Idee oder sich aus sich ableiten, so leiten sie, ist sonst was an ihnen, das restierende Universum auch so ab, sie sind ganz jener betrunkene Kerl, der sein Wasser in einen Springbrunnen hineinließ und die ganze Nacht davor stehen blieb, weil er kein Aufhören hörte und mithin alles, was er fort vernahm, auf seine Rechnung schrieb. Das Ich denkt Sich, es ist also Ob-Subjekt und zugleich der Lagerplatz von beiden – Sapperment, es gibt ein empirisches und ein reines Ich"[309].

Schoppe fasst somit die wichtigsten Prinzipien der idealistischen Philosophie zusammen, mit Hervorhebung ihrer Widersprüchlichkeit. Solch eine philosophische Auffassung, die der Willkür der Ichsucht untergeordnet wird, kann aber für den Denker schwerwiegende Folgen haben, wovon Schoppes Beispiel zeugt. Aus seinen idealistischen Überlegungen resultierte nämlich seine geistige Krankheit. Wie er selbst zugibt, kann er alles leiden, nur nicht sich selbst, genauer gesagt sein reines, intellektuelles Ich als „den Gott der Götter"[310]. Die Allmacht seines Ichs beängstigt ihn und führt schließlich zum Auseinanderfallen seiner einzelnen Persönlichkeit in mehrere[311], die er nicht mehr kontrollieren kann. Seine Ichs quälen ihn und gewinnen Überhand über seine Gedanken, so dass er von einer lähmenden Furcht ergriffen, sich vor ihnen zu flüchten versucht. Diese geistige Verwirrung lässt sich nicht mehr stoppen, vielmehr verursacht sie die ständige Verwechselung der Wirklichkeit mit dem Traum[312].

Peter Schönfeld alias Pietro Belcampo ist auch als Opfer des Idealismus zu betrachten. Ähnlich wie Schoppe leidet er unter dem Identitätsproblem, das

---

[308] *Nachtwachen...* S. 83.
[309] Jean Paul *Titan...* S. 816-817.
[310] Ebd. 817.
[311] „Seine eigene Vervielfältigung ekelte ihn: Müsset ihr mich stören, ihr Ichs?, sagte er, und er legte sich nun vor, wie er stehe vor der reichsten hellesten Minute und feinsten Goldwaage seines Daseins, wie ein Grab und ein großes Leben liege auf dieser Waage, und wie sein Ich ihm schwinden müsse wie die nachgemachten gläsernen Ichs umher." Ebd. S. 580. Zur Angst vor den Ichs siehe ebd. S. 827, 835, 836, 852, 853.
[312] Schoppe meint: „Das hat mir wohl freilich nur geträumt, aber so menge ich jetzt den Traum ins Wahre und umgekehrt". Siehe ebd. S. 832-833.

auf dem Zerfall seines Ichs beruht[313]. Schönfeld hat nämlich einen geistigen Doppelgänger, der Belcampo heißt und als zweites Ich eine Entsprechung für seine sündhafte Natur erscheint. Der Erzähler betont, dass Schönfelds wahnsinnige Gedanken durch das viele Lesen ausgelöst seien. Außerdem kann man annehmen, dass Schönfeld die Denkansätze des Idealismus bekannt waren, indem er gewisse Erscheinungen lediglich als Ideen betrachtet, die man willkürlich mit anderen Ideen bekämpfen kann[314].

Den negativen Einfluss des Idealismus auf den Menschen und seine Erfassung kann man der Aussage von Lenz entnehmen, der nach –

„dieser Idealismus die schmählichste Verachtung der menschlichen Natur [ist]. Man versuche es einmal und senke sich in das Leben des Geringsten und gebe es wieder, in den Zuckungen, den Andeutungen, dem ganzen feinen, kaum bemerkten Mienenspiel;"[315].

Aus der Skizze über die Rolle des Idealismus für die Weltansicht des Menschen lässt sich Folgendes schlussfolgern. Die idealistischen Ideen wurden in den literarischen Werken der Romantik mit vielen Andeutungen über mögliche negative Erscheinungen dieser philosophischen Lehre fortgesetzt. Die unbeschränkte Subjektivität kann nicht nur für die Weltdeutung, sondern vor allem für den Menschen selbst schwerwiegende Folgen haben. Sobald der Mensch ichsüchtig Gott ersetzten möchte, wird er gezwungen, der Welt und den Weltprozessen einen neuen Sinn zu geben. Demzufolge wird es durchaus möglich, dass er sich der Notwendigkeit, dem Schicksal oder Zufall zuwenden wird. Außerdem droht der Idealismus infolge der Willkür der Ichsucht, nicht nur Machtansprüche in den Menschen zu erwecken, sondern auch eine geistige Verwirrung bei ihnen herbeizuführen. Wie die literarischen Beispiele zeigen, kann das Individuum sein Inneres zu ergründen suchen, bis es sich in der Öde und Leere seines Ichs verliert. Außerdem bewirkt die Entwirklichung der Welt eine Entfremdung von der Realität, die sich für den Menschen als unerträglich erweisen kann, so dass er der Einsamkeit oder dem Wahnsinn verfallen kann, ja in Extremfällen bis zum Verlust des Lebenssinnes und letztendlich zum Selbstmord geführt wird.

Man möchte also Mühlhers Meinung zustimmen, in der er die Tendenzen der Veränderungen im idealistischen Denken von der Romantik zu Büchners Zeit in folgenden Worten zusammenfaßt:

---

[313] Schönfeld behauptet: „es steckt ein infamer, sündlicher Kerl in meinem Innern und spricht: Peter Schönfeld sei kein Affe und glaube, dass du bist, sondern ich bin eigentlich du, heiße Belcampo und bin eine geniale Idee, und wenn du das nicht glaubst, so stoße ich dich nieder mit einem spitzigen, haarscharfen Gedanken. Hoffmann *Elixiere des Teufels...* S. 108.
[314] Vgl. S. 107.
[315] Büchner *Lenz...* S. 14.

„Der große Wandel am Ausklang des Idealismus ist ein Wandel von Idee und Richtung auf das absolute Ich zum absoluten Wiederstand aller Existenz. Im Bild gefasst: was Fichte noch als absolutes Ich, als transsubjektives Ich erschaute, fiel in eine Krankheit, deren Symptome und Krisis an einem großen Leidenden jenes Übergangs, eben an Georg Büchner, beschrieben werden solle"[316].

4.2.3. Die Rolle des Skeptizismus

In der Welterfassung der Romantik muss noch die Bedeutung des Skeptizismus bedacht werden, um festzustellen, inwieweit diese philosophische Richtung das menschliche Denken beeinflussen und den Menschen zu nihilistischen Gedankenexperimenten veranlassen konnte. Die Gefahren dieser philosophischen Ansicht also des Skeptizismus beruhen nämlich auf dem ständigen Zweifel an der Möglichkeit einer Erkenntnis der Wirklichkeit und der Wahrheit.

Vor möglichen negativen Konsequenzen des Skeptizismus warnt schon Jean Paul in der *Rede des toten Christus* [...], wenn er durch die apokalyptische Vision den an allem zweifelnden Menschen erschüttern möchte und ihm den Ernst seiner existenziellen Lage zu veranschaulichen beabsichtigt. Die Schreckensbilder einer gottlosen Welt samt ihrer Folgen sollten dem Skeptiker zugleich die Unrichtigkeit seiner Grundprinzipien bewusst machen und ihn zum gründlichen Nachdenken darüber bewegen.

Eine ausführlichere Auseinandersetzung mit dem Skeptizismus liefert Ludwig Tieck in dem Roman *William Lovell*. In diesem Werk wird deutlich darauf hingewiesen, dass die Vertreter der „Zweifelsucht" leicht zu manipulieren seien. Die Skeptiker als diejenigen, die ständig alles bezweifeln, ohne die Wahrheit im Chaos ihrer Gedanken zu finden, brauchen doch irgendwelche feste und unerschütterliche Meinung, an die sie sich in ihrem Leben halten könnten. Da sie leicht in Rastlosigkeit ihrer Zweifel verfallen, klammern sie sich plötzlich an die Hoffnung, sich einem Prinzip hinzuwenden, mit dem sie sich viel erklären könnten. Sehr oft wird in so einem Kontext die Notwendigkeit[317] in Betracht gezogen, als eine mächtige und gleichzeitig unergründliche Kraft, die zum Leitgedanken des Skeptikers werden kann. Solch eine Lebensauffassung kann als mögliche Voraussetzung für nihilistische Gedanken betrachtet werden. Sobald der Zweifelnde in seinen Bedenken bis zur Nichtigkeit der Welt vorgedrungen ist, findet er den Urgrund des Nihilismus.

---

[316] Mühlher: *Georg Büchner und die Mythologie des Nihilismus...* S. 257.
[317] Tieck *William Lovell...* 302. Eduard Burton über Lovells Weltansicht: "Wenn du an allem zweifelst, so müssen dir eben deswegen auch deine Zweifel verdächtig werden, und so kämest du denn auf einem mühseligern Wege zu demselben Punkte, auf welchem ich stehe: dass sich der blödsichtige Mensch gewissen Gesetzen, die ihm sein Genius aus dem Herzen zuruft, blind unterwerfen müsse." Ebd. S. 302.

Andrea Cosimo, der selbst für einen Anhänger der „Zweifelssucht" gehalten werden kann, erweist sich schließlich als „philosophischer Scharlatan"[318], der sein philosophisches Wissen dafür einsetzt, sich andere unterzuordnen. Vom Leben enttäuscht und von anderen Menschen missachtet, erwog er Selbstmord, gelangte aber durch einen glücklichen Zufall an Geld und beginnt ein neues Leben, in dem er sich an anderen rächen möchte. Deswegen vereinigt Andrea Cosimo in einem geheimen Bund junge Leute, denen er seine skeptische Lehre einprägt, um sie dann für eigene Zwecke zu nutzen. Einige der Mitglieder sind imstande, die Gefahren des Skeptizismus selbst zu erkennen. Einer von ihnen bekennt:

„Ich fand daher die Zweifelssucht, als die erste Veranlassung des Denkens sehr erwürdig, aber ich erschrak vor dem Gedanken immer nur zweifeln zu können, keine Wahrheit, keine Überzeugung aus dem großen Chaos der kämpfenden Gedanken zu erringen. Wenn der Geist zweifeln muss, und sich auf dieses Bedürfnis die wahre Verehrung des Skeptizismus gründet, so verlangt eben dieser Geist auch endlich einen Ruhepunkt, eine Überzeugung und ich kann also darauf auch die Notwendigkeit der Überzeugungen gründen. [...] Sollte unser Geist nur immer die Reihe von Gedanken wie bunte Bilder mustern, ohne sich selbst in einem einzigen zu erkennen?"[319]

Rudolf Haym spricht in diesem Zusammenhang von Andrea Cosimos „nihilistischer Philosophie oder sogar seinem Nihilismus"[320], was wohl in der Bewertung ein bisschen zu weit geht, denn nicht jeder Skeptizismus muss im Nihilismus münden, obwohl in diesem Fall eindeutig von nihilistischen Voraussetzungen die Rede sein kann. Viele Anhänger des geheimen Bundes samt William Lovell stehen nämlich unter dem prägenden Einfluss von Cosimos philosophischen Grundgedanken, ohne sich der negativen Konsequenzen solch einer Lehre bewusstzuwerden. Sie verehren Andrea und übersehen seine wahren Absichten, denen zufolge er die jungen Männer tyrannisieren und für seine Zwecke missbrauchen möchte. Viel wichtiger als die Herrschaftsansprüche Andreas ist aber in diesem Kontext die Beherrschung des menschlichen Geistes von ständigen Zweifeln, die der Skeptizismus verursacht hat. Wie William Lovells Beispiel zeigt, erweist sich die ständige Infragestellung aller Lebensprinzipien als Gefährdung der menschlichen Existenz, die ihm schließlich als leer und lang-

---

[318] Tieck *William Lovell...* 495.
[319] Ebd. S. 495.
[320] Rudolf Haym *Romantische Schule. Ein Beitrag zur Geschichte des deutschen Geistes*, Berlin 1970, S. 19-140. Vgl. dazu die Ansicht von Hans Esselborn, der eindeutig skeptisch „gegenüber angeblichen Nihilismus" in dem Roman *William Lovell* ist, siehe: Esselborn, Hans: *Der „Nihilismus" in Ludwig Tiecks „William Lovell"...* S. 4-22, hier S. 5. Mehr dazu auch in Dieter Arendts *Der poetische Nihilismus in der Romantik...*, sowie in Hans Geert Falkenberg *Strukturen des Nihilismus im Frühwerk Ludwig Tiecks*, Göttingen 1956.

weilig erscheint. Darüber hinaus gerät er nicht nur in Konflikt mit sich selbst, sondern auch mit anderen Menschen, was letztendlich in Entfremdungsgefühlen deutlich zum Ausdruck kommt. Von seinen Freunden verlassen und wegen Geldverlusts von anderen Menschen verachtet, ist Lovell zum Scheitern verurteilt. Zu spät erkennt er das Ausmaß seiner verbrecherischen Taten und möchte sie in der Einsamkeit abbüßen[321]. Aber auch diese Absicht kann nicht verwirklicht werden, denn er wird von seinem früheren Freund zum Duell aufgefordert und muss das Böse, das er angerichtet hatte, mit dem Tode bezahlen.

Andrea Cosimo, der für William Lovells Scheitern verantwortlich ist, scheint in der Todesstunde seine Zweifelssucht bis zur Infragestellung seines Selbst vorangetrieben zu haben. Dementsprechend bezweifelt er kurz vor dem Tode die Prinzipien seiner Lebensphilosophie, was in seiner folgenden Aussage verstärkt wird:

„Ich setze mich hin, Wahrheit zu predigen, und weiß am Ende auch nicht, was ich tue. – Ich habe mich auch in manchen Stunden für etwas recht Besonderes gehalten – und was bin ich am Ende? [...] Wer ist das seltsame Ich, das sich so mit mir selber herumzankt?"[322]

Dieses Bekenntnis zeugt deutlich von misslungenen Absichten, dem Skeptizismus treu zu bleiben, ohne schwerwiegende geistige Probleme zu vermeiden oder ihre Erscheinungen sofort zu heilen. Zweifel an allem schließt somit jede dauerhafte Grundhaltung aus, an die man sich halten könnte und bietet somit Voraussetzungen für den Zweifel am Lebenssinn und am Leben überhaupt.

Diejenigen, die dem Skeptizismus verfallen, müssen ständige Grübeleien in Kauf nehmen und finden in ihrem Leben keine Ruhe. Aus den Notizen des alten Godwi entnehmen wir Informationen über Ideale, an die er sich in seiner Jungendzeit gehalten hat. Von ständigen Zweifel gequält kommt er zum Entschluss, dass das ganze Leben lediglich eine Geheimniskrämerei sei und ihn deswegen ängstigt. Die zerstörerische Kraft der Zweifelssucht führte auch zu viel Unglück in seinem Leben herbei. Sein Sohn Karl meint, der Vater

„wickelte sich bald mit sehr großmüthigen Gefühlen von den Menschen los, und kam nach Oxford, um zu studieren: dort ergab er sich dem Skeptizismus, und sein Enthusiasmus, den er doch nun nicht mehr ablegen konnte, ward zu einem entsetzlichen viel bösern Ding, zum schwärmenden Spotte. – er zweifelte an Allem;"[323]

Einerseits ist er eitel und genießt die Vernichtung, die er um sich vollzogen hat, andererseits aber ist er unglücklich und meint, dass eben nicht er, sondern die

---

[321] In einem Brief an Rosa meint er: „Ich will die Welt vergessen und ganz von ihr vergessen werden. [...] ich will mir einen schönen Gottesdienst errichten, und so mein Herz wieder reinigen, [...] ich will dort wieder zum Kinde werden." Tieck *William Lovell...* S. 647.
[322] Ebd. S. 638-639.
[323] Brentano *Godwi...* 423.

Welt so schlecht sei[324]. Die ständigen Zweifel bewirken eine starke Determination seines Handelns, so dass er - in Maria verliebt - nicht davor zurückschreckt, ihren Verlobten für tot zu erklären und seine Briefe vor ihr zu verheimlichen, um sie als Frau zu gewinnen. Aber seine Betrügereien wurden entdeckt und seine Frau stürzte sich ins Meer und ertrank. Man könnte die These wagen, dass er mit dem Tod seiner geliebten Maria für die Verführung anderer Frauen in seiner Jugendzeit bestraft wurde. Zu betonen ist jedoch, dass der Skeptizismus der Jugendjahre ihn der Welt gegenüber misstrauisch gemacht haben konnte, so dass er besonders in den zwischenmenschlichen Beziehungen von großer Liebe bis zur Erniedrigung und Verachtung anderer getrieben wurde und daran gelitten hat.

In anderen hier erörterten Werken der Romantik ist die Anknüpfung an den Skeptizismus nicht eindeutig feststellbar. Außer gewissen Andeutungen, die mit der Zweifelssucht zusammenhängen können, ist es schwierig, entsprechende geistige Orientierungen zu belegen. Einige Merkmale einer skeptischen Einstellung der Welt und den Menschen gegenüber, können wir bei Roquairol beobachten. Der Idealist, dem die Phantasie die reale Welt entwirklicht, erscheint als der

„Abgebrannte des Lebens [...] für den es dann keine Freude und keine neue Wahrheit mehr [gibt] und [der] keine alte ganz und frisch [hat]; nur eine vertrocknete Zukunft voll Hochmut, Lebensekel, Unglauben und Widerspruch. [...] Nur noch der Flügel der Phantasie zuckt an [seiner] Leiche"[325].

So eine Lebenseinstellung kann von Zweifeln an der Möglichkeit zur wahren Erkenntnis der Welt zeugen, was konsequenterweise zur Langeweile und zum Sinnverlust führte und mit dem Entsagen am Leben endete, indem Roquairol Selbstmord begeht. Als Beweis für diese These kann das von Roquairol vorgeführte Trauerspiel genannt werden, in dem er sich mit seinem Spielhelden Hiort identifiziert. Hiort verkörpert einen Menschen „mit totgeborenen Hoffnungen, [dessen] Gegenwart von der Vergangenheit enterbt [ist]"[326] und dazu noch ohne jeglichen Sinn ist sowie der Natur entfremdet, so dass er mit leerer Brust einen Würgengel (im Sinne des Gewissens) mit sich trägt.

Mit einem Absagebrief an das Leben beendet seine irdische Existenz der Poet aus den *Nachtwachen des Bonaventura*. Man könnte auch in diesem Fall Vermutungen über eine versteckte skeptische Gesinnung anstellen, wonach die Welt ohne die Möglichkeit ihrer wahren Erkenntnis sinnlos wäre und den Menschen auf den Selbstmordgedanken bringen könnte. In diesem Zusammenhang scheint es sinnvoll der Meinung von Gerhart Hofmeister zuzustimmen, der nach

---

[324] Ebd. S. 423.
[325] Jean Paul *Titan...* S. 276-277.
[326] Ebd. S. 795-796.

das ganze Werk des Bonaventura als eine Satire über den Menschen, „für den die Welt aus den Fugen geraten war und der darüber verzweifelt zur Feder greift"[327] zu betrachten sei. Ähnlicher Ansicht ist Dorothea Sölle-Nipperday, die behauptet, dass „der Geist der Erzählung aus der Spannung von Hoffnung und Verzweiflung lebt. Die von ihm erzählte Welt löst diese Spannung zugunsten der Verzweiflung. Was bleibt, ist der programmatische Nihilismus, der in der Hoffnungslosigkeit verharrt"[328]. Die absolute Negation des Daseins und einer sinnlos gewordenen Welt mündet ins Nichts, wobei zu betonen ist, dass diese radikale Verneinung zum Schluss auch sich selbst in Frage stellt. Ständige Zweifel am Lebenssinn, die Kreuzgang dank der Ironie zu verstecken beabsichtigt, treten aber oft in den Vordergrund und verstärken immer wieder die hoffnungslose Lage des Menschen.

Mit Bedenken könnte man auch in Lenzens Gesinnung gewisse Charakterzüge einer skeptischen Welt- und Selbstbetrachtung finden. Seine Absage an das sinnlos gewordene Leben, in dem es schwierig wird, sowohl die Wirklichkeit, als auch die Wahrheit zweifelsfrei zu erkennen, äußerte sich in der Empfindung seines Daseins als einer notwendigen Last[329]. Nach vergeblichen Versuchen, seiner Existenz einen Sinn zu verleihen, die er mit der Suche nach den verbindlichen Grundprinzipien, an die er sich halten konnte, unternommen hat, verfällt er letztendlich einer totalen Gleichgültigkeit: „Er saß mit kalter Resignation im Wagen, [...] es war ihm einerlei, wohin man ihn führte; [...] er blieb ganz ruhig sitzen; er war vollkommen gleichgültig"[330]. Die innere Leere und Langeweile, die er zuerst durch Hinwendung an Gott zu verdrängen sucht, verstärken sich, so dass er sogar an seinem Dasein verzweifelt und sich immer wieder Schmerzen zufügt, um seine Existenz zu beweisen. In der Finsternis ist das undeutliche Gefühl des Bedrohtseins, wo ihn Stille und Dämmerung das allumfassende Nichts ausdrücklich empfinden ließen, besonders stark. In der Verwirrung der sinnlos und nichtig gewordenen Welt kann sich Lenz nicht mehr wiederfinden, so dass die Gespanntheit seiner Sinne zu geistigem Verfall zu führen droht.

---

[327] Hoffmeister: *Bonaventura: „Nachtwachen"...* S. 202.
[328] Dorothea Sölle Nipperday: *Untersuchungen zur Struktur der Nachtwachen von Bonaventura*, Göttingen 1959, S. 14. Vgl. Hoffmeister: *Bonaventura „Nachtwachen"...* S. 203-205. Die These von Sölle Nipperday bezüglich des „programmatischen Nihilismus" in den *Nachtwachen* von Bonaventura muss jedoch hier als eine voreilig gefasste Vermutung bezeichne werden. Obwohl es in diesem Werk viele Merkmale der nihilistischen Weltbetrachtung gibt, gehören sie eher zu den Vorboten oder Voraussetzungen des Nihilismus selbst und lassen sich, meiner Ansicht nach, eher im Kontext der nihilistischen Gedankenexperimente der Romantikzeit interpretieren.
[329] „Er tat alles wie es die anderen taten, es war aber eine entsetzliche Leere in ihm, er fühlte keine Angst mehr, kein Verlangen; sein Dasein war ihm eine notwendige Last. – - So lebte er hin." Büchner *Lenz...* S. 31.
[330] Ebd. S. 30.

Die negativen Konsequenzen der ständigen Zweifel an Welt- und Lebensprinzipien lassen sich auch in Büchners *Dantons Tod* finden. Ähnlich wie Lenz leidet auch Danton an seiner Existenz, die als krankhaft empfunden wird. Der Revolutionär wird dementsprechend von einer großen Rolle der Notwendigkeit auf das menschlichen Leben überzeugt, gegen deren Macht er selbst machtlos erscheint. In der wert- und sinnlos gewordenen Welt fühlt er sich aber besonders dem Fatalismus und Determinismus der Geschichte schonungslos ausgesetzt, die ihn vom handelnden Menschen auf ein bedeutungsloses Wesen herabsetzen. Schließlich wird das Leben Danton zur Last, so dass ihm das Nichts als eine Befreiung von dem qualvollen Dasein erscheint.

Schlussfolgernd kann man die These aufstellen, dass in den hier untersuchten Werken der Zeit der Romantik der Skeptizismus nicht besonders ausführlich oder deutlich zum Ausdruck kommt. Nichtsdestoweniger gibt es, meiner Meinung nach, bestimmte Andeutungen, die man in den Kontext dieses philosophischen Phänomens stellen könnte. Die Unmöglichkeit der Erkenntnis der Wirklichkeit und der Wahrheit, die oft von der Überzeugung begleitet wird, dass das menschliche Leben von der Notwendigkeit beherrscht ist, führt zu verschiedenen Formen der Absage an ein so verstandenes Dasein. Die Zweifelsucht lässt eigentlich kein allgemein geltendes Grundprinzip zu; der alles in Frage stellende Mensch sehnt sich aber nach einer fester Regel, die seinem Leben Sinn geben könnte. Die ständigen Zweifel berauben den Menschen jeglicher Hoffnung, die Welt jemals als wert- und sinnvoll bezeichnen zu können. Vielmehr wird Existenz als leer und langweilig empfunden, weshalb sich der Mensch dem Gedanken von ihrer Nichtigkeit nähert. Diese Auffassung vom bedeutungslosen Individuum in einer substanzlosen Welt, die sich unaufhörlich auf die Erhebung des Nichts zum alleingültigen Grundsatz bewegt, kann dementsprechend im Rahmen nihilistischer Gedankenexperimente betrachtet werden.

Trotz der eher bescheidenen Beispiele für eine eindeutig skeptische Haltung der Protagonisten in den untersuchten Werken ist die Behauptung Robert Mühlhers, der zufolge Skeptizismus und Nihilismus erst um 1830 einsetzen, als eine zu voreilig gefasste Meinung zu betrachten ist. Mühlher stellt nämlich fest: „Es liegt auf der Hand, dass sie [die Skepsis] um 1830, da der Idealismus seine gefährlichste Krise erlitt, aus den Ufern trat und immer breiter anschwoll. Die Stunde des Skeptizismus und Nihilismus war gekommen"[331]. Beide Phänomene haben wohl eine viel kompliziertere geistes-geschichtliche Entwicklung durchgemacht, als dass sie sich auf eine vereinfachte „Geburtsstunde", wie Mühlher vermutet, beschränken ließen.

---

[331] Mühlher: *Georg Büchner und die Mythologie des Nihilismus...* S. 259.

4.3. Zur Bedeutung von Notwendigkeit, Zufall und Schicksal im menschlichen Leben

Werden nihilistische Gedankenexperimente durch Notwendigkeit gefordert und durch Zufall gelenkt? Welche Rolle spielt dabei das Schicksal? Inwieweit beeinflussen diese Erscheinungen den Menschen in seiner Welt- und Selbsterfassung? Diese Fragen müssen wir uns stellen, um das Gesamtbild der menschlichen Weltbetrachtung der Zeit der Romantik in seiner Komplexität schildern zu können.

Auf die Bedeutung der Notwendigkeit in der Lebenserfassung wurde schon im Kontext des Skeptizismus hingedeutet. Der an allem Zweifelnde fühlte sich innerlich gezwungen, doch nach einem Prinzip im Leben zu suchen, an das er sich endlich halten könnte. Die Notwendigkeit wurde als eine unerklärliche Macht betrachtet, die man nicht genau bestimmen konnte, deren Auswirkung auf die menschliche Existenz man jedoch zu erklären versuchte. Ihre negative Rolle beruhte somit darauf, das menschliche Handeln und somit den Menschen selbst in Frage zu stellen. Denn keiner der Protagonisten konnte dieser unbekannten, aber von ihm unabhängigen Kraft den Kampf ansagen, ohne von Anfang an zum Scheitern verurteilt zu sein. Solch eine Ansicht läuft Gefahr, den Menschen für ein bedeutungsloses Wesen in Händen einer ihm überlegenen Macht zu erklären, ihn also auf eine leicht zu manipulierende Marionette zu erniedrigen. Andrea Cosimo meint dazu, dass das Leben einer seltsamen Maschinerie ähnelt, in der

„Verachtung und Verehrung, Stolz und Eitelkeit, Demut und Eigensinn: alles eine blinde, von Notwendigkeiten umgetriebene Mühle [sei], deren Gesause in der Ferne wie artikulierte Töne klingt. Vielleicht ist es keinem Menschen gegeben, alles aus dem wahren Standpunkte zu betrachten, weil er selbst irgendwo als umgetriebenes Rad steckt"[332].

Hier wird auch darauf verwiesen, dass die Möglichkeit der wahren Erkenntnis dem Menschen verborgen bleiben kann und er selbst wenig Einfluss auf den Lauf seines Lebens habe.

Auf die Notwendigkeit versucht man auch die Schuld für eigene Taten abzuschieben, um so der Verantwortung zu entgehen. Auf diese Weise möchte William Lovell seine verbrecherischen Absichten folgendermaßen erklären:

„Vielleicht ist es eine Notwendigkeit, daß der Mensch unaufhörlich mit seinem Wesen wechselt, wenigstens liegt darin ein großer Genuß seines Lebens. Bunt wie das Chamäleon trägt er bald diese bald jene Farbe, je nachdem die Sonne scheint, oder sich verdunkelt"[333].

---

[332] Tieck *William Lovell...* S. 226.
[333] Ebd. S. 425.

Lovell als Skeptiker, der alles bezweifelt, fühlt sich gezwungen, eine geheim wirkende Kraft über sich anzuerkennen und entscheidet sich gerade dafür, sich der Notwendigkeit zuzuwenden und glaubt, sich selbst nicht mehr für sein Leben verantworten zu müssen. Solch blinde Unterwerfung unter dieses Prinzip wirft ihm sein Freund Eduard Burton vor, der die negativen Konsequenzen solch einer Lebenseinstellung befürchtet[334].

Die Notwendigkeit kann bis hin zum Fatalismus fortschreiten, wovon Dantons Aussage über die blutige Revolution zeugt:

„Ja, das hab ich; das war Notwehr, wir mussten, [...] es muss ja Ärgernis kommen, doch wehe dem, durch welchen Ärgernis kommt! Es muss; das war dies Muss. Wer will der Hand fluchen, auf die der Fluch des Muss gefallen? Wer hat das Muss gesprochen, wer? Was ist das, was in uns hurt, lügt, stiehlt und mordet? Puppen sind wir von unbekannten Gewalten am Draht gezogen; nichts, nichts wir selbst!"[335]

In diesem Zusammenhang kann man Robert Mühlher Recht darin geben, Dantons Meinung als ein Beispiel für fatalistische Sinnlosigkeit zu interpretieren[336]. Einerseits fühlt sich der Revolutionär gezwungen, Hinrichtungen anzuordnen, andererseits ist er davon überzeugt, dass diese Entscheidung von ihm unabhängig gefallen sei und er nur derer Vollstrecker war. Deswegen äußert er zugleich seine Bedenken, mit dem Hinweis darauf, dass er zwar die Verantwortung für dieses Geschehen übernehmen müsse, aber nicht freiwillig gehandelt habe. Seiner Meinung nach würden die Menschen daran gehindert, völlig frei zu entscheiden, da sie lediglich als Marionetten zu bezeichnen seien, die von unbekannten Gewalten gelenkt würden. Dementsprechend könne die Ahnung vom Verlust der vollkommenen eigenen Entscheidung zur Idee der Sinnlosigkeit des menschlichen Lebens führen. Das Bewusstsein der Bedingtheit durch äußere und zugleich machtvolle Kraft, die dem Menschen überlegen ist und der er sich wider seinen Willen fügen muss, verstärkt noch das Gefühl der menschlichen Nichtigkeit. In einer so verstandenen Welt wird dem Menschen seine Existenz zur Last und zugleich zur Qual.

Man muss sich auch die Frage stellen, ob der Zufall als etwas, das man nicht vorauszusehen imstande ist, einen genauso großen Einfluss auf den Menschen ausüben kann wie die Notwendigkeit. Zuerst lässt sich behaupten, dass wenn etwas unerwartet geschieht, was nicht beabsichtigt war, kann es zwar den

---

[334] Ebd. S. 302.
[335] Büchner *Dantons Tod...* S. 42-43.
[336] Mühlher *Georg Büchner und die Mythologie des Nihilismus...* S. 254. Von der Richtigkeit dieser Interpretation zeugt auch Büchners Aussage über die Französische Revolution in einem Brief an seine Frau: „Ich studierte die Geschichte der Revolution. Ich fühlte mich wie vernichtet unter dem grässlichen Fatalismus der Geschichte." Siehe: *Georg Büchners Sämtliche Werke und Briefe*; hg. von Fritz Bergemann; Leipzig 1922, S. 530. Vgl. dazu Wiese *Georg Büchner...* bes. S. 513.

Helden verwirren, muss aber für sein Leben nicht unmittelbar schwerwiegende Folgen haben. Es gibt aber auch solche Protagonisten, die sich von verschiedenen Zufälligkeiten lenken lassen, da ihnen alles als Notwendigkeit erscheint. Solcher Ansicht ist Rosa, der behauptet, dass sich der äußere Zufall als eine innerliche und lang berechnete Notwendigkeit herausstellen kann[337]. Es kann somit die These aufgestellt werden, dass besonders die Helden, die eine Neigung zur Idealisierung der Realität haben und die Welt durch ihre Phantasievorstellung betrachten, ihr Leben nach Zufällen richten können.

Roquairol etwa, als ein Schwärmer und Idealist, richtet sich immer wieder nach seinen vorherigen Vorstellungen von einer Situation, was ihm die wahre Erkenntnis unmöglich macht. Solche Verschönerung kann jedoch nicht ewig dauern und der Junge muss wohl mit der Realität konfrontiert werden. Bevor es dazu kommt, lässt er sich von Zufällen leiten. Das von ihm geliebte Mädchen Linda, das zufällig als Werthers Lotte gekleidet ist, bringt ihn auf den Gedanken, er müsse Werther sein und seine unglückliche Liebe mit Selbstmord beenden. Sein Versuch, sich das Leben zu nehmen, misslingt zwar, da er rechtzeitig gerettet werden kann, aber es änderte nichts an seiner Abhängigkeit von Zufällen. Dementsprechend übernimmt er keine Verantwortung für seine Taten und beschuldigt stets äußere Umstände, wie im Falle der Verführung Rabettes. Sein Leben ähnelt in dieser Hinsicht demjenigen von William Lovell, der es als

„ein rastloses Treiben ungestümer Wünsche [bezeichnet, das], wie ein Wasserrad vom heftigen Storme umgewälzt [wird], jetzt ist das unten, was eben noch oben war, und der Schaum der Wogen rauscht und wirbelt durcheinander, und macht den Blick des Betrachtenden schwindlicht"[338].

Dieses ständige Durcheinander kann den Menschen dermaßen verwirren, dass er sich darin verliert und ohne zu handeln sich schonungslos der Willkür des Zufalls unterordnet. Da er dabei die Kontrolle über sein Leben aufgibt, kann ihm seine Existenz als sinnlos und qualvoll erscheinen, von der er letztendlich in die Einsamkeit oder in den Tod zu fliehen versucht, was Lovells und Roquairols Beispiele beweisen.

Es gibt auch solche Protagonisten, die im Leben einen untergeordneten Rang mit nur beschränkter Entscheidungsbefugnis einnehmend und sich von der Notwendigkeit oder dem Zufall lenken lassen, ohne bewusst Entscheidungen zu treffen. Mortimer charakterisiert solche Menschen und ihre Lebensbetrachtung wie folgt:

„Sie bleiben immer nur Subalternen in der großen Armee, ihnen ist nie vergönnt, den Plan und die Absicht des ganzen zu übersehen, sondern sie müssen sich unter elenden

---

[337] Tieck *William Lovell...* S. 326.
[338] Tieck *William Lovell...* S. 264.

Mutmaßungen und lächerlichen Hypothesen abquälen; sie werden immer fortgetrieben, ohne, dass sie wissen, wohin sie kommen: ich glaube, dass wir beide [Mortimer und Eduard Burton] uns freier umsehen können und jetzt in den Zufällen selbst das Notwendige entdecken"[339].

Daraus resultiert die Behauptung, dass man zwar den Zufall als etwas Notwendiges und Unübersehbares akzeptieren muss, aber schon seine Interpretation und die Reaktion darauf eben dem Menschen überlassen wird. Man kann sich also dem Zufall fügen, ihn annehmen, oder gegen ihn kämpfen. So eine Vielfältigkeit der Einstellung dem Zufall gegenüber charakterisiert die Helden der Zeit der Romantik.

Mit den Worten von Lovells Vater geht „der weise Mann dem undurchdringlichen Zufalle aus dem Wege, da im Gegenteile das Leben des Toren nichts als ein rastloser ohnmächtiger Kampf gegen den Zufall und Notwendigkeit ist"[340]. Diese Aussage hebt die Sinnlosigkeit des Kampfes gegen den Zufall hervor, wobei zu betonen ist, dass es nicht mit einer totalen Unterordnung dieser unbekannten Macht gleichzusetzten ist. Der Kluge versucht das Zufällige zu meiden, aber wenn es schon geschehen ist, akzeptiert er es und zieht wahrscheinlich eine Lehre daraus.

Im Gegensatz dazu, kann man solche Protagonisten nennen, die sich dem Zufall mit Sorglosigkeit überlassen, wie zum Beispiel Godwi. Er liebt sogar den Zufall, dem er vieles zu verdanken glaubt. Als noch lebensunerfahren erlebt er alles auf schicksalhafte Art. Obwohl er anfangs als völlig vom Zufall, von der Laune und äußeren Ausdrücken bestimmt zu sein scheint, worauf zu Recht Ernst Behler hindeutet[341], reift er und nimmt in der Einsamkeit Abstand von seiner früheren Lebensweise.

Da das Leben als Spiel des Zufalls betrachtet werden kann, zeigt die Geschichte des Mönchs Medarus. Er unternimmt keine Versuche, sich gegen Zufälle oder das Schicksal zu richten, sondern geht ihnen immer nach[342], ohne mögliche Konsequenzen dessen zu bedenken. Er meinte sogar zuerst aus den Zufällen Nutzen zu ziehen:

„Nur darin fand ich Trost für mein Gemüt, dass ich mein ganzes Leben als ausgelebt, möchte ich sagen, als überstanden ansah und nun in ein neues Sein so eintrat, als belebe ein geistiges Prinzip die neue Gestalt, von der überbaut, selbst die Erinnerung ehemaliger Existenz, immer schwächer und schwächer werdend, endlich ganz unterginge. [...] von niemanden gekannt zu sein, in niemandes Brust die leiseste Ahnung vermuten zu können, wer ich sei [...]"[343].

---

[339] Brentano *Godwi...* S. 602.
[340] Tieck *William Lovell...* S. 183.
[341] Ernst Behler im Nachwort zum Brentanos *Godwi...* S. 574.
[342] Von einer totalen Hingabe an den Zufall zeugt seine Aussage: „Ohne mich darum weiter zu kümmern, beschloß ich, dem mich zu fügen, was der Zufall über mich verhängt haben würde." Hoffmann *Elixiere des Teufels...* S. 64.
[343] Hoffmann *Elixiere des Teufels...* S. 97-98.

Für seine Absichten das geistige Leben im Kloster für das weltliche zu verlassen, erfreute ihn die zufällige Ähnlichkeit mit einem Grafen, der unglücklicherweise in den Abgrund stürzte, so dass Medarus für ihn gehalten wurde. Aber er hat mögliche negative Konsequenzen gar nicht bedacht, was katastrophale Folgen für ihn haben musste. Tatsächlich wurde er in eine Hofintrige verwickelt, die sein Leben kompliziert machte und ihn schließlich wegen eines Mordes vor Gericht führte. Auf der Flucht vor Verfolgungen ist er gezwungen, immer wieder seine Identität zu wechseln (Graf Viktorin, Leonhard, Stanislaw Krczynski - polnischer Adeliger aus Preußen, wieder Mönch Medarus), was ihn ständig in Schwierigkeiten bringt.

Schließlich muss er bekennen:

„Mein eigenes Ich, zum grausamen Spiel eines launenhaften Schicksals geworden und in fremdartige Gestalten zerfließend, schwamm ohne Halt wie in einem Meer all der Ereignisse, die wie tobende Wellen auf mich hineinbrausten. Ich konnte mich selbst nicht wiederfinden! Ich bin das, was ich scheine, und scheine das nicht, was ich bin, mir selbst ein unerklärlich Rätsel, bin ich entzweit mit meinem Ich!"[344]

Der Wechsel seiner Namen bringt Verwirrung mit sich, so dass er seine eigene Identität kaum bewahren kann und sich selbst in Frage stellt. Dazu entpuppt sich das merkwürdige Spiel des Zufalls als etwas Schauerliches, was seinen abgeschiedenen Geist immer mehr vom irdischen Leben entfremdet, so dass selbst die weltlichen Genüsse seine inneren Unruhen nicht stillen können[345]. Dem drohenden Verlust der Identität, der sich mit der Rolle des Zufälligen verbinden lässt, setzt er erst mit der Rückkehr in sein Stammkloster als Bruder Medarus ein Ende.

Der Gedanke an den Zufall und dessen Rolle macht den Menschen oft auf seine Verbindung mit dem Schicksal aufmerksam. Das kommt in Lovells Behauptung deutlich zum Ausdruck: „Es kommt mir oft in der Welt nichts so seltsam vor, als dass irgend ein Zufall mit einem früheren zusammenhängt, so dass wir oft wirklich auf die Idee von dem geführt werden, was die Menschen gewöhnlich Schicksal nennen"[346]. Es wird somit zu überlegen sein, ob das Schicksal als eine höhere Macht, die in einer nicht zu beeinflussenden Weise das menschliche Leben bestimmen und lenken kann, tatsächlich imstande ist, den Menschen wesentlich zu determinieren. Von Bedeutung ist auch die Einstellung des Individuums dem Verhängnis gegenüber.

Einerseits kann man festlegen, dass sich viele Protagonisten dem Schicksal widerspruchslos ergeben, da sie sich vor der unbekannten Macht fürchten.

---

[344] Ebd. S. 63.
[345] Ebd. Siehe dazu bes. S. 97-98.
[346] Tieck *William Lovell...* S. 471.

Demzufolge wird das menschliche Leben zu einem langen, verwickelten Faden, den man kaum auseinanderknüpfen kann[347] (so Balder), oder zu „einer seltsamen Laune des Geschicks"[348] (Römer), die den Menschen selbst in seinem Handeln beeinflussen oder sogar vernichten kann. Diesen Ansichten schließt sich Lovell an, der sich selbst als einen vom Schicksal verhöhnten Tantalus in der Natur[349] bezeichnet. Lovell betont hier ausdrücklich, dass die Absichten des Menschen sein, Schicksal selbst zu bestimmen, den ewigen Qualen des Sagenkönigs Tantalus ähneln und somit zum Scheitern verurteilt sind. Dem Menschen bleibe nur eine leidvolle Existenz, an der er kaum etwas ändern kann. Lovell ist fest davon überzeugt, dass

„ein Mensch, [der] an das unsichtbare Joch eines unbekannten, furchtbaren Schicksals gespannt ist; geht mit unverwandtem Schritte und in gebahntem Wege seinem Verderben entgegen. – O der Glaube an Vorbedeutungen, an Winke des Schicksals ist wahrlich nicht unnatürlich"[350].

Das Unabänderliche des Schicksals erkennen mehrere Helden[351], unter anderen Lovells Freund Eduard Burton, Emilie Burton, die von Lovell verführt wird, sowie Francesco – ein Mitglied des geheimen Bundes von Andrea Cosmino, an dem auch Lovell beteiligt war.

Das Schicksal lässt sich nicht ändern, kann aber für den Menschen auch vernichtend sein, sobald er sich an ihm festhält. Den starken Einfluss des Geschicks kann man im Leben von Roquairol beobachten, das voll Wüstenei ist, so dass der Junge sich danach sehnt, es mit Sinn zu erfüllen. Er lässt sich vom Schicksal lenken in der Hoffnung, seiner Existenz einen höheren Wert zu verleihen. Indes wird er zwischen großer Begeisterung und tiefster Trauer hin- und hergerissen[352]. Diese Gemütsschwankungen können kein glückliches, sondern eher in ein tiefsinniges Dasein bewirken, das er vergeblich mit Genusssucht zu verdrängen sucht. Angesichts der Unerträglichkeit seines Lebens begeht er schließlich Selbstmord, um wenigstens auf diese Art und Weise eine Vormachtstellung über seine frühere, leere Existenz sowie über das Schicksal zu gewinnen.

---

[347] Ebd. S. 159.
[348] Brentano *Godwi...* S. 206.
[349] Tieck *William Lovell...* S. 124.
[350] Ebd. S. 179.
[351] Ebd. unter anderen S. 200, 381, 453, 600.
[352] Lovell war sich dessen bewusst, dass die negative Rolle des Schicksals darauf beruht, dass es „den Menschen wie den Vesuv zum Krater ausbrenne und dann wieder kühle Auen darein säe und ihn wieder mit Feuer fülle – und vom einzigen Glück des hohlen Lebens, von der Liebe, und von der Verletzung, wenn das Geschick mit seinen Winden eine Blume reibend hin- und herbewege und dadurch die grüne Rinde an der Erde durchschneide". Siehe Jean Paul *Titan...* S. 371.

Rosa dagegen meint, dass das menschliche Leben ein ständiges Ringen mit dem Schicksal sei. Obwohl er sich der großen und unberechenbaren Macht des Schicksals bewusst ist, glaubt er dagegen kämpfen zu können. Er ist fest davon überzeugt, dass solch einer Streit das menschliche Dasein einerseits interessanter machen könne, andererseits aber gebe er den Menschen das Gefühl, nicht so demütig von dieser unbekannten Kraft abhängig zu sein[353]. Ähnlicher Meinung ist Albano, der sein Leben selbständig zu gestalten beabsichtigt, ohne sich dem Schicksal fügen zu müssen. Er drückt seinen Standpunkt wie folgt:

„Ich will im Weltmeer wie ein Lebendiger durch Schwimmen aufsteigen, aber nicht wie ein Ertrunkener durch Verwesen – Ja Vater, das Schicksal werfe einen Grabstein auf diese Brust und zermalme sie, wenn sie die Tugend und die Gottheit und ihr Herz verloren hat"[354].

Der passiven und untergeordneten Lebensweise setzt er eine aktive entgegen, mit der er seinem Dasein nicht nur ein Ziel, sondern vor allem einen Sinn geben möchte. Dabei kann er durch seinen unerschütterlichen Glauben an Gott und sein Gottvertrauen der Verzweiflung entgehen sowie der Zukunft mit Hoffnung entgegentreten, was den ungläubigen Helden von vornherein versagt bleiben muss, weil sie entweder Gott in Frage stellen oder seine Existenz leugnen. In diesem Zusammenhang könnte man behaupten, dass Albano dem Schicksal die göttliche Vorsehung gegenüberstellt, die zwar dem Menschen in ihrem Wesen auch unbekannt ist, aber zugleich menschlichen Schutz versinnbildlicht. Obwohl auch er die Macht des Schicksals am eigenen Leibe verspüren muss[355], als seine geliebte Liane stirbt, ist er, trotz des Leidens, stark genug, seinen Glauben an Gott sowie seine Prioritäten im Leben zu bewahren.

Helden, die die Tugenden missachten, oder sogar sittlich wertvolle Eigenschaften anderer Menschen verletzen, versuchen dem Schicksal die Schuld dafür zu geben. So handeln zum Beispiel William Lovell und Roquairol. Der erste verführt zwei Mädchen Rosaline und Emilie Burton, dabei scheut er nicht seine Gegner aus dem Wege zu räumen, um seiner Sinnlichkeit zu folgen. Sobald aber sein Ziel erreicht ist, verlässt er die Geliebten, die dann in Einsamkeit sterben. Lovell selbst verspürt zuerst keine Reue und genießt weiterhin sein lasterhaftes Leben. Auch Roquairol fühlt sich an der Verführung Rabettes schuldlos: „O ich habe sie wohl misshandelt, als wäre ich ein Schicksal und sie ich"[356]. Roquairol erklärt sich somit lediglich zum Vollzugsmittel des Schicksals, gegen das er

---

[353] Tieck *William Lovell...* S. 283-284.
[354] Jean Paul *Titan...* S. 44.
[355] „Auf zwei Herzen vertrauend, trotzte er [Albano] kühn der Zukunft: - O wer sagte nicht, wenn er im Vertrauen auf eine warme Ewigkeit seine Entzückung ausdrückte: die Parze kann unser Leben zerschneiden, aber sie komme und öffne die Schere gegen das band unserer Liebe! Den Tag darauf stand die Parze vor ihm und drückte die Schere zu." Ebd. S. 381.
[356] Ebd. S. 518.

nichts unternehmen zu können oder zu müssen vermeint. In diesem Fall ist die Frage nach der menschlichen Widerstandskraft dem Schicksal gegenüber besonders deutlich. In diesem Kontext könnte man sogar Vermutungen anstellen, inwieweit die Abhängigkeit vom Schicksal nihilistische Gedankenexperimente der Helden fordern oder unterstützen könnte. Die völlige Unterordnung unter eine äußere Macht droht nämlich mit der Gefahr, das Individuum für bedeutungslos zu erklären, weswegen seine Existenz sinn- und wertlos wird. Sobald der Mensch die Nichtigkeit seines Selbst sowie der Welt empfinden oder anerkennt, nähert er sich einer nihilistischen Gesinnung. Ob er aber dem Nihilismus verfallen wird oder nicht, hängt noch von anderen Faktoren ab. Der Mensch kann nämlich seine existenziellen Bedenken in verschiedener Form zum Ausdruck bringen. Dementsprechend gibt es Helden, die dadurch melancholisch (William Lovell, Andrea Cosimo, Godwi), resigniert (Danton) oder sogar wahnsinnig (Balder, Schoppe, Lenz) werden. Manchen wird ein so verstandenes Dasein zur Last und sie entschieden sich, ihre Leiden mit Selbstmord zu beenden (Roquairol, der Poet aus den *Nachtwachen*).

Andererseits kann man dem Einfluss des Schicksals auch lachend begegnen. Dieser Ansicht ist Kreuzgang, der mit Überzeugung sagt:

„Wo gibt es überhaupt ein wirksameres Mittel jedem Hohne der Welt und selbst dem Schicksale Trotz zu bieten, als das Lachen? Vor dieser satirischen Maske erschrickt der gerüstetste Feind, und selbst das Unglück weicht erschrocken vor mir, wenn ich es zu verlachen wage! [...] Laßt mir nur das Lachen mein lebelang, und ich halte es hier unten aus!"[357]

Kreuzgang glaubt fest daran, mit Ironie und Satire alles im Leben überstehen zu können. Aber, wie es schon Gerhart Hoffmeister ausdrücklich betont, das Lachen kann zwar als Schutz vor dem Unerwarteten dienen, es selbst kann sich jedoch für den Ironiker als gefährlich erweisen durch die Bloßstellung des idealistischen Scheins der Wirklichkeit und die Erhellung des nichtigen Seins der Dinge[358]. Demzufolge enden die *Nachtwachen* eindeutig pessimistisch mit dem dreimal wiederholten Wort: „Nichts"[359], was den Menschen unwiderruflich jeglicher Hoffnung auf einen Ausweg aus der nichtigen Existenz beraubt.

Es kann auch vorkommen, dass der Glaube an das Schicksal sich zum Fatalismus entwickelt. Das hat zu bedeuten, dass sich der Mensch allen Ereignissen fügt, die ihm als unabänderliche Macht des Schicksals erscheinen und sein Handeln wesentlich bestimmen, so dass er sich plötzlich bedeutungslos fühlt. So eine Haltung wird besonders in E.T.A. Hoffmanns *Elixieren des Teufels* geprägt. Über die Familie von Franz wird nämlich ein Verhängnis gelegt,

---

[357] *Nachtwachen...* S. 126.
[358] Hoffmeister: *Bonaventura: „Nachtwachen"...* S. 206.
[359] *Nachtwachen...* S. 143.

das einen großen Einfluss auf sein Leben ausgeübt haben mag. Er selbst ist sich dessen bewusst:

„Das Leben lag vor mir wie ein finstres, undurchschauliches Verhängnis, was konnte ich anders tun, als mich in meiner Verbannung ganz den Wellen des Stroms überlassen, der mich unaufhaltsam dahinriß. Alle Faden, die mich sonst an bestimmte Lebensverhältnisse banden, waren zerschnitten und daher [war] kein Halt für mich zu finden"[360].

Handelt er aber wirklich immer wider seinen Willen, oder war das nur eine bequeme Ausrede, mit der er seine Schuld verdrängen wollte? Nachdem er das verbotene Elixier getrunken hat, behauptet er, von einer bösen und geheimnisvollen Macht ergriffen zu sein, die ihm zum Schlechtsein zwingt[361], aber er hatte eigentlich stets die Möglichkeit, seine Entscheidungen selbst zu treffen. Schon am Anfang seiner Reise nach Rom nutzt er die Gelegenheit, das geistige Leben des Mönches Medarus zu verlassen und sich für einen weltlichen Grafen zu halten, der zufällig in seiner Gesellschaft in den Abgrund stürzt. In diesem Fall kann man doch nicht vom Fatalismus sprechen. Man muss zugeben, dass der Mönch immer wieder in Versuchung geführt wird, zwischen dem Bösen und Guten zu wählen, aber trotz der Umstände handelt er nach seinem eigenen Willen. Sein Leben ist voll von Zufällen und anscheinend auswegslosen oder sogar wunderlichen Situationen, aber wie er letztendlich eingesteht, habe er seine Sünden in „wahnsinniger Verblendung"[362] durch irdischen Genuss begangen. Der Gedanke, sein neues Leben zu genießen, bringt ihn dazu, neue Sünden zu begehen.

Mit der Frage des Fatalismus und Determinismus werden auch Georg Büchners Helden, besonders in seinem Drama *Dantons Tod,* konfrontiert, worauf schon bei der Analyse der Notwendigkeit hingedeutet wurde. Im Gegensatz zu Medarus wird Danton nicht vom Bösen, sondern durch die Geschichte determiniert. Man kann an dieser Stelle Benno von Wiese zitieren

„Stärker als der Held sind die Kräfte, die den Menschen von Außen bestimmen und die sein Handeln durch die Signatur des Zeitalters prägen. Es gehört zum Lebensgefühl der Epigonen, daß sich der Einzelmensch als Opfer seines Jahrhunderts erlebt"[363].

---

[360] Hoffmann *Elixiere des Teufels...* S. 90. Mehr dazu siehe noch S. 249-250.
[361] „Aber ich selbst war herabgesunken zum elenden Spielwerk der bösen geheimnisvollen Macht, die mich mit unauflöslichen Banden umstrickt hielt, so dass ich, der ich frei zu sein glaubte, mich nur innerhalb des Käfichts bewegte, in den ich rettungslos gesperrt worden." – meinte Medarus, Ebd. S.125.
[362] Ebd. S. 298.
[363] Siehe: Wiese *Georg Büchner...* S. 513. „Die Stimmung, die aus der diese Tragödie [*Dantons Tod*] herauswuchs, ist die der Entmächtigung des Menschen durch die Geschichte" meint Benno von Wiese in seiner oben erwähnten Abhandlung (S. 514). Vom Fatalismus der Geschichte schrieb auch Büchner selbst an seine Frau: „Ich fühlte mich

Aber ähnlich wie bei Medarus lässt sich auch von Danton behaupten, dass er zwar unter dem Druck geschichtlicher Ereignisse steht, aber doch seinen freien Willen hat, nach dem er handeln kann. Die totale Unterordnung unter die Notwendigkeit, den Zufall oder das Schicksal kann dazu führen, die menschliche Existenz als Qual zu empfinden. Da dem Menschen sein Handeln angesichts der ihm eindeutig überlegenen, aber zugleich unbekannten Macht oft als bedeutungslos erscheint, kann er daran gehindert werden, handlungsfähig zu sein. Die daraus resultierende Unsicherheit im Leben wird dann von den sich verbreitenden Gefühlen der Leere und Langeweile begleitet, gegen die der Mensch nichts zu unternehmen weiß. Das immer mehr als krankhaft empfundene Leben muss konsequenterweise seelische Probleme herbeiführen. Angst, Melancholie oder Wahnsinn können somit in diesem Kontext als Reaktion des Menschen auf die ihm öde und fremd gewordene Welt verstanden werden. Auch die Genusssucht, als ein Versuch den Gedanken über die sinn- und wertlose Existenz zu verdrängen, kann den Menschen dabei wenig behilflich sein. Viel mehr neigt der Mensch dazu, die Nichtigkeit der Welt und somit seines Selbst zu erkennen. Solch einer Auffassung nähern sich besonders Protagonisten, die sich durch den Fatalismus determiniert fühlen.

Wenn man aber die Bedeutung von Notwendigkeit, Zufall und Schicksal für den Menschen in ausgewählten literarischen Werken der Zeit der Romantik thematisiert, darf man nicht alle, die sich diesen Erscheinungen schonungslos unterordnen, sofort als nihilistisch Gesinnte qualifizieren. Nichtsdestoweniger wird in dieser Abhandlung auch ihr Einfluss auf die Helden in ihrer Selbst- und Weltbestimmung überlegt, um sie als mögliche Voraussetzungen oder gar Konsequenzen nihilistischer Gedankenexperimente der Protagonisten zu untersuchen. Erst dann wird es möglich, die Potentialität der Zusammenhänge zwischen den „nihilisierenden"[364] Helden und ihrer Haltung zur Notwendigkeit, zum Zufall und Schicksal abzulehnen oder zu beweisen.

Schlussfolgernd lässt sich behaupteten, dass nihilistische Gedankenexperimente zwar von der Notwendigkeit gefordert, durch den Zufall gelenkt und bis zum Fatalismus vorgedrungen sein können, sie aber nicht unbedingt eine solche Entwicklung durchmachen müssen. Obwohl wir viele Zusammenhänge zwi-

---

wie zernichtet unter dem grässlichen Fatalismus der Geschichte. Ich finde in der Menschennatur eine entsetzliche Gleichheit, in den menschlichen Verhältnissen eine unanwendbare Gewalt, allem und keinem verliehen. Der einzelne nur ein Schaum auf der Welle, die Größe ein bloßer Zufall, die Herrschaft des Genies ein Puppenspiel, ein lächerliches Ringen gegen ein ehernes Gesetz, es zu erkennen das Höchste, es zu beherrschen unmöglich" siehe: Georg Büchner *Werke und Briefe,* Leipzig 1940, S. 363. Vgl. dazu Mühlher *Georg Büchner und die Mythologie des Nihilismus...* S. 254.

[364] „Nihilisierend" - zum Nihilismus neigend, aber noch nicht als eindeutig nihilistisch zu bezeichnen [Z.M.].

schen der „nihilisierenden" Welt- und Selbstbetrachtung bei ausgewählten Helden nachweisen können, in dessen Leben gerade Notwendigkeit, Zufall und Schicksal eine wesentliche Rolle spielen, kann man jedoch die Möglichkeit nicht ausschließen, dass diese drei Faktoren nicht immer imstande sind, den schon pessimistischen Zustand des Individuums zu verstärken, oder ihn unter allen Umständen selbst hervorzurufen. Kurzum: Notwendigkeit, Zufall und Schicksal können den nihilistischen Keim eines Protagonisten zum Wachsen bewegen, müssen es aber nicht unbedingt. Sie selbst sind jedoch auf keinen Fall fähig, einen Helden direkt zur nihilistischen Gesinnung zu führen.

4.4. Leben als Nichtigkeitsspiel und Mensch als Marionette

Die Welt als Theater oder als Schauspiel, das ist eine alte Metapher, die auf Platon zurückgeht[365]. Zu fragen ist, in welchem Kontext sie Ende des 18. und Anfang des 19. Jahrhunderts erscheint und wodurch sie sich im Gegensatz zu ihrer Erfassung in den früheren Zeiten auszeichnet. Erst nach einer ausführlichen Untersuchung dieser Metapher in den ausgewählten Werken der Zeit der Romantik, soll an die Beantwortung der Kernfrage gegangen werden. Ist das Leben zum Nichtigkeitsspiel und der Mensch zur Marionette geworden? In der früheren Literaturforschung zu diesem Thema wurde immer wieder darauf hingewiesen, dass in der Romantik der objektive Topos des Welttheaters zum subjektiven Bild geworden ist, in dem der seiner Umgebung entfremdete Mensch eine dominante Rolle spielt. Das Ich wird für einen Augenblick zum Schöpfer des Weltspiels, um später um so deutlicher das Nichts zu empfinden. Betont wird auch die Tatsache, dass Gott, Tod und Nichts auf eine Ebene rücken. In dem sog. Welttheater (theatrum mundi) kommt der Mensch der Romantik somit auch als Spiel der Zeit vor, so dass er von ihr abhängig und determiniert wird. Im Unterschied zu den früheren Epochen wurzelt jedoch die Zeit in der Romantik im Nichts und endet im Nichts, was die ausweglose Lage des Menschen hervorhebt und zugleich seine Nichtigkeit bestätigt, gegen die er nichts auszurichten weiß[366]. Obwohl der Vanitas-Gedanke auch für die Barock-Zeit charakteristisch ist, konnten damals die Menschen mit der Hinwendung zu Gott und dem-

---

[365] Wie Dieter Arendt betont, ist schon in Platons *Philebos* von der „Tragödie und Komödie des Lebens" die Rede. In der christlichen Tradition erscheint diese Metapher im Brief des Paulus an die Korinther: „Denn wir sind ein Schauspiel geworden der Welt und den Engeln und den Menschen." Siehe: Arendt *Der „poetische Nihilismus" in der Romantik...* S. 74. Mehr zum Topos der Welt siehe auch u.a. in: H.O. Burger: *Dasein heißt eine Rolle spielen* in: Studien zur deutschen Literaturgeschichte; München 1963; R. Alewyn, K. Sälzle: *Das große Welttheater. Die Epoche der höfischen Feste in Dokument und Deutung;* Hamburg 1959.

[366] Arendt *Der „poetische Nihilismus" in der Romantik...* S. 73-105.

entsprechend mit Jenseitsglauben auf ihr Glück nach dem Tode hoffen und dadurch ihrer irdischen Existenz einen Sinn geben.

In diesem Zusammenhang deutet Gerhart Hoffmeister auf die Verbindung zwischen der „verkehrten Welt" (nach Friedrich Gaede im Sinne einer „mangelhaften Wirklichkeit, in der die tradierten Normen und gültigen Sinnsetzungen versagen"[367]) und dem Gleichnis – „Welt als Schauspiel". Die Demaskierung der Welt des Scheins sei begleitet von der Enttäuschung, die wegen nihilistischer Züge im Gegensatz zum Barock eindeutig hoffnungslos sei und die Welt zum Narrenhaus erklärt[368]. Besonders in den *Nachtwachen* des Bonaventura wird die Tendenz sichtbar, das Ich und die Welt zu entlarven, weswegen der Himmel verloren sei, Gott selbst zum wahnsinnigen Weltschöpfer und der Mensch zur hölzernen Puppe werden[369]. Demzufolge bemerkt der sich als Hamlet bezeichnende Kreuzgang in einem Brief an Ophelia:

„Es ist alles Rolle, die Rolle selbst und der Schauspieler, der darin steckt, und in ihm wieder seine Gedanken und Pläne und Begeisterungen und Possen – alles gehört dem Momente an, und entflieht rasch, wie das Wort von den Lippen des Komödianten. – Alles ist auch nur Theater, mag der Komödiant auf der Erde selbst spielen, oder zwei Schritte tiefer, in dem Boden, wo die Würmer das Stichwort des abgegangenen Königs aufgreifen; mag Frühling, Winter, Sommer oder Herbst die Bühne dekorieren, und der Theatermeister Sonne oder Mond hineinhängen, oder hinter den Kulissen donnern und stürmen – alles verfliegt doch wieder und löscht aus und verwandelt sich – bis auf den Frühling in dem Menschenherzen; und wenn die Kulissen ganz weggezogen sind, steht nur ein seltsames nacktes Gerippe dahinter, ohne Farbe und Leben, und das Gerippe grinset die anderen noch herumlaufenden Komödianten an. Willst du aus der Rolle dich herauslesen, bis zum Ich? – Sieh, dort steht das Gerippe und wirft eine Hand voll Staub in die Luft und fällt jetzt selbst zusammen; aber hinterdrein wird höhnisch gelacht. Das ist der Weltgeist, oder der Teufel – oder das Nichts im Wiederhalle!"[370]

Alles auf der Erde ist vergänglich, so könnte die Schlussfolgerung der Aussage von Hamlet lauten. Als solche wäre sie lediglich als eine Wiederholung der schon öfters in der Menschheitsgeschichte geäußerten Bedenkens über den Sinn des Lebens zu betrachten. Es heißt also, dass er über die Anerkennung des ständigen Kommens und Vergehens in der Welt hinausgehen will, um auf die möglichen Konsequenzen solch einer Lebensauffassung hinzudeuten, aufgrund derer der Mensch selbst nichtig wäre. Aus der Rolle, die anscheinend jedem Menschen von vornherein zugeschrieben wäre, ließe sich nämlich das wahre Ich seines Selbst nicht erkennen, was den Gedanken von seiner Nichtigkeit nur ver-

---

[367] Friedrich Gaede: *Humanismus, Barock, Aufklärung. Geschichte der deutschen Literatur des 16. bis 18 Jh.s*; Bern, München 1971, S. 80.
[368] Hoffmeister *Bonaventura" Nachtwachen"...* S. 202.
[369] Vgl. den Monolog des Wahnsinnigen Weltschöpfers in der neunten Nachtwache. Mehr dazu siehe auch: Dorothea Sölle-Nipperdey *Untersuchungen zur Struktur der Nachtwachen...* S. 14.
[370] *Nachtwachen...* S. 119-120.

stärken könnte. Es bliebe dann nur das höhnische Gelächter des alles umfassenden Nichts, das nicht nur das Diesseits, sondern auch das Jenseits zu beherrschen droht.

Obwohl in den *Nachtwachen* zuerst Gott mit dem Direktor des Marionettentheaters verglichen werde könnte, der den Menschen die Darstellung einer gewissen Rolle im Leben vorschreibt, so dass der Mensch als eine Marionette nichts gegen den Willen des Direktors (Gott) zu unternehmen fähig wäre, bekommt diese alte Metapher in der gottlos gewordenen Welt eine andere Bedeutung. Die marionettenhaften Menschen würden von diesem Moment an von einer ihnen überlegenen Macht gesteuert, gegen die sie nichts unternehmen könnten, da sie ihnen unbekannt bleibt. Das Bild der Marionette, wie Dieter Arendt zu Recht betont, desillusioniert somit die umgebende Wirklichkeit und stärkt das Gefühl der sinnlosen Existenz[371]. Dementsprechend werden die marionettenhaften Menschen, wie das Beispiel des Beamten aus den *Nachtwachen* zeigt, geistlosen Maschinen ähnlich, die ihre Aufgaben automatisch und gefühllos erfüllen[372]. Solche Menschen würden in ihrem Wesen gerade zur Negation der Menschlichkeit und sowohl von ihrem Selbst sowie von der Welt entfremdet.

Das groteske Bild, in dem die Menschen als Schauspieler ihre Rolle im Welttheater zu spielen haben, wird in den *Nachtwachen* auch am Beispiel eines Mannes gezeigt, der seinem leidvollen Leben vergeblich durch Selbstmord ein Ende setzen will. In dem Moment, in dem er sich den Dolch an die Brust setzt und sich den Todesstoß versetzen will, erstarrt sein Arm, als ob die Zeit plötzlich stehen geblieben wäre, um seine Absichten zunichte zu machen. Das Marionettenhafte dieser Situation wird auch in der Beschreibung des Mannes selbst hervorgehoben, in der auf seine hölzerne und mechanische Bewegung sowie „einen so steinernen Stil" hingewiesen wird, wodurch sich seiner Meinung nach „Marionettentruppen vor lebendigen Schauspieler auszeichneten"[373]. Kreuzgang vergleicht den Mann auch mit einem ewigen Juden, der von einer verborgenen Macht abhängig sei und nicht mehr selbständig über sein Leben entscheiden kann. Dazu leidet er unter Langeweile, die seine irdische Existenz noch unerträglicher macht. Er gibt zu, lange Zeit als Akteur im Welttheater gedient zu haben, so dass er plötzlich seinen Lebens überdrüssig wurde. Kreuzgang verspottet ihn dann als einen Helden der großen Weltkomödie, der sich gegen seinen Verfasser richtet, was das Stück selbst vielleicht interessanter machen wird, jedoch an seinem Schicksal leider nichts ändern kann. Als letzte Waffe gegen die unbekannte Macht bleibt ihm nur ironisches Lachen.

---

[371] Arendt *Der „poetische Nihilismus" in der Romantik...* S. 518.
[372] Vgl. dazu *Nachtwachen...* S. 18, „ich [...] erblickte ein Wesen in einem Schlafrocke am Arbeitstische, von dem ich anfangs zweifelhaft blieb, ob es ein Mensch oder eine mechanische Figur sei, so sehr war alles Menschliche an ihm verwischt und nur bloß der Ausdruck von Arbeit geblieben."
[373] *Nachtwachen...* S. 30.

Über die Nichtswürdigkeit der Welt klagt auch Balder, dem die ganze Welt oft als

„ein nichtswürdiges, fades Marionettenspiel [erscheint], der Haufe täuscht sich beim anscheinenden Leben und freut sich; sieht man aber den Draht, der die hölzernen Figuren in Bewegung setzt, so wird man oft so betrübt, dass man über die Menge, die hintergegangen wird und sich hintergehen lässt, weinen möchte. [...] wir bewundern die Seele und den erhabenen Geist unserer Empfindungen und wir wollen durchaus nicht hinter den Vorhang sehen, wo uns ein flüchtiger Blick das verächtliche Spiel der Maschinen enträtseln würde"[374].

In einer so verstandenen Welt wird der Mensch zu einer bedeutungslosen und handlungsunfähigen Marionette, obwohl es ihm schwerfällt, sich dazu zu bekennen. Sein Leben dagegen scheint einer Betrügerei zu verfallen, in deren Folge sich viele Menschen täuschen lassen, da sie die wahre Welt mit einer Scheinrealität verwechseln. Die wahre Erkenntnis ist zugleich durch die Empfindsamkeit erschwert, man konzentriert sich nämlich auf die Empfindung und nicht auf das Erkennen, was diesen Sinnesbetrug verstärken und schließlich zur Verächtlichkeit der Welt führen kann.

Die Welt als Puppenwelt wird auch in E.T.A. Hoffmanns *Elixieren des Teufels* deutlich (Euphemie möchte mit Medarus, den sie für Viktorin hält, über die Puppenwelt herrschen[375]) sowie in Büchners *Dantons Tod*. Zu bemerken ist, dass die von unbekannten Gewalten am Draht gezogenen Marionettenmenschen dem Fatalismus nahe sind[376]. Zugleich betont Danton eine öfters von romantischen Helden erwähnte Metapher: „Wir stehen immer auf dem Theater, wenn wir auch zuletzt im Ernst erstochen werden"[377]. Er weiß nicht mehr, wie er sich dem drohenden Tod gegenüber verhalten solle, einerseits kokettiert er mit ihm, andererseits wird ihm aber der Ernst seiner Lage plötzlich völlig bewusst, da er beängstigt seine Bedenken äußert: „Sie werden's nicht wagen"[378]. Die Überzeugung, der Tod könne ihn von dem qualvollen Leben erlösen, scheint angesichts des ihm drohenden Sterbe-Leidens zu versagen. Außerdem kann er nicht sicher sein, von der Qual der Endlichkeit für immer befreit zu werden. Seine Verzweiflung wird noch durch Camilles Aussage bestätigt, wonach die Welt der „ewige Jude" und das „Nichts der Tod"[379] seien. Somit wird die Nichtigkeit des irdischen Daseins erneut hervorgehoben und bringt schließlich eine verstärkte Verzweiflung mit sich, deren Überwindung in der hoffnungslosen Lage des Menschen unmöglich zu sein scheint. Obwohl Leben wie Tod dem Nichts zu

---

[374] Tieck *William Lovell...* S. 81.
[375] Hoffmann *Elixiere des Teufels...* S. 73.
[376] Siehe: Büchner *Dantons Tod...* S. 43.
[377] Ebd. S. 33.
[378] Ebd. S. 40.
[379] Ebd. S. 67.

verfallen drohen, bedeutet dies noch nicht, dass sie das menschliche Leid für immer aufheben werden[380].

Im Folgenden soll das menschliche Verhalten angesichts der These das Leben sei ein Spiel, anhand literarischer Beispiele der Zeit der Romantik betrachtet werden. Festzustellen wird sein, inwieweit der Mensch sich in dieser Hinsicht beeinflussen lässt und mit welchen Konsequenzen.

Im Briefroman *William Lovell* wird deutlich, dass der Mensch im Leben verschiedene Rollen spielt. Da es dem Titelhelden zufolge nichts Einfacheres auf der Welt gibt, als gerade eine Rolle zu spielen, ist er ständig bemüht, sich durch ihre Vielfältigkeit für andere Menschen interessanter zu machen. Solch eine Vortäuschung dient dem Zweck, sich in der Gesellschaft beliebt zu machen[381]. Konsequenterweise mussten auch die zwischenmenschlichen Beziehungen daran leiden, wenn Liebe und Freundschaft als Teil des Lebensspiels betrachtet werden. Deswegen wird man auch versucht, die Verantwortung für eigene Taten zu meiden und die Schuld für ein Unglück auf das Geschick des Lebens zu übertragen. Nur in so einem Kontext kann man Lovells Verhalten den Mädchen gegenüber verstehen, um die er wirbt, und sobald sie sich ihm völlig hingeben, verführt er sie und dann ohne jede Erklärung verlässt. Er selbst meint dazu „Ich übte eine Rolle an ihr [diesmal geht es um Emilie], und sie kam mir mit einer anderen entgegen, wir spielten mit vielem Ernste die Komposition eines schlechten Dichters und jetzt tut es uns wieder Leid, dass wir die Zeit verdorben haben"[382]. Aber es dauert nicht lange, bis er die Nichtigkeit und Verächtlichkeit eines solchen Lebens selbst anerkennen muss und somit seinem Lebensmeister Andrea Recht darin gibt, die menschliche Existenz nur als „ein lächerliches Possenspiel anzusehen, das keine Aufmerksamkeit verdient"[383]. Dieser Lebensauffassung schließt sich auch Balder an, dem der Tod als einziger Ausweg erscheint, dem langweiligen Schauspiel des Lebens zu entgehen[384]. Man muss also Christopher Schwarz Recht darin geben, die Sonderstellung des Romans in der Infragestellung der besonders in der Zeit der Romantik hervorgehobenen Individualität zu sehen. Demnach

---

[380] Siehe: Wiese *Georg Büchner...* S. 520-521.
[381] In diesem Zusammenhang kann man Lovells prahlerische Äußerung als Beweis für diese These anführen: „Man riss sich nach mir, weil ich mir in London einen sonderbaren Namen gegeben hatte und immer viele Seltsamkeiten von mir vermuten ließ." Tieck *William Lovell...* S. 468.
[382] Ebd. S.463.
[383] Ebd. S. 598. Lovell selbst meinte: „Die Menschen sind mir nichts als schlechte Komödianten, Tugendhelden oder witzige Köpfe, Liebhaber oder zärtliche Väter, nachdem es ihre Rolle mit sich bringt, die sie so schlecht, wie es nur immer eine wandernde Truppe tun kann, zu Ende spielen. Auch ich bin unter dem Haufen einer der Mitspieler, und so wie ich die anderen verachte, werde ich wieder von ihnen verachtet." Ebd. S. 299.
[384] Ebd. S. 207.

„erscheint der im 18. Jahrhundert stürmisch gefeierte Begriff der Individualität trügerisch. Die Individualität wird im Lovell zum Schein kultiviert; [aber] am Ende bleibt von ihr nichts übrig als die Langeweile eines routinierten Rollenspiels"[385].

Roquairol scheint William Lovell in seinem Rollenspiel ähnlich oder sogar überlegen zu sein, wenn er in jeder Situation des Lebens seine spielerischen Talente vorzuzeigen weiß. Man vermutete sogar, dass er „sogleich eine Rolle in der Gewalt hatte, leichter als Albano seine Wahrheit"[386]. Die Metapher „Leben als Spiel" wird von Roquairol besonders deutlich in seinem Trauerspiel vorgeführt und zugleich im Leben verwirklicht. Das Wahre wechselte nämlich mit der Phantasiewelt, so wie das Spiel mit dem Tod, bis dieser aber plötzlich wahr wird, als sich Roquairol auf der Bühne erschießt. Da ihm sein Dasein zum Nichts wurde, das sich weder als Lust- noch Trauerspiel, sondern lediglich als „fades Schau-Spiel"[387] bezeichnen ließe und auch die Liebe versagte, hat das Leben für ihn jeglichen Sinn und Wert verloren. Sein Trauerspiel war der letzte Versuch, seiner Existenz für einen Moment einen Sinn zu verleihen, als es das wahre Geschehen nachahmte und seinem spielerischen Leben den Ernst seiner letzten Tat entgegensetzte. Seine unglückliche Jugendliebe, deretwegen er sich schon früher das Leben nehmen wollte, endete mit Betrug und Verführung der geliebten Frau, so dass ihm wegen zügelloser Sinnlichkeit der einzige heilige Wert auf der Erde verdorben wurde. Nach der Zugabe des Verbrechens und der Bitte um Verzeihung kann er mit sich selbst versöhnt seinem Leben bewusst ein Ende setzen. Mit seinem Todesschuss bekommt sowohl das Trauerspiel als auch sein Leben eine Pointe, die der Nichtigkeit und dem Schicksal trotzte.

Zur Verwechslung zwischen dem theatralischen Rollenspiel und dem wahren Leben kommt es auch in den *Nachtwachen* des Bonaventura. Die Frau, die im *Hamlet* Ophelia spielte, wird von ihrer Rolle so ergriffen, dass es unmöglich ist, sie aus dem Gespielten herauszustudieren. Da sich ihr Zustand nicht verbessert, wird sie ins Tollhaus geschickt. Selbst Kreuzgang ist erstaunt über „dieses gewaltige Eingreifen einer Riesenhand in ein fremdes Leben, dieses Umschaffen der wirklichen Person zu einer poetischen [...]"[388]. Das hinderte ihn jedoch nicht daran, sich zu seinem Erstaunen gerade in sie zu verlieben und sich selbst als Hamlet zu bezeichnen. Seine Liebeserklärung führt aber zur Verwirrung von Ophelia, die nicht mehr sicher ist, ob sie außerhalb ihrer Theaterrolle als selbständiges Wesen existiert. In ihrem Brief an Hamlet bekennt sie verzweifelt:

---

[385] Christopher Schwarz: *Langeweile und Identität...* S. 80.
[386] Jean Paul *Titan...* S. 729.
[387] Ebd. S. 797.
[388] *Nachtwachen...* S. 113.

„Sieh, da suche ich mich zu ereilen, aber ich laufe immer vor mir her und mein Name hinterdrein, und nun sage ich wieder die Rolle auf – aber die Rolle ist nicht Ich. Bringt mich nur einmal zu meinem Ich, so will ich es fragen, ob es dich liebt"[389].

Bis zu ihrem Tod bei der Geburt des Kindes lebt sie in der Scheinwelt ihrer Rolle, von der sie sich früher nicht trennen konnte. Auf dem Sterbebett liegend ist sie davon überzeugt, dass ihre Rolle zwar zu Ende geht, aber ihr Ich gerade erst angehen kann. Außer der Liebe möchte sie nichts mehr von ihrem Lebensspiel behalten, das ihr vorher den Weg zur Erkenntnis ihres Selbst verschlossen hat. Vom Unglück ergriffen, erklärt Kreuzgang das menschliche Leben für nichtig und widersprach dem Vorhandensein der Ewigkeit. Dann beschließt er, der Verachtung und Nichtigkeit der Welt mit Lachen Wiederstand zu leisten. Er wird zum Hanswurst, um alles unbeschränkt verlachen zu können.

Aber das Gelächter der Menschen, die als Narren daherkommen, wird immer mehr tragisch als komisch sein, meint Benno von Wiese[390]. Solange man das Leben als Bühnenmaskerade deutet, kann es nicht mehr ernst genommen werden, worauf auch Büchner in Dantons Bemerkung hinweist:

„Muntere mir nur nichts Ernsthaftes zu. Ich begreife nicht, warum die Leute nicht auf der Gasse stehen bleiben und einander ins Gesicht lachen. Ich meine sie müßten zu den Fenstern und zu den Gräbern herauslachen, und der Himmel müsse bersten und die Erde müsse sich wälzen vor Lachen"[391].

Da das Leben lediglich als eine Komödie empfunden wird, kann es als ein Beweis für seine Nichtigkeit betrachtet werden, denn die Teilnahme an einer so verstandenen Existenz ist kein Glück, sondern bedeutet vielmehr ein Verhängnis. Obwohl das Leben nichtig ist, wird der Mensch, infolge eines unabänderlichen Unheils, dazu gezwungen, in einer solchen Komödie des Lebens mitspielen zu müssen. Dementsprechend empfindet Danton sein irdisches Dasein als eine Last, vor der ihn auch kein Tod retten kann. Immer wieder betont er die Sinnlosigkeit und Nichtigkeit des Lebens, das es nicht mehr wert ist, es zu erhalten[392]. Da ihm alle irdischen Dinge relativ geworden sind und die überirdischen ihre Bedeutung verloren haben, wird er voll von Lebensekel[393]. Sein Leben wird ihm auch zu einem Grab, in dem alles verfault. Robert Mühlher vermutet, dass die

---

[389] Ebd. S. 119.
[390] Wiese *Georg Büchners...* S. 518.
[391] Büchner *Dantons Tod...* S. 37.
[392] Ebd. S. 33.
[393] In diesem Zusammenhang stellt Benno von Wiese in seiner Abhandlung zu Georg Büchner fest: „Als Summe aller Tätigkeit ergibt sich immer nur: wachsendes Leid und wachsender Lebensekel. Der Weg des Menschen führt durch eine einzige Kette von Enttäuschungen, aus denen sie nicht mehr herausfinden können." (Wiese *Georg Büchner...* S. 515.

Seinskrankheit des Menschen, in diesem Fall bei Danton, mit dem Wertnihilismus verbunden sei. In diesem Kontext könnte man Mühlher in seiner Behauptung Recht geben, dass die in Georg Büchners Werken dargestellten Werte und Prioritäten nicht nur als wert- und sinnlos zu betrachten wären, sondern auch dementsprechend als diejenigen, die auf ein bloßes Dasein herabgesunken seien und zum Pathos der Realität führen könnten[394]. Seiner Meinung nach ist „aus dem gleichen Wertnihilismus [...] auch der Vergleich des Menschenlebens mit einem Marionettentheater entsprungen"[395].

Um das ganze Bild des „Lebens als Spiel" zu untersuchen, muss noch die romantische Maskerade, Maske und Redoute betrachtet werden. Die Redoute im Sinne eines Saals, in dem verschiedene Feste veranstaltet werden, kann als Ausdruck des Weltrausches gedeutet werden. Arendts Ansicht nach kommt aber vor allem der Maske oder Larve eine besondere Bedeutung zu als Sinnbilder der Scheinhaftigkeit und Vorläufigkeit menschlicher Existenz. Ihre Rolle im menschlichen Leben besteht darin, die Realität zu entwirklichen und zugleich zu verschönern, was jedoch zur Selbstaufhebung der Spieler selbst führen kann[396]. Die Maske sichert zeitlich begrenzt Anonymität und Freiheit, dann aber muss sie doch ausgezogen werden. Sie bietet allerdings ein unbegrenztes Alibi vor der Verantwortung, da es eine trügerische Verbindung zwischen der Maske und dem wirklichem Leben gibt. Der Morgen erscheint dann nach dem Ball immer wieder als Demaskierungsfaktor, um mit solchen Worten die Rückkehr aus der Scheinrealität ins wahre Leben metaphorisch zu veranschaulichen. Hinter der Maske kann sich die menschliche Maske als dämonische Lust austoben, noch bei der Demaskierung aber erscheint der Alltag als eine viel größere Last als früher. Dementsprechend kann von einer Doppelhaftigkeit der Maske die Rede sein, denn „ihr Bild beinhaltet ein Ineinander von Reiz und Drohung, Versuchung und Scheu, Erwartung und Resignation; [kurzum:] hinter der verlockenden Hoffnung verbirgt sich latente Angst vor der Demaskierung.[397]"

In den Werken der Zeit der Romantik findet man viele Anspielungen auf Redoute, Masken und Larven. Sobald man jedoch das menschliche Leben als ein Spiel betrachtet, worin die Schauspieler ihre Rollen meisterhaft darstellen wollen, gewinnen die Masken an Bedeutung. Im Hinblick auf eine so verstandene menschliche Existenz behauptet Lovell, dass es eben zum Spielwerk des Lebens gehört, „dass sich die Menschen betrügen; alles ist maskiert, um die übrige Welt zu hintergehen, wer ohne Maske erscheint, wird ausgezischt: was ist

---

[394] Mühlher *Georg Büchner und die Mythologie des Nihilismus...* S. 265. Mehr zum Begriff „Wertnihilismus" siehe: Kapitel 4.5. *Grundlegende Werte und Prioritäten des Menschen.*
[395] Ebd. S. 267.
[396] Dieter Arendt liefert in seiner Abhandlung zum poetischen Nihilismus in der Romantik ein umfangreiches Kapitel zur romantischen Maskerade und Redoute. Siehe: Arendt *Der poetische Nihilismus in der Romantik...* S. 105-130.
[397] Ebd. S. 113.

es denn nun mehr"[398]? Da also die wahre Erkenntnis dem Menschen verborgen bleibt, versucht er sich auch vor der Welt hinter einer Maske zu verstecken. Außerdem, so Lovell, versetzen die Masken die Menschen in eine Art von Trunkenheit, die sie dann vom wahren Leben entfernen und in einer quasi Traumwelt existieren lassen. In diesem Zustand kann man jedoch nicht ewig verweilen, da man schließlich aus dem Traum erwacht und sich plötzlich in der neuen Welt kaum zurecht finden kann. Aus dem Grund, dass Trug und Schein das Innere schon wesentlich erschüttert haben können, ist die Rückkehr in die Realität oft sehr schmerzhaft.

Es gibt aber Protagonisten, die die Masken für ihre Zwecke ständig wechseln, um die Menschen zu manipulieren. Als ein Spieler, der seine theatralische Kunst im Leben verwirklicht, wird Andrea Cosimo bezeichnet, von dem man vermutet, „daß er für jeden Menschen, mit dem er umgeht, eine Maske hat, er ist alle Ideen und Stimmungen der Menschen durchlaufen, ein jeder findet sich daher in ihm selber wieder"[399]. Nur auf diese Weise ist es ihm gelungen, viele junge Menschen, unter ihnen auch William Lovell, in seinen Bann zu ziehen, um seinen Racheplan zu verwirklichen. Andreas spielerischem Talent ähnlich erscheint auch Roquairol, der sich in jeden Charakter werfen konnte, „wiewohl ihm eben darum zuweilen einkam, bloß den bequemsten durchzusetzen"[400]. Man kann ihn also als einen begabten Spieler charakterisieren, der situationsabhängig viele Masken aufzusetzen sucht, schließlich aber sich selbst nur nichtig vorkam.

Auf das Maskenhafte bei den Menschen macht auch Kreuzgang in den *Nachtwachen* aufmerksam, indem er behauptet, dass die Menschen solche Masken haben, mit denen sie sich einer Zwiebel gleich umhüllen[401]. Dies kann als eine Art Flucht oder Abgrenzung von der Realität gedeutet werden, die dem Menschen selbst fremd und beängstigend vorkommt. Sobald die Welt als eine falsche Welt erscheint, an der nichts mehr wahrhaft ist, bleibt den Menschen nichts mehr übrig, als sich vor ihr hinter seinen Rollen zu verbergen. Der sich hinter seinen Masken ständig versteckende Mensch läuft jedoch Gefahr, sein wahres Ich zu verlieren oder es sogar als Nichts zu erkennen. Nichtsdestoweniger setzt sich der Nachtwächter zum Ziel, die Masken abzureißen um das, was dahinter steckt, ans Licht zu bringen[402]. Schließlich entdeckt er die Wahrheit:

---

[398] Tieck *William Lovell...* S. 190, siehe auch: S. 359.
[399] Ebd. S. 348.
[400] Jean Paul *Titan...* S. 275. Auf spielerischen Charakter von Roquairol weist auch Schoppe hin, als der ihm auf dem Pferd erschien. Siehe ebd. S. 242.
[401] *Nachtwachen...* S. 77.
[402] Im *Prolog des Hanswursts zu der Tragödie: der mensch* stellt er fest: „Gegen die Maskeneinführung habe ich mich nicht gesperrt, denn je mehr Masken übereinander, um desto mehr Spaß, sie eine nach der anderen abzuziehen bis zur vorletzten satirischen, der hippokratischen und der letzten verfestigten, die nicht mehr lacht und weint – dem Schädel ohne Schopf und Zopf, mit dem der Tragikomiker am Ende abläuft." Ebd. S. 76. Vgl. dazu auch die Abhandlung von Richard Brinkmann: *Nachtwachen von Bonaventura*.

„Das ist ja schrecklich einsam hier im Ich, [behauptet er], wenn ich euch zuhalte, ihr Masken, und ich mich selbst anschauen will- alles verhallender Schall ohne den verschwundenen Ton – nirgends Gegenstand, und ich sehe doch – das ist wohl das Nichts, das ich sehe! - Weg, weg vom Ich – tanzt nur wieder fort, ihr Larven!"[403]

Obwohl das Maskensymbol in vielen Werken der Romantik auftaucht, wird es in den *Nachtwachen* besonders intensiv und konsequent behandelt, bis hin zur Entdeckung der menschlichen Nichtigkeit. Die Aufgabe, die sich der Nachtwächter gestellt hat, könnte man, wie Richard Brinkmann bemerkt, als Aufklärung bezeichnen. Kreuzgang beabsichtigt nämlich den „verblendeten, in Illusion befangenen Menschen ein Licht auf[zu]stecken, er will sie [also] mündig machen [...]"[404].

Eine quasi Seelen–Maskerade entdeckt auch Godwi: „Mit dem Sonntagsrocke zieht der Bürger auch seinen Sonntags-Charakter an, und nur der Arme wird nicht oder wenig verändert, weil er entweder kein Sonntagswamms oder einen zerrissen hat, so dass sein Werktags-Charakter entweder ganz erscheint oder durchsieht"[405]. Man könnte die Vermutung anstellen, dass seiner Meinung nach das einfache Volk seltener eine Maske auflege als die Bürger und Fürsten und deswegen auch viel aufrichtiger sei, als die anderen.

Mit der Redoutenwelt ist noch die Larve verbunden, die sowohl als eine Gesichtsmaske, oder aber als ein leeres, nichtssagendes Gesicht gedeutet werden kann. Die Welt der Marionetten und Larven wird dementsprechend, wie der Erzähler des *Titans* deutlich ausdrückt, dem tanzenden Totenreich ähnlich[406]. Mit einer Maske oder Larve kann man also nicht nur einen vitalen Aspekt des Lebens (Ball), sondern auch einen Aspekt des Vergänglichen (Tod) in Verbindung setzen. In solch einem Gedankenzusammenhang betritt Albano die marionettenhafte Welt der Redoute, wobei er noch den Selbstmordversuch von Roquairol in Erinnerung hat. Die Stimmung des Totenreiches wird noch verstärkt, als Roquairol tatsächlich mit der Maske einer sterbenden Larve erscheint, die die Gestalt eines sterbenden Menschen verkörpert. Später bekennt er noch, selbst ein Sterbender zu sein, so dass diese grausame Maske als Versinnbildlichung seines Selbst zu betrachten ist. Dazu trägt Schoppe einen Leichenmantel, der mit vielen grausamen Larven versehen ist. Sobald er jedoch seine Masken auszuziehen beginnt, was sich metaphorisch mit der Enthüllung des wahren Ichs verbinden lässt, stellt sich heraus, dass er mehrere Unterziehmasken hat und sogar sein

---

Kehrseite der Romantik?; in: *Die deutsche Romantik. Poetik, Formen und Motive,* hg. von Hans Steffen, Göttingen 1967, bes. S.140-150.
[403] Ebd. S. 93.
[404] Brinkmann *Nachtwachen von Bonaventura. Kehrseite der Romantik?...* S. 149.
[405] Brentano *Godwi...* S. 62.
[406] Jean Paul *Titan...* S. 256.

golden bemaltes Gesicht entstellt wirkt. Die Demaskierung verfehlt somit ihr Ziel, das wahre Gesicht Schoppes kommt nicht zum Vorschein. Außerdem könnte man vermuten, dass die Unterziehmasken seine spätere Ich-Spaltung voraussagen und vielleicht auch seinen Tod andeuten, der ihn beim Erscheinen der Ich-Larve (des Siebenkäs) erreicht[407].

Die Larve erscheint öfters im *Titan*, wobei zu vermerken ist, dass sie eigentlich immer eine Todesbotschaft verkündet. Am Vesuv sagt Albano von den Menschen: „sind wir nicht blitzende Larven am Grabe"[408]? Will er damit vielleicht auf die Leere und Scheinhaftigkeit, oder sogar Nichtigkeit der menschlichen Wesen hindeuten? Der „Larventanz innerer Gespenster"[409] begleitet Roquairol während seines Trauerspiels auf der Bühne, die später zu seinem Grab wird, als er sich dort erschießt. Außerdem spielt in diesem Stück eine Dohle den Chor, in der er eine Tier-Larve entdeckt, die von Roquairol als etwas Fürchterliches empfunden wird. Zu fragen wäre, ob sich die Redoute mit Larven und Masken eindeutig als „ein zum Fest gesteigerter Aufenthalt „zwischen Himmel und Erde", [also] eine kurze Maskierung des Nichts"[410], wie Dieter Arendt vermutet, bezeichnen lässt. In meiner Auslegung läuft diese Feststellung Gefahr, all die existenziellen Überlegungen der Zeit der Romantik nur im Kontext des Nihilismus zu betrachten, obwohl zu dieser Zeit, wenn überhaupt, erst von nihilistischen Gedankenexperimenten die Rede sein kann.

Kann man schon nach einer skizzenhaften Analyse alter Metaphern, denen zufolge die Welt ein Theater und der Mensch lediglich eine Marionette ist, Schoppes These zustimmen, in der das Leben zum Nichtigkeitsspiel wird[411]? Fassen wir also alle Argumente zusammen. In der Zeit der Romantik, wie öfters betont wurde, ist die Tendenz sichtbar, die Welt des Scheins zu demaskieren. Dementsprechend kommt es zur subjektiven Auseinandersetzung mit der Welt und den Mechanismen, die sie bewegen. Da im Gegensatz zu früheren Zeiten Gott als Urbestandteil der Weltordnung entweder in Frage gestellt oder sogar abgelehnt wird, bekommt die Metapher – der Mensch sei eine Marionette, eine andere, eigenartige Dimension. Im Kontext der Bezweiflung früherer Werte und Prioritäten scheint das Leben des Menschen von einer höheren, ihm aber unbekannten Macht abhängig zu sein. Es entsteht der Eindruck das menschliche Leben sei dem Fatalismus verfallen. Auf diese Weise wird somit nicht nur die Individualität, sondern auch der freie menschliche Wille bezweifelt, die auf ein routiniertes Rollenspiel herabgesetzt zu werden drohen.

Die Sinnlosigkeit menschlicher Existenz wird noch durch die Tatsache verstärkt, dass es keine Hoffnung auf ein Jenseits mehr gibt. Der sich selbst

---

[407] Ebd. S. 852.
[408] Ebd. S. 694.
[409] Ebd. S. 800.
[410] Arendt *Der „poetische Nihilismus" in der Romantik...* S. 123.
[411] Jean Paul *Titan...* S. 489.

überlassene Mensch, der sich in der als Theater verstandenen Welt handlungsunfähig und zugleich bedeutungslos fühlt, verachtet das Leben[412]. Die Geringschätzung des Lebens, auf das man eigentlich keinen Einfluss haben kann, führt zu Enttäuschung und Langeweile. Sobald der Mensch sein Leben im Sinne eines Rollenspiels empfindet, in dem er wie ein Schauspieler lediglich eine Rolle zu spielen hat, verliert seine Existenz jeglichen Sinn und scheint abgetragen und dürftig zu sein. Er versucht sein wahres Ich zu erkennen; aber sobald er alle seine Masken abreißt und tief in sich hineinschaut, erschrickt er über seine innere Leere und Nichtigkeit. Auch sein vergängliches Leben verliert an Bedeutung, wenn es als Leidquelle erscheint, hinter der nur das Nichts lauert. Das menschliche Dasein, das, wie Schoppe vermutet, „nur ein durchsichtiges Nichts" sei, zwingt den Menschen dazu, nach dem Wert einer solchen Existenz zu fragen. Die Protagonisten der Romantik werden somit oft mit der Frage konfrontiert, ob es sich unter solchen Umständen überhaupt zu leben lohnt[413] und mit welchen Konsequenzen. Nur wenige wagen den Schritt, durch Selbstmord die irdische Existenz zu verlassen, die übrigen versuchen in der neuen Realität zurechtzukommen, aber nicht immer erfolgreich. Viele von ihnen werden wahnsinnig, sind dem Wahnsinn nahe, oder leben in dem Bewusstsein an diesem Nichtigkeitsspiel im Welttheater weiterhin mitspielen zu müssen.

4.5. Grundlegende Werte und Prioritäten des Menschen

Mit der *Rede des toten Christus vom Weltgebäude herab...* von Jean Paul wird in der deutschen Literatur ein bedeutender Versuch unternommen, die frühere gottbezogene Weltordnung in Frage zu stellen[414]. Um die Frage zu beantworten, welche Werte und Prioritäten für den Menschen in der deutschen Literatur von Jean Paul bis Georg Büchner von Bedeutung sind, müssen zuerst die Veränderungen in der menschlichen Welterfassung dieser Zeit im Kontext nihilistischer

---

[412] Man kann an dieser Stelle die beispielhafte Meinung von Lovell zitieren: „Das Leben ist das allerlustigste und lächerlichste, was man sich denken kann; alle Menschen tummeln sich wie klappernde Marionetten durcheinander, und werden an plumpen Drähten regiert, und sprechen von freien Willen." Tieck *William Lovell...*S. 286.

[413] In diesem Kontext stellt Schoppe fest: „In einer Welt, die nur eine Messwoche und ein Maskenball ist, nicht einmal Meß- und Maskenfreiheit zu behalten, ist stark." Siehe: Jean Paul *Titan...* S. 695.

[414] In diesem Zusammenhang betont Thomas Immelmann: „Vereinfacht ließe sich die Reaktion Jean Pauls auf den literarischen Nihilismus unter dem Schlagwort „Angst vor dem Nichts" zusammenfassen. Wenn Sinn nicht einmal mehr in der Sprache intersubjektiv nachvollzogen werden kann und diese den Letztbezug selbst zur Natur verliert, dann bedingt die daraus resultierende Vereinzelung den völligen Verlust eines allgemein verbildlichen Weltbildes." Thomas Immelmann: *Der unheimlichste aller Gäste...* S. 73.

Gedankenexperimente zusammenfassend dargestellt werden. Das befähigt uns, die wichtigsten Tendenzen in der Weltdeutung zu skizzieren, um dann festlegen zu können, inwieweit der Mensch auf abendländische Qualitäten verzichtet und welche neuen ihnen gegenübergestellt werden. Zu überlegen wird auch sein, wie der Mensch zur Moralfrage (dem Guten und Bösen) steht, und wodurch er christliche Tugenden ersetzen möchte.

Die Überlegungen über die Nichtexistenz Gottes führten zur Vermutung, der Mensch sei seiner geistigen Mitte beraubt und müsse den Verlust Gottes als eines Bezugspunktes im Universum in Kauf nehmen muss. Dies hat zu bedeuten, dass das theoretische Gebäude der abendländischen Kultur erschüttert oder sogar abgelehnt wird, da die Welt nicht mehr geistig, sondern nur materiell gedeutet wird. Somit wäre auch die Einheit der Natur zerstört und sie selbst zerstückelt, was in der bildlichen Darstellung des Chaos und der allumfassenden Zersetzung deutlich in den hier untersuchten Werken der Zeit der Romantik (besonders in der *Rede des toten Christus...*) zum Ausdruck kommt. Außerdem begann die so verstandene Natur dem Menschen verschlossen, unerkennbar oder sogar angsterregend zu erscheinen.

Die Menschen, die bis auf die metaphysischen Werte alles rational zu deuten suchen, müssen scheitern, da sich Gott oder Unsterblichkeit mit menschlicher Ratio nicht erklären lassen. Infolge der Veränderung im menschlichen Denken wird so Gott dem Nichts (u.a. in: *Nachtwachen, Dantons Tod*) gegenübergestellt, was auf die Nichtigkeit der menschlichen Existenz hindeuten könnte. Dementsprechend wird Gott als Wegweiser und Normensetzer abgelehnt, oder aber nur als Weltschöpfer anerkannt, der jedoch keinen Einfluss auf das menschliche Leben hat. Da der Mensch seine metaphysischen Bedürfnisse dank der Vernunft nicht stillen kann, entsteht ein sich verbreitendes Gefühl des Mangels oder sogar der Leere, das mit neuen Inhalten nicht mehr vollständig gefüllt werden kann. Die Suche nach Gott, die viele Protagonisten unternehmen (u.a.: Schoppe und Lenz) zeugt von der Stärke der inneren Sehnsucht nach einer höheren Macht, die der menschlichen Existenz Sinn verleihen könnte. In der von der Aufklärungssucht beherrschten Welt ist es aber schwierig Gott zu finden, deswegen müssen die betroffenen Helden ihren Verlust oft mit geistigen Problemen einbüssen. Der Mensch kann somit problemlos auf die Unsterblichkeit verzichten, da sie ihm unbekannt ist, die Absage an Gott kann für ihn aber schwerwiegende Folgen haben, deren er sich bewusst ist. Der verwaiste Mensch, der den Gott-Vater für immer verloren zu haben glaubt, wird plötzlich einsam und verzweifelt, was besonders bei sensiblen Protagonisten zur Melancholie oder sogar zum Wahnsinn führen kann. Die Welt bleibt wider Erwarten ohne die göttliche Sinngebung, so dass der Mensch gezwungen ist, aufs Neue einen Sinn zu suchen. Dabei muss er sich selbst bestimmen, denn er kann sich nicht mehr als Abbild Gottes betrachten und sich auf keine Autorität berufen. Diese Problematik, die man in der Literaturforschung der Romantik oft als das Ringen zwischen Himmel und Erde bezeichnet hat, spiegelt romantische Überlegungen des Menschen zur Welt und sich selbst wieder, wobei die Auseinandersetzung mit den alten sowie die Suche nach den neuen Werten und Prioritäten in diesem geistigen Prozess eine wichtige Rolle spielt. Nicht zu vergessen ist in diesem Kontext auch der zunehmende Zwiespalt zwischen Glauben und Wissen, der die Wertsetzung wesentlich beeinflusst.

Infolge der Veränderungen in der Gott-Auffassung hat sich auch die Haltung des Menschen zur Religion geändert, die in eine große Krise geraten ist. Unter dem Einfluss aufklärerischer Denkansätze möchte sich der moderne Mensch der Religion bemächtigen und Gott auf der Erde selbstherrlich ersetzten. Die Idealisten erheben Gott zur höchsten Idee, es besteht aber die Gefahr, dass Gott subjektiv von jedem Individuum lediglich als Sammlung göttlicher Prädikate charakterisiert wird. Das früher einheitliche Bild Gottes wird somit in Einzelvorstellungen vom göttlichen Wesen zerfallen müssen. Eine andere religiöse Tendenz setzt sich auch in der Suche Gottes in der Natur fort. Eine Gruppe von Menschen möchte, wie die Mystiker, einen unmittelbaren Kontakt zu Gott finden, oder wie die Pantheisten, Gott im ganzen Weltall wiedererkennen[415]. Die neue Denkweise deutet auch auf eine fortschreitende Ästhetisierung des Lebens hin, die das Bedürfnis nach religiösem Erlebnis auch durch eine Kunstreligion ersetzten möchte[416] (*Godwi*). Aber auch diese Versuche werden von Bonaventura in den *Nachtwachen* als bloßes Nichts entlarvt.

In diesem Zusammenhang wird der Mensch gezwungen, seine Stellung im Universum neu zu bedenken. Angesichts des drohenden Zerfalls in der gottlos gewordenen Welt, die dem Sturz in den Abgrund des Nichts nahe ist, scheint das menschliche Leben nichtig und nichtswürdig zu sein. Die trübsinnige Stimmung wird noch durch den Gedanken über die Materialisierung der Welt verstärkt, da sie den früheren Sinn des Lebens bezweifelt. Außerdem bewirkt die materialistische Weltdeutung eine Entfremdung des Menschen von der geistlosen Natur, die ihn einerseits beängstigt, andererseits aber in ihm Gefühle der Öde und Langeweile erweckt. Dementsprechend anerkennen viele Helden (Balder, Lovell, Roquairol, Schoppe, Danton) die Nichtigkeit des Lebens. Die Erde wird nämlich als ein krankhafter oder leidenschaftsvoller Platz (Giannozzo) empfunden, der dem Menschen zur Last wird (*Nachtwachen, Lenz, Dantons Tod*) und sich schließlich lediglich als völliges Nichts (*Nachtwachen, Titan*) entpuppt. Die so verstandene menschliche Existenz wird dem Menschen zur Qual und wird dann entweder von ihm verachtet oder aber ihm zur Gewohnheit.

Um die unerträglich gewordene Realität besser ertragen zu können, bedienen sich die Helden der Phantasie, die einerseits die Wirklichkeit verschönert und idealisiert, andererseits aber den Menschen in der Welt- und Selbstdeutung

---

[415] Brentano *Godwi...* S. 298-302.
[416] Ebd. S. 470.

blendet. Die schöne und von den Romantikern so oft verherrlichte Natur wird als eine Scheinrealität demaskiert (*William Lovell, Titan, Nachtwachen, Lenz, Dantons Tod*), die die voranschreitende Verwesung der Erde zu verbergen sucht. Die Entwirklichung der realen Welt wird dann nach der Entdeckung der Wahrheit um so schmerzlicher empfunden. Außerdem führen Phantasievorstellungen von der Welt sowie anderen Menschen zum Selbstbetrug und dann unabdingbar zum Konflikt mit der Umgebung und im Extremfall zu seelischen Störungen. Oft kommt es vor, dass die Menschen nicht mehr fähig sind, ihr Vorstellungsbild von der Realität zu unterscheiden, so dass sie - von anderen verachtet - der Einsamkeit (William Lovell) oder dem Wahn (Balder) verfallen. Das Gefühl der Entfremdung wird oft noch durch eine Verwirrung der Gefühle verstärkt, wenn die Helden in sich selbst hineinschauen. Unerwartet entdecken sie in der Tiefe ihrer Seele nur Chaos und Leere (William Lovell, Godwi, Roquairol, Schoppe, Balder). Die Flucht vor der kaum zu ertragenden äußeren Welt in sich selbst kann in diesem Zusammenhang nicht als Lösung, sondern eher als Verstärkung der Qualen empfunden werden.

Eine große Rolle bei der Welt- und Selbsterfassung des Menschen spielt auch der Idealismus, dem man den Vorwurf einer verklärten Deutung der Welt gestellt hat. Zugleich wurde auch die unbeschränkte Subjektivität kritisch betrachtet, besonders wenn sie sich letztendlich als schrankenlose Willkür der Ichsucht erwiesen hat. Auf die Gefahren des unerschöpflichen Ichs wird besonders von Schoppe (*Titan*) hingewiesen. Kritisiert wird auch die eindeutig subjektive Erfassung der Welt, in der das Individuum nach seinen Vorstellungen und Erwartungen dem Leben frei einen bestimmten Sinn beilegen kann abgesehen von universalen Werten und Prioritäten. Der übersteigerte Subjektivismus wird bloßgestellt und dann schließlich als Nichtigkeit erkannt (*William Lovell*).

Von Bedeutung für die Bestimmung der Weltbetrachtung ist auch die skeptische Haltung, die alles in Zweifel zieht. Die Skeptiker selbst aber sehnen sich nach einem Prinzip im Leben, an das sie sich doch halten können, was zur Manipulierbarkeit führt (*William Lovell*). Außerdem erweist sich die ständige Infragestellung der Lebensgrundsätze als Gefährdung für die menschliche Existenz, die dann leer und langweilig erscheint. Die vom Schicksal, von der Geschichte oder von der Notwendigkeit determinierten Helden empfinden ihr Leben als Qual und versuchen sich von ihren existenziellen Leiden durch die Absagen an das Leben selbst zu befreien (Roquairol, der Poet aus den *Nachtwachen*, Lenz, Danton). All diese Zweifel und die unerträgliche Empfindung der Schmerzen sowie die Enttäuschung im Leben führen nicht nur zum Sinnverlust, sondern auch zur Erhebung des Nichts zum alleingültigen Grundsatz der irdischen Existenz.

Schon in der *Rede des toten Christus...* wird darauf hingewiesen, dass in der gottlos gewordenen Welt alles unweigerlich im Nichts münden muss[417]. Dieser Gedanke wird dann in späteren Werken der Romantik noch verstärkt. Von der Nichtigkeit des Lebens schreibt in seinen Tagebüchern der alte Burton[418] (*William Lovell*). Über das nichtige Dasein klagt auch Roquairol[419], der nicht mehr fähig ist, in seinem Leben überhaupt an etwas zu glauben, da ihm alles völlig nichtig und zugleich verächtlich erscheint. Er behauptet, sich „in Gift betrunken [zu haben, indem er] die Giftkugel, die Erdkugel verschluckt [hat]"[420]. Deshalb kann er weder jubeln noch jammern. Der totale Verlust jeglichen Sinns der irdischen Existenz führt so zum völligen Unglauben. Seine innere Leere sucht er noch mit Leidenschaft zu erfüllen, schließlich aber bekennt er: „Die Freude ist schon etwas wert, weil sie etwas verdrängt, eh man sich mit schwerem Haupte niederlegt ins Nichts"[421]. Mit dieser Aussage beweist er noch einmal deutlich die Vergeblichkeit all der menschlichen Bemühungen, ihrem Leben Sinn zu verleihen, da letztendlich alles dem Nichts verfallen muss. Man kann zwar vorübergehend diesen trüben Gedanken mit Genusssucht zu verdrängen suchen, aber dies hilft nur wenig. In diesem Zusammenhang wird die menschliche Existenz von Roquairol mit einer tragischen Muse verglichen, die zuerst vom Sinngenuss erfüllt, lebhaft erscheint, plötzlich aber des Lebens müde wird[422]. Ähnlich urteilt Schoppe über das Leben, das als durchsichtiges Nichts entpuppt wird. Die Überlegungen über das Nichts erreichen ihren Kulminationspunkt in den *Nachtwachen des Bonaventura*[423]. Nicht nur die gottlos gewordene Welt wird vom Nichts determiniert, sondern auch das Jenseits, das als eine leere und ewige Nichtigkeit bezeichnet wird[424].

---

[417] Vgl. Kap. 4.1. Metaphysische Werte.
[418] Er behauptet: „Das Leben und alles darin ist nichts, alles ist verächtlich und selbst, dass man die Verächtlichkeit bemerkt." Tieck *William Lovell...* S. 411.
[419] Siehe: Jean Paul *Titan...* S. 797.
[420] Ebd. S. 514.
[421] Ebd. S. 517.
[422] Roquairol bemerkt: „Längst war mir das Leben eine tragische Muse." (Jean Paul *Titan...* S. 518). Dann aber stellt er fest: „das Opium des Lebens macht nur anfangs lebhaft, dann schläfrig! Gern will ich nicht mehr lieben, wenn ich sterben kann." (Ebd. S. 521).
[423] Als Beweis für diese These kann man folgende Aussage Kreuzgangs zitieren: „Das Leben ist nur das Schellenkleid, das das Nichts umgehängt hat, um damit zu klingeln und es zuletzt grimmig zu zerreißen und von sich zu schleudern. Es ist alles Nichts und würgt sich selbst auf und schlingt sich gierig hinunter, und eben dieses Selbstverschlingen ist die tückische Spiegelfechterei, als gäbe es etwas, da doch, wenn das Würgen einmal innehalten wollte, eben das Nichts recht deutlich zur Erscheinung käme, dass sie davor erschrecken müssten; Toren verstehen unter diesem Innehalten die Ewigkeit, es ist aber das absolute Nichts und der absolute Tod, da das Leben im Gegenteile nur durch ein fortlaufendes Sterben entsteht." *Nachtwachen...* S. 75. Dazu siehe auch S. 141-142.
[424] Auch Schoppe im *Titan* macht auf das Jenseits als eine Himmelfahrt ins zukünftige Nichts aufmerksam. Jean Paul *Titan...* S. 734. In den *Nachtwachen...* wird die Nichtigkeit nach

Mit dieser Problematik setzt sich auch Georg Büchner auseinander. Im Drama *Dantons Tod* wird nämlich das Nichts als „der zu gebärende Weltgott"[425] enträtselt. Angesichts der Ablehnung Gottes, der einerseits für die chaotische und verfaulte Welt als verantwortlich erklärt, andererseits aber als nicht allmächtig und sogar als böse bezeichnet wird, entdeckt der Mensch eine Leere, hinter der nur das Nichts lauert. Dantons Zweifel können, wie Büttner es richtig hervorhebt, nur durch den christlichen Glauben hervorgerufen seien. Dem alleinigen und allmächtigen, liebenden und gnädigen Gott wird der böse, quälende und zerstörende Satan entgegengestellt[426]. Dann aber könnte der Versuch gewagt werden, Gott selbst für die menschlichen Qualen an der irdischen Existenz verantwortlich zu machen. Benno von Wiese stellte in diesem Kontext die Vermutung an, Gott könne seine Weltschöpfung verfehlt haben und selbst an seinem Werk leiden. Dementsprechend könnte zusätzlich sogar von „einer Ermordung Gottes durch die Nichtigkeit des [menschlichen] Seins"[427] die Rede sein, so dass nur das allumfassende Nichts an eine dem Menschen übergeordnete Stelle treten könnte.

Der an seiner Existenz leidende Mensch empfindet sich selbst oft als nichtig und bedeutungslos. Die erste Klage über die Nichtswürdigkeit des Menschen erhebt schon William Lovell:

„Wenn ich an mich selbst denke, ich fühle meine ganze Nichtswürdigkeit, wie jetzt nichts in mir zusammenhängt, wie ich o gar nichts bin, nichts, wenn ich richtig mit mir verfahre"[428].

Von ähnlichen Bedenken ist auch Godwi gequält[429], der ebenfalls auch überlegt, was für den Menschen besser wäre, Sein oder Nichtsein. Dieselbe Frage beschäftigt den Nachtwächter aus den *Nachtwachen...*, zuerst in der angespannten Atmosphäre einer dunklen Nacht und dann im Tollhaus, als er das Hamletische Dilemma erneut zu ergründen sucht: „Sein oder Nichtsein! [...] Ich hätte das Sein erst um das Sein selbst befragen sollen, dann ließe sich nachher auch über

---

dem Tod dreimal angesprochen, zuerst von Kreuzgang in der Aussage über den sterbenden Freigeist („Er schaut blaß in das leere Nichts, wohin er nach einer Stunde einzugehen gedenkt, um den traumlosen Schlaf auf immer zu schlafen", S. 6-7), dann vom Poeten („Ich hinterlasse nun nichts und gehe dir trotzig entgegen, Gott oder Nichts!", S. 71) und zuletzt von dem Wahnsinnigen im Irrenhaus, für den es keine Unsterblichkeit gibt, sonder nur „hinunterstürzten in das ewige Nichts" S.117.
[425] Büchner *Dantons Tod...* S. 80.
[426] Büttner *Büchners Bild vom Menschen...* S. 10.
[427] Wiese *Georg Büchner...* S. 523.
[428] Tieck *William Lovell...* S. 559.
[429] Godwi fragt verzweifelt: „Habe ich denn nichts, wenn man mir nichts giebt, und bin ich denn nichts, wenn ich nicht durch die Augen eines anderen gesehen werde?" Brentano *Godwi...* S. 106. Zum Sein oder Nichtsein siehe ebd. S. 161.

das Nichtsein etwas Gescheutes ausmitteln"[430]. Der Gedanke von der Nichtigkeit des Lebens lässt nicht nach, sondern ganz im Gegenteil gewinnt immer mehr an Bedeutung, zumal der Nachtwächter zu seinem Erstaunen auch tief in seinem Innern das allein mächtige Nichts entdeckt[431]. Das Nichts droht sich über alle Bereiche des menschlichen Lebens auszubreiten, was in der Traumvision des Nachtwächters in folgenden Worten deutlich zum Ausdruck kommt:

„Es war mir, als stände ich dicht am Nichts und rief hinein, aber es gäbe keinen Ton mehr – ich erschrak, denn ich glaubte wirklich gerufen zu haben, aber ich hörte mich nur in mir. [...] Es dünkte mich, als entschliefe ich. Da sah ich mich selbst mit mir allein im Nichts, nur in der weiten Ferne verglimmte noch die letzte Erde, wie ein auslöschender Funken – aber es war nur ein Gedanke von mir, der eben endete [...]. Ich hatte jetzt aufgehört alles andere zu denken, und dachte nur mich selbst! Kein Gegenstand war ringsum aufzufinden, als das große schreckliche Ich, das an sich selbst zehrte, und im Verschlingen stets sich wiedergebar. [...] Die Abwechslung war zugleich mit der Zeit verschwunden, und es herrschte eine fürchterliche ewig öde Langeweile. Außer mir versuchte ich mich zu vernichten – aber ich blieb und fühlte mich unsterblich!"[432]

Diese Beschreibung knüpft eindeutig an die Traumvision der *Rede des toten Christus...* von Jean Paul an, in der Gottes Tod verkündet wird. Im Gegensatz zu den *Nachtwachen* endet der schreckliche Traum von Gottes Verlust jedoch mit großer Freude, da der Mensch Gott wieder anbeten kann. Es heißt also, dass somit die göttliche Ordnung auf der Erde weiterhin unerschüttert bleibt. Dem Nachtwächter indes hilft das Erwachen aus seinem schrecklichen Traum nicht, weil das sich in der Welt verbreitende Gefühl des unumschränkten Nichts am Ende des Romans dreimal wiederholt wird[433]. Auf diese Weise werden die Hoffnungslosigkeit des Menschen sowie seine sinnlose und ausweglose Lage noch einmal deutlich hervorgehoben und bestätigt.

Die Verzweiflung des Menschen hängt aber nicht nur mit dem Bewusstsein des allumfassenden Nichts zusammen, sondern auch mit der Geringschätzung und Bedeutungslosigkeit seines Selbst, auf all die nihilisierenden Helden

---

[430] *Nachtwachen...* S. 120. Zu nächtlichen Überlegungen zum Lebenssinn siehe noch S. 87. („Soll ich den Tod betrügen um das Bettlerleben? Beim Teufel ich weiß es ja nicht, was besser ist – Sein oder Nichtsein!")
[431] „Das ist ja schrecklich einsam hier im Ich, wenn [...] ich mich selbst anschauen will - alles verhallender Schall ohne den verschwundenen Ton – nirgends Gegenstand, und ich sehe doch – das ist wohl das Nichts, das ich sehe!" Ebd. S.93.
[432] Ebd. S. 122.
[433] „Ich streue diese Handvoll väterlichen Staub in die Lüfte und es bleibt – Nichts! Drüben auf dem Grabe steht noch der Geisterseher und umarmt Nichts! Und der Widerhall im Gebeinhause ruft zum letzten Male – Nichts!" – *Nachtwachen...* S. 143.

(William Lovell, Balder, Roquairol, Schoppe, Nachtwächter, Lenz, Danton) hinweisen[434].

Das Gefühl der Sinnlosigkeit der Welt und des Menschen wird noch in der Metapher verstärkt, der zufolge die Welt als Theater und das menschliche Wesen nur als eine bedeutungslose Marionette zu bezeichnen wären. Im Unterschied zu früheren Zeiten, in denen die Menschen auf ein besseres Leben im Jenseits hoffen konnten, bleibt den Zeitgenossen der Romantik infolge der Infragestellung Gottes solch eine Lösung versagt. Viel mehr sind sie von der Nichtswürdigkeit der Welt überzeugt, auf die sie glauben keinen Einfluss zu haben. Diese Ansicht wird noch von dem Gefühl des ewigen Rollenspiels begleitet, weswegen die freie Handlungsfähigkeit des Menschen in Frage gestellt wird. Außerdem droht der Mensch infolge der ihm auferlegten verschiedenen Rollen seine Identität zu verlieren, wovon das Leben von Ophelia aus den *Nachtwachen* zeugen kann[435]. Da der Mensch jedoch von einer höheren und ihm unbekannten Macht gezwungen wird, ungewollt an dem Lebensspiel teilzunehmen, empfindet er seine Existenz als ein Verhängnis und eine Last, gegen die er freiwillig nichts unternehmen kann. Die daraus resultierende Geringschätzung des Lebens führt oft zu Enttäuschung und Langeweile und in Extremfällen sogar zum Sinnverlust.

Nicht zu unterschätzen in der Lebens- und Selbstauffassung des Menschen ist die Rolle von Notwendigkeit, Zufall und Schicksal, die bis zum Determinismus (*Dantons Tod*) oder sogar zum Fatalismus (*Die Elixiere des Teufels*) fortschreiten können. In diesem Zusammenhang erscheint die menschliche Existenz oft als Spiel dieser dem Menschen überlegenen Kräfte, wobei er selbst auf eine bedeutungslose Marionette herabgesetzt wird. In einer so verstandenen Welt ist es kaum möglich, für das Leben einen Sinn zu finden. Vielmehr ist der Mensch in seinen Gedanken zerstreut und zugleich vom Gefühl der ständigen Leiden und Qualen erfüllt.

Die kurze Analyse der Veränderung in der Welterfassung des Menschen der Romantik zeigt, dass besonders die Infragestellung Gottes und somit der göttlichen Ordnung gewisse Probleme mit sich brachte. Der Mensch hat nämlich dank seiner Vernunft große Schwierigkeiten, die Welt sowie sich selbst, neu zu bestimmen. Einerseits fühlt er sich stark genug, Gottes Stelle auf Erden selbstherrlich zu übernehmen, andererseits wird er von Zweifeln bewegt und fühlt sich dementsprechend in der von ihm als sinnlos empfundenen Welt plötzlich

---

[434] Unter den Zitaten zu diesem Problem, sind an dieser Stelle besonders die Aussagen von Roquairol und dem Nachtwächter zu erwähnen. Roquairol meint: „Mir ist dann, als wäre ich nichts gewesen." (Jean Paul *Titan...* S. 516). In der Bemerkung von Kreuzgang tritt das Gefühl der Verzweiflung hervor, indem er bemerkt: „Jetzt sah ich's recht, wie der Mensch als Mensch nichts mehr gilt und kein Eigentum an der Erde hat, als was er sich erkauft oder erkämpft." (*Nachtwachen...* S. 61).

[435] *Nachtwachen...* S. 118-119. Mehr dazu siehe auch Kapitel 4.4. *Leben als Nichtigkeitsspiel und Mensch als Marionette*.

schwach und nichtig. Dieser innerliche Konflikt kann seelische Probleme verursachen, oder zum hedonistischen sowie leidenschaftlichen Lebensgenuss führen, der sich doch angesichts des allumfassenden Nichts letztendlich als vorübergehende Zerstreuung erweist.

Die Gesamtheit der quälenden Zweifel und Überlegungen zum menschlichen Dasein, die man als nihilistische Gedankenexperimente bezeichnen kann, scheint sich unweigerlich der Überzeugung von einem völlig sinn- und wertlosen Leben zu nähern. Die Unsicherheit des Menschen, die in Angstzuständen, Melancholie oder sogar Wahnsinn zum Ausdruck kommt, wird von Leere, Langeweile sowie dem Gefühl der menschlichen Handlungsunfähigkeit und Bedeutungslosigkeit begleitet. All diese Bedenken haben auch ihren Anteil an der fast endgültigen Anerkennung der Nichtigkeit der Welt und des Menschen selbst.

Gibt es in einer von den romantischen Helden so pessimistisch erfassten Welt überhaupt noch irgendwelche Werte und Prioritäten, die angesichts der nihilistischen Gedanken bewahrt werden können? Trotz der menschlichen Überzeugung von der, wie Friedrich Gaede zu Recht betont, sog. „verkehrten Welt"[436], also mangelhaften Wirklichkeit, in der traditionelle Normen und gültige Sinnsetzungen versagen, unternimmt der Mensch demnach den Versuch, einen Sinn im Leben zu finden.

In der romantischen Literatur gibt es Helden, die ihrem Leben durch die Liebe Sinn zu verleihen versuchen, wovon die Aussage Roquairols zeugen kann: „Da das Dasein nun nichts wird [...], nur ein fades Schau-Spiel: so ist dem Menschen noch ein Himmel offen, der ihn aufnimmt, die Liebe"[437]. Nicht jeder ist indes fähig, wahre Liebe zu empfinden und verwechselt sie dann mit Sinnlichkeit oder Wollust. Protagonisten dieses Typs sind William Lovell, Godwis Vater sowie Roquairol. Lovell als romantischer Schwärmer glaubt, eine große Liebe zu Amalie Wilmont zu empfinden, trotzdem aber verlässt er England und sein geliebtes Mädchen, ohne gegen den Entschluss seines Vaters etwas zu unternehmen. Seine Gefühle zu Amalie werden dann einer Probe unterzogen als er in Frankreich von Louise Blainville verführt wird. Der junge Lovell ist nicht stark genug, sich den sinnlichen Genüssen des Lebens zu entziehen und trotz der Warnung seines Freundes Balder[438] lässt er sich von seinem sinnlichen Verlangen zum Betrug an Amalie und ihrer Liebe verleiten. Sein Glück dauert jedoch nicht lange, da er sich plötzlich seiner Unwürdigkeit gegenüber der reinen Liebe von Amalie bewusst wird. Deswegen möchte er sich durch die Heirat Amalies

---

[436] Siehe: Friedrich Gaede: *Humanismus, Barock, Aufklärung. Geschichte der deutschen Literatur des 16. bis 18. Jahrhunderts;* München 1971, S. 80.
[437] Jean Paul *Titan...* S. 797.
[438] Balder erkennt in Lovells Begeisterung von Louise nur sinnliches Verlangen indem er in einem Brief an Lovell meint: „Ich sehe in Deiner neuen Liebe nichts, als eine feinere Sinnlichkeit". Tieck *William Lovell...* S. 81.

vor jeglicher Versuchung seiner Sinnlichkeit schützen. Da der Vater an Lovells Liebe zu Amalie zweifelt und sie lediglich als eine sanfte Empfindsamkeit bezeichnet, versagt er dem Sohn seine Einwilligung. Diese Entscheidung führt aber indirekt dazu, dass sich Lovell unter dem Einfluss von Rosa auf ein genussvolles Leben einlassen möchte. Seiner Genusssucht folgend scheut er keinen Betrug, um andere Mädchen zu verführen (Rosaline und Emilie Burton), und sie dann sorglos zu verlassen, woran sie zugrunde gehen. Lovells Verhalten zeugt jedoch nicht eindeutig von einer vorgeplanten Verführung, um einfach seinem sinnlichen Verlangen freien Lauf zu lassen. Besonders in der Liebe zu Rosaline, meint er sein Glück und einen Sinn im Leben gefunden zu haben, plötzlich aber fühlt er sich enttäuscht und von dem Mädchen und in seiner Freiheit eingeschränkt, so dass er sie betrügt und verlässt.

Lovell wird in seinem Leben nicht glücklich, da ihn die Erfüllung seiner Träume und Wünsche nicht zufriedenstellen kann. Er wird von einem ständigen und unersättlichen genussüchtigen Verlangen getrieben, ohne seine Bedürfnisse je stillen zu können[439]. Dementsprechend empfindet er sich selbst sowie die Welt als nichtswürdig und die menschliche Existenz als nichtig und ohne jeglichen Sinn, bis er letztendlich in der Abgeschiedenheit „die Welt vergessen und ganz von ihr vergessen werden"[440] möchte. Vergebliche Suche nach dem Sinn im Leben zeichnet auch Balder aus, der von ständiger innerer Unruhe beherrscht wird, so dass er keine Ruhe finden kann und schließlich dem Wahn erliegt.

In diesem Zusammenhang sei die Meinung von Hans Esselborn zitiert, der behauptet, dass „sich zwar im Verhalten der Figuren sowie in den Vorgängen des Romans ein Sinnverlust ausdrücken kann", was aber nicht bedeuten muss, dass „die Sinnlosigkeit der Welt und des Lebens [dort] wirklich behauptet wird"[441]. Deswegen wirft er Hans-Geert Falkenberg vor, in seinem Werk *Strukturen des Nihilismus im Frühwerk Ludwig Tiecks* die Ansichten der Figuren des Romans *William Lovell* zu voreilig wie eine objektive Beschreibung von Mensch und Welt zu behandeln. Dieser Ansicht könnte man zustimmen, besonders da sie einerseits die Einführung des Begriffes „nihilistische Gedankenexperimente" hinsichtlich existenzieller Bedenken romantischer Helden bestätigt, andererseits aber die unbewiesene Verwendung des viel umfangreicheren Phänomens des Nihilismus in diesem Kontext ablehnt[442].

---

[439] Ebd. S. 272.
[440] Ebd. S. 647.
[441] Esselborn *Der „Nihilismus" in Ludwig Tiecks „William Lovell"* ... S. 6.
[442] Esselborn zufolge war der Roman vom Autor selbst lediglich als Auseinandersetzung mit der Aufklärung und dem Geniekult gedacht (Ebd. S. 6). Als Beweis für seine These führt er einige Sätze aus dem Vorwort zur 2. Auflage (von 1813) und der 3. Auflage (von 1828) des Romans *William Lovell* an. Hinsichtlich dieser Zitate stellt Esselborn fest, dass Tieck selbst somit die Möglichkeit des Nihilismus nicht erkannt und dementsprechend so eine Interpretation seines Werkes ausgeschlossen habe. Zusammenfassend bemerkt Esselborn

Die große Hoffnung, dass Liebe dem Leben einen Sinn geben könnte, hegt auch Godwis Vater. Obwohl er Maria Wellner trotz der Hindernisse heiraten kann und sie ihm einen Sohn gebiert, hat sie ihren geliebten Joseph, den sie für verstorben hielt, nicht vergessen. Als sie ihn aber zufällig sieht, stürzt sie sich ins Meer und ertrinkt. Godwi wird wieder einsam und verbittert, obwohl er seinen Sohn Karl erziehen kann. Er zieht sich ins Geschäftsleben zurück, um sich dadurch in seiner Trauer zu zerstreuen.

Im Gegensatz zu Godwis Vater ist für Roquairol nach dem Scheitern seiner großen Liebe zu Linda de Romeiro das Leben so unerträglich geworden, dass er Selbstmord begeht. Diese Liebe war für ihn die allerletzte Chance, seiner von Leere und Langeweile beherrschten Existenz einen höheren Sinn zu verleihen. Sobald er jedoch die geliebte Frau infolge eines Betrugs zur körperlichen Liebe verleitet, worauf sie schwanger wird, hat er mit seiner verbrecherischen Tat den letzten ihm heiligen Wert verdorben. Vorher versucht er noch, die Liebe zu Rabette in sich zu erwecken, ist dann aber davon überzeugte, dass sein Verhältnis zu ihr eigentlich nur auf Sinnlichkeit beruht. Dementsprechend sobald er sie von einer romantischen Stimmung bewegt verführt hat, kann er dann Anwesenheit nicht mehr ertragen und beginnt sie zu meiden. Der Erzähler bemerkt dazu: „Die Männer versündigen sich am leichtesten aus Langerweile an guten, aber langweiligen Herzen"[443]. Roquairols anfängliches Bedauern wird schnell überwunden und durch Gleichgültigkeit ersetzt, die dann sogar in einen Racheakt mündet, vgl. den Brief an seinen Freund Albano: „Ich mache deine Schwester unglücklich, du meine und mich dazu; das hebt sich auf gegenseitig"[444]. Selbst diese Rache war jedoch nicht ausreichend, um das als nichtig empfundene Leben fortzusetzen.

Außer der Suche nach Liebe, unternehmen einige Helden den Versuch, Gott wieder zu finden, um den verlorenen Lebenssinn aufs Neue zu gewinnen. Obwohl Schoppe das Jenseits in Frage stellt und Gott selbst bezweifelt, ist sein

---

noch, dass William Lovell zwar „den Eindruck der seelischen und geistigen Verwirrung vermitteln kann, aber keine poetische Diagnose des Nihilismus" darstellen möchte (S. 19). In meiner Auffassung, schließen die einzelnen Kommentare von Tieck zum Roman *William Lovell* seine andere Auslegung nicht aus. Vielmehr erfüllen die zitierten Stellen eine andere Aufgabe, die darin besteht, auf wichtige Aspekte des Werkes hinzuweisen. Die verschiedene Gesichtspunkte, die in diesem Roman behandelt werden, ermöglichen, meiner Ansicht nach, ihre Analyse im Kontext der nihilistischen Gedankenexperimente, die sowohl der geistigen Diskussion um den Nihilismus (die erst um die Jahrhundertwende vom 18. auf 19. Jahrhundert von Jacobi ausgelöst wurde) als auch dem Phänomen selbst voranschreiten.

[443] Jean Paul *Titan...* S. 513.
[444] Ebd. S. 515.

ganzes Leben davon bestimmt, den Ewigen Gott wiederzuentdecken[445]. Auch Lenz möchte Beweise für Gottes Existenz finden und fordert den Allmächtigen zur Belebung eines verstorbenen Mädchens auf. Trotz der misslungenen Versuche Gottes Wundertat zu erleben und der zunehmenden Angst vor der Leere und dem allumfassenden Nichts, „suchte er nach etwas, wie nach verlorenen Träumen, aber er fand nichts"[446].

Die Frage nach dem Sinn oder gar der Sinnlosigkeit des Lebens wird - wenn auch indirekt - auch in der Geschichte des Mönchs Medarus (*Elixiere des Teufels*) gestellt. Diese Tendenz lässt sich besonders im Kontext der Determination des Helden durch den Fatalismus beobachten. Medarus bekennt nämlich:

„Das Leben lag vor mir wie ein finstres, undurchschauliches Verhängnis, was konnte ich anders tun, als mich in meiner Verbannung ganz den Wellen des Stroms überlassen, der mich unaufhaltsam dahinriß. Alle Faden, die mich sonst an bestimmte Lebensverhältnisse banden, waren zerschnitten und daher kein Halt für mich zu finden"[447].

Wie Monika Flick zu Recht betont, spielt in diesem Werk der Traum eine besonders große Rolle, da es sich darin „um die Prinzipien des Lebens geht"[448]. Ihrer Meinung nach, kommt vor allem dem Traum des Medarus eine wesentliche Bedeutung zu, der den Mönch zum Aufbruch aus Rom und zur endgültigen Heimreise veranlasst[449] und damit zur Aufgabe des sündhaften Lebens veranlasst.

In den hier untersuchten Werken von Jean Paul bis Georg Büchner muss im Kontext der voranschreitenden Säkularisierung des Lebens auch die Frage nach der Auffassung von Moral und von Gut und Böse gestellt werden. Die christlichen Moralgesetzte werden nämlich von den Idealisten oft missachtet, da

---

[445] Davon zeugt die Aussage über Schoppe: „denn etwas Höheres, als das Leben, suchtest du hinter dem Leben, nicht dein Ich, keinen Sterblichen, nicht einen Unsterblichen, sondern den Ewigen, den All-Ersten, den Gott". Ebd. S. 853.

[446] Büchner *Lenz...* S. 5. Es muss betont werden, das die Existenz des überempfindlichen Lenz ständig von Angstgefühlen begleitet wird, besonders wenn sie in der Empfindung des Nichts und in der Nacht an Stärke zunehmen: „Es fasste ihn eine namenlose Angst in diesem Nichts: er war im Leeren" (S. 6); „das Licht war erloschen, die Finsternis verschlang alles; eine unnennbare Angst erfasste ihn [...]" (S. 7-8); „Aber nur solange das Licht im Tale lag, war er ihm erträglich; gegen Abend befiel ihn eine sonderbare Angst;" (S. 9); „[...] und er dann stockte und eine unaussprechliche Angst sich in seinen Zügen malte, [...]" (S. 27); „in der heftigsten Angst" (S. 28); „in Augenblicken der fürchterlichsten Angst" (S. 29).

[447] Hoffmann *Elixiere des Teufels...* S. 90.

[448] Monika Flick: *E.T.A. Hoffmanns Theosophie. Eine Interpretation des Romans Elixiere des Teufels;* in: Literaturwissenschaftliches Jahrbuch 66(1995) Berlin, S. 105.

[449] Mehr dazu siehe ebd. S. 105. Monika Flick beruft sich auf den Traum, in dem die Symbole von Feuer und Wasser erscheinen, im Werk siehe: Hoffmann *Elixieren des Teufels...* S. 286-288.

sie subjektiver Freiheit und subjektiver Weltbetrachtung folgend, häufig gegen die christliche Lehre verstoßen. Das heißt aber lange noch nicht, dass die Idealisten absichtlich und gezielt gegen die Moral vorgehen. Vielmehr handelt es sich hier um die Entfaltung der eigenen Persönlichkeit im umfangreichen Prozess der Individualisierung der Menschen in der Gesellschaft. Außerdem muss hier auch ausdrücklich betont werden, dass die meisten Protagonisten wie William Lovell, Godwis Vater, Roquairol oder sogar Franz (der Mönch Medarus, kein Idealist) in ihrer Entwicklung erst in der Reifezeit begriffen sind, was zu bedeuten hat, dass sie Lebenserfahrung sammeln und dementsprechend auch ihre Lebensgrundsätze immer wieder revidieren. Nichtsdestoweniger werden sie in ihrem Handeln oft von der Sinnlichkeit zum Bösen verleitet, dem sie nicht wiederstehen können, indem sie zuerst die Mädchen verführen und sie dann sorglos verlassen (William Lovell – Rosaline und Emilie Burton; Godwis Vater – Molly; Roquairol – Rabette und Linda; die einzige Ausnahme bildet hier Mönch Medarus, der der Verführung von Aurelie widerstehen kann).

Sehr häufig werden diese Helden von ihrer Umgebung wegen moralisch fragwürdiger Taten als innerlich verfallene Menschen charakterisiert. Eduard Burton schreibt dem moralisch herabgesunkenen William Lovell ein bestimmtes Aussehen zu, und über den Jungen folgende Bemerkung äußert: „Er hat sich außerordentlich verändert, er ist bleich und entstellt, sein Auge unruhig, sein Blick starr, ganz das Bild eines Menschen der mit sich selbst zerfallen ist"[450]. Williams innerliche und äußerliche Veränderung wird auch seinem Diener Willy bewusst, der selbst gottgläubig sich einerseits um das unmoralische Verhalten des Jungen große Sorgen macht und ihn andererseits vor dem moralischen Untergang schützen möchte[451]. Seine Bemühungen, Lovell vom gottlosen Weg abzubringen, sind jedoch ohne Erfolg geblieben. Lovell selbst erkennt seine unmoralischen Taten erst nach dem Tode von Andrea Cosimo, den er für seinen größten Freund und einen Weisen hielt, der sich aber als sein größter Feind und Betrüger herausstellt und ihn nur für seine Rache benutzt. Früher war Lovell der Ansicht, dass der Mensch zwar edel, aber zugleich einem gefallenen Engel ähnlich sei[452], so dass er sich mit diesem Prinzip seine Schuld zu verdrängen suchte.

Godwis Vater, der in seiner Jugendzeit einige Mädchen verführt hat, bekennt seine böse Taten erst in seinen Erinnerungen:

„Ich habe immer eine große Anlage gehabt, Weibern, die sich mit ihrer Tugend breit machten, etwas die Ehre abzuschneiden, und ihre Tugend zu schmählern, damit die andern sich nicht so ängstlich drücken müßten, die ihre Tugend selbst schmählerten, und das that ich vielleicht gar des Wortspiels wegen. – Gott weiß, daß meine Wahrheit mein Unglück war!"[453]

---

[450] Tieck *William Lovell...* S. 445.
[451] Ebd. S. 194.
[452] Ebd. S. 313.
[453] Brentano *Godwi...* S. 415-416.

Man könnte annehmen, dass Godwi, seinem Jugendtrotz folgend, die Welt verändern wollte, wobei er aus ihm unerklärbaren Gründen böse handelt und Fehler begeht. So gibt er zu, Molly nicht absichtlich verletzt zu haben. Eigentlich kann er sich sein Verhalten selbst nicht erklären und wusste nicht, warum er so ein schlechter Mensch war und sich mit Molly nicht verbunden hat[454]. In diesem Zusammenhang weist auch Heide Eilert darauf hin, dass der junge Godwi seine Selbstverwirklichung (Lovell und Roquairol ähnlich) zuerst im schrankenlosen Lebensgenuss sucht[455]. Dann beabsichtigt er jedoch, durch die Liebe zu Maria samt Gründung einer Familie seiner inneren Leere und Zerstreuung zu entfliehen. Das hilft ihm nur vorübergehend seinem Leben Sinn zu geben, denn kurz nach der Heirat und der Geburt eines Sohnes stürzt sich seine geliebte Maria ins Meer und ertrinkt. Erst dieses Ereignis bewegt ihn zu einem tiefen Bedauern über seine Vergangenheit[456].

Die Schuldfrage betrifft auch Roquairol. So wie schon William Lovell und Godwis Vater will er seine innere Öde mit Hilfe der Liebe mit Leidenschaft erfüllen, aber er muss scheitern. Die Sinnlichkeit, die die Verführung Rabettes verursacht hat, kann die Liebe nicht ersetzen, so dass er das Mädchen dann unbekümmert verlässt, selbst aber auch unglücklich wird:

„In der Illuminationsnacht führte ihre Sehnsucht [gemeint ist Rabette] und meine Leerheit im Feuerregen der Freunde uns wärmer aneinander [...]. Und so sank die Unschuld deiner Schwester [gemeint ist Albano] ins Grab, und ich stand aufrecht auf dem Königssarg und ging mit hinunter. Ich verlor nichts – in mir ist keine Unschuld -, ich gewann nichts – ich hasse die Sinnenlust-; [...]"[457].

Albano wirft ihm den Verlust aller heiligen Werte, besonders des Lebens eines anderen Menschen vor. Roquairol aber bestreitet seine Schuld und hält sich ausschließlich für ein Vollzugsmittel des Schicksals[458], als ob er selbst nicht gehandelt hätte. An diesem Beispiel wird die Frage nach der menschlichen Abhängigkeit und Lenkung von den Notwendigkeiten besonders deutlich, so dass man vermuten könnte, dass das Geschick nihilistische Gedanken fordern oder unterstützen könnte, solange man sich an keine Tugenden oder Werte halten kann

---

[454] Ebd. S. 428.
[455] Heide Christiana Eilert: *Clemens Brentano „Godwi";* in: *Romane und Erzählungen der deutschen Romantik;* hg. von Paul-Michael Lützeler, Stuttgart 1981, S. 125-140, bes. S. 132.
[456] Davon zeugt die Bemerkung seines Sohnes, der meinte: „Mariens Tod, Josephs Elend hatten einen mächtigen Riß in sein Leben gemacht, er ward sehr melancholisch und überließ sich der Reue in einem fürchterlichen Grade." – siehe Brentano *Godwi...* S. 433.
[457] Jean Paul *Titan...* S. 518-519.
[458] Roquairol meint nämlich: „O ich habe sie wohl misshandelt, als wäre ich ein Schicksal uns sie ich." Siehe ebd. S. 518.

(wie im Falle Albanos). Den Einfluss des Zufalls auf die guten und schlechten Taten des Menschen beleuchtet auch Mortimer in einem Brief an Eduard Burton: „Von welchen Zufälligkeiten hing es nun vielleicht ab, dass ich nicht wirklich schlecht wurde? Und wer steht mir denn dafür, dass ich am Ende gut bin, wie ich es glaube[459]? Aber er findet keine Antwort auf seine Frage, ob das menschliche Handeln schon im voraus bestimmt werden könne.

In denselben Kontext der möglichen Abhängigkeit von einer höheren Macht könnte man auch die Schuldfrage[460] des Mönchs Medarus stellen. Von der äußeren Welt angelockt, verlässt er das Kloster und beginnt ein weltliches Leben. Infolge einiger Zufälle verwickelt er sich in eine Hofintrige, die mit dem unbeabsichtigten Mord eines Jungen endet und ihn in Schwierigkeiten bringt. Mit verschiedenen Ausreden und Lügen versucht er, vor dem Gericht der Strafe zu entgehen. Unerwartet wird er freigelassen. Aber von diesem Moment an wird er ständig vor seiner sündhaften Vergangenheit fliehen müssen. In seinem Leben steht er auch kurz davor, alle seine Klostergelübden unwiderruflich zu brechen und das bescheidene Mädchen Aurelien zu heiraten. Dann aber wird er von Bedenken gequält, durch seine Tat mit den heiligen, vor Gott abgelegten Versprechen ein freveliges Spiel zu treiben und konsequenterweise mit der unschuldigen Aurelien, die der Heiligen Rosalia ähnelt, in eine schwere und lebenslange Sünde zu geraten. Im Traum erscheint ihm seine Mutter, die ihn zum Wiederstand gegen die satanische Kräfte aufruft. Trotz all der Zweifel beschließt er, Aurelien doch zu heiraten. Am Hochzeitstag wird er jedoch vom Wahnsinn ergriffen, weswegen er das Mädchen verletzt und entflieht. Bisher war er fest davon überzeugt gewesen, in seinem Handeln von Zufällen gelenkt zu werden, ohne irgendwelchen Einfluss auf sein eigenes Leben zu haben[461]. Auf der Flucht gelingt es ihm, Deutschland zu verlassen und in Italien anzukommen. Erst dort, in einem Kloster von einem Bild der Heiligen Rosalia innerlich bewegt, entschließt er sich, in der Beichte alle seine früheren Vergehen zu gestehen. Somit hat er selbst, trotz früherer Leugnung, die Schuld für alle seine Taten anerkannt und zugleich bewiesen, dass man auch unter verschiedenen Umständen die Verantwortung nicht auf außermenschliche Kräfte abschieben sollte.

---

[459] Tieck *William Lovell...* S. 513.
[460] Ausführlicher zur Schuldfrage im Vergleich mit Dostojewkijs *Schuld und Sühne* siehe: Johannes Barth: *Eine Art „Schuld und Sühne" des romantischen Zeitalters;* in: *Wirkendes Wort* 48 (1998) S. 345-354.
[461] Mehrere Stellen im Buch weisen auf eine große Rolle des Zufalls und Schicksals im Leben von Medarus hin. Er selbst bekennt oft: „Mein eigenes Ich, zum grausamen Spiel eines launenhaften Schicksals geworden und in fremdartige Gestalten zerfließend, schwamm ohne Halt wie in einem Meer all der Ereignisse, die wie tobende Wellen auf mich hineinbrausten. Ich konnte mich selbst nicht wiederfinden! – Hoffmann *Elixiere des Teufels* ... S. 63. Es gibt auch viele Aussage, die von einer totalen Hingabe an den Zufall zeugen, wie zum Beispiel diese: „Ohne mich darum weiter zu kümmern, beschloß ich, dem mich zu fügen, was der Zufall über mich verhängt haben würde." – Ebd. S.64.

In den *Nachtwachen...* wird eindeutig auf die Veränderungen im menschlichen Denken im schwankenden Zeitalter[462] der Romantik hingedeutet. Der Nachtwächter bemerkt dazu, dass man die absoluten Werte sowie die Moral, völlig zu vermeiden sucht[463]. Infolge dessen sei alles im Leben voreilig und kunstlos zusammengefügt, so dass es weder echte Tugend noch echte Bosheit mehr gebe. Es herrsche eine alles umfassende Verwirrung, aus der der Mensch keinen Ausweg kenne. Als Beispiel wird hier ein heimliches Zusammentreffen von zwei Geliebten im Haus der Frau angeführt, die ihren Ehemann mit einem anderen betrügt.

Über Tugenden und Laster unterhält sich auch Danton mit Robespierre. Danton wirft seinem späteren Gegner vor, sich mit vielen Hinrichtungen für einen „Polizeisoldaten des Himmels"[464] zu halten, der auf Erden selbstherrlich Gott ersetzen möchte, indem er über Leben oder Tod anderer Menschen zu entscheiden beabsichtigt. Dantons Meinung nach handelt jeder Mensch seiner Natur gemäß und sollte von anderen nicht daran gehindert werden. Deswegen leugnet er sowohl die Tugend als auch das Laster, da man sie nur subjektiv betrachten kann. Danton bemerkt noch, dass es in seinem Zeitalter viel leichter zu sterben sei, als zu leben[465]. In diesem Zusammenhang überlegt er, ob es noch wert ist zu leben, da man dafür viel Mut brauche.

Mit der Moral setzt sich in diesem Drama auch Payne auseinander. Seinen Zeitgenossen wirft er vor, zuerst Gott aus der Moral und dann die Moral aus Gott abzuleiten. Dann fragt er:

„Was wollt ihr denn mit eurer Moral? Ich weiß nicht, ob es an und für sich was Böses oder was Gutes gibt, und habe deswegen doch nicht nötig meine Handlungsweise zu ändern. Ich handle meiner Natur gemäß, was ihr angemessen, ist für mich gut und ich tue es und was ihr zuwider, ist für mich bös und ich tue es nicht und verteidige mich dagegen, wenn es mir in den Weg kommt. Sie können, wie man so sagt, tugendhaft bleiben und sich gegen das sogenannte Laster wehren, ohne deswegen ihren Gegner verachten zu müssen, was ein gar trauriges Gefühl ist"[466].

Die Rede von Payne skizziert eine Tendenz, wie sich der Held in einer gottlosen Welt den Gesetzten der Natur fügen kann. Betont wird auch die ungerechte Urteilssprechung über andere Menschen durch diejenigen, die sich für tugendhaft

---

[462] Siehe dazu *Nachtwachen...* S. 17.
[463] Bei der Beschreibung eines Ehebruchs hebt der Nachtwächter die Tatsache hervor, dass man „dem Geiste der neuesten Theorien gemäß, die Moral völlig abgewiesen hatte [...]". Ebd. S 20.
[464] Büchner *Dantons Tod...* S. 26.
[465] Ebd. S. 39.
[466] Ebd. S. 52.

halten. Man könnte somit die These formulieren, dass Payne eindeutig als Fürsprecher der säkularisierten Humanitas auftritt. Christliche Werte werden schon von Godwi nicht mehr anerkannt, er versucht jedoch in seinem Leben ein guter Mensch zu sein. Auch er kann als Vertreter der Menschlichkeit aufgefasst werden[467].

Sobald man die christliche Moral in Frage stellt und alles subjektiv betrachten möchte, wird auch die Auffassung von Gut und Böse problematisch erscheinen müssen, worauf in den Werken der Romantik immer wieder hingewiesen wurde (besonders in *William Lovell, Godwi, Titan*, den *Nachtwachen des Bonaventura* und *Dantons Tod*). Als Inbegriff des Bösen nicht nur wegen seiner Rache, sondern vor allem wegen seiner philosophischen Lehre kann Andrea Cosimo (aus dem Roman *William Lovell*) bezeichnet werden. Als Vertreter der Zweifelssucht beeinflusst er viele junge Menschen, die alles zu bezweifeln beginnen, bis sie letztendlich im Chaos ihrer Gedanken münden. Da sie sich auf keine Grundprinzipien stützen können, lassen sie sich leicht manipulieren und von der großen Rolle der Notwendigkeit überzeugen. Das hilft Andrea Cosimo, die Anhänger seiner Philosophie für seine eigenen Zwecke zu gebrauchen und sie dann rücksichtslos zu verspotten. Auf diese Weise ist es ihm gelungen, das Leben von William Lovell und Rosa zu zerstören. Dementsprechend wird er als „ein gefährlicher philosophischer Scharlatan"[468] bezeichnet.

Umstritten bleibt die Bezeichnung Roquairols als Verkörperung des Bösen[469]. Trotz der im Voraus geplanten Rache an seinem besten Freund Albano und dem geliebten Mädchen Linda sowie der Verführung Rabettes kann man, meines Erachtens, den Jungen nicht des Bösen verdächtigen. Auch wenn er von sich selbst behauptet, alles an ihm sei böse[470], ist diese Aussage eher als Ausdruck von Verzweiflung und Sinnverlust zu interpretieren, als Ausdruck der Bosheit. Besonders, weil Roquairol im Prozess der Selbstverwirklichung und

---

[467] Brentano *Godwi...* S. 48.
[468] Tieck *William Lovell...* S. 495.
[469] In diesem Kontext wird Roquairol von H.A Korff in dem Buch zum *Geist der Goethezeit...* Bd. 4 S. 399 gestellt. Dementsprechend wird Roquairol sowie der alte Godwi hinsichtlich der menschlichen Schwankungen zwischen Gut und Böse untersucht und dann schlussfolgernd eindeutig als "gefährliche und zwischen Gott und Teufel schwankende Gestalten" bezeichnet. In meiner Auffassung entspricht diese Behauptung nicht der Wahrheit. Weder Jean Pauls Roquairol noch Brentanos Godwi lassen sich als zwischen christlichen Vorstellungen von Gut und Böse hin- und hergerissene Protagonisten bezeichnen. Als junge Menschen versuchen sie einfach sich selbst, sowie die Welt zu bestimmen, indem sie in ihrer Reifezeit begriffen sind. Dabei spielt die Selbstverwirklichung eine besonders große Rolle, weswegen es oft zu Konflikten mit der Gesellschaft sowie zum Verstoß gegen deren Werte und Prioritäten kommen muss.
[470] Jean Paul *Titan...* S. 780. Vgl. auch S. 288-289 (Roquairol erzählt vom Kampf zwischen dem Guten und Bösen in seiner Seele).

Selbstbestimmung begriffen ist, was unabdingbar zu Konflikten mit der Gesellschaft und ihren moralischen Gesetze führen muss.

Der Kampf des Guten gegen das Böse im Kontext christlicher Werte kommt sehr deutlich in den *Elixieren des Teufels* von E.T.A. Hoffmann zum Ausdruck. Schon von Jugend an wird das Leben von Franz und seiner Familie durch die Auseinandersetzung zweier Mächte (Gottes und Satans) bestimmt. Franz soll auch durch ein frommes Leben seinen Vater sowie seine Vorgänger von früheren Sünden erlösen. Aber auch er muss sich einer Probe unterziehen und wird oft vom Bösen verführt. Außerdem wird in diesem Werk auf die Bedeutung des Schicksals oder sogar des Fatalismus hingewiesen (wovon schon die Rede war). Die unabdingbare Konfrontation des Menschen mit der „dunklen Macht, die über uns gebietet"[471] wird schon im Vorwort des Herausgebers ausdrücklich angesprochen, so dass man annehmen muss, dass gerade diese Problematik in dem Werk von großer Bedeutung ist. Der freie Wille, der in der christlichen Religion als Grundlage des menschlichen Handelns betrachtet wird, muss sich jedoch äußeren Kräften widersetzen damit die Freiheit des Menschen bewahrt werden kann. Diese Aufgabe ist jedoch nicht einfach zu erfüllen, da das Teuflische, als Verkörperung des Bösen auf der Erde, die Menschen verderben möchte. Im Kampf gegen die sog. dunkle Macht des Satans wird der Mensch von der guten Macht Gottes, in diesem Werk oft in Erscheinungen der Heiligen Rosalia, unterstützt. Trotz der ständigen Austragung mit äußeren Kräften ist jedoch der menschliche Entschluss stets entscheidend. Medarus weiß genau, was gut und was böse ist, auch wenn er sich gerade bewusst für eine sündhafte Tat entscheidet (u.a.: Mord an Hermogen, körperlicher Kontakt mit Euphemie – gegen sein Keuschheitsgelübde). Obwohl sein Leben quasi zu einem Schauplatz der Konfrontation des Guten (Jesuskind, Mutter, Heilige Rosalia, Aurelie) und des Bösen (das teuflische Elixier, der Doppelgänger-Viktorin, sinnliche Liebe zu Aurelie) wird und er sich dadurch auch wesentlich beeinflussen lässt, ist er jedoch als derjenige zu betrachten, der immer das letzte Wort zu sagen hat. Diese These wird vom Papst bestätigt, der im Gespräch mit Medarus ausdrücklich an die christliche Einteilung des Menschen in eine geistige und eine körperliche Sphäre anknüpft. „Der ewige Geist [bemerkt der Papst] schuf einen Riesen, der jenes blinde Tier, das in uns wütet, zu bändigen und in Fesseln zu schlagen vermag. Bewusstsein heißt dieser Riese, aus dessen Kampf mit dem Tier sich die Spontaneität erzeugt. Des Riesen Sieg ist die Tugend, der Sieg des Tieres die Sünde"[472].

---

[471] Hoffmann *Elixiere des Teufels...* S. 6.
[472] Hoffmann *Elixiere des Teufels...* S. 274. Auf die teuflische Verführung macht auch der Prior Leonard Medarus aufmerksam: „Ach, Bruder Medarus, noch geht der Teufel rastlos auf der Erde umher und bietet den Menschen seine Elixiere dar! – Wer hat dieses oder jenes seiner höllischen Getränke nicht einmal schmackhaft gefunden; aber das ist der Wille des Himmels, dass der Mensch der bösen Wirkung des augenblicklichen

Welche Werte und Prioritäten werden sich jedoch angesichts eines sich verbreitenden Gefühls vom Verlust der Ganzheit der christlichen Lehre bewähren können? Da sich die Tendenz des Verfalls der früheren Ordnung, wie schon Heide Eilert betont,

„In Schwermut, Langeweile, dem Gefühl der Zerrissenheit in fast allen Hauptgestalten des Romans ausdrückt [sie meint *Godwi*, aber man könnte hier auch andere Werke nennen wie: *William Lovell, Titan, Nachtwachen, Elixiere des Teufels, Lenz, Dantons Tod*] und die schrankenlose Subjektivität jähe Stimmungswechsel, Gefühlsunsicherheit und Einsamkeit zur Folge hat"[473],

so dass alles sinnlos erscheint, wird es schwierig sein, sich an irgendwelche Werte zu halten. Welchen Ausweg finden die Helden aus dieser pessimistischen und scheinbar ausweglosen Situation? In Bezug auf die hier untersuchten Werke lässt sich die These aufstellen, der nach man bei vielen Protagonisten einerseits die Rückkehr zu christlichen Tugenden und Gott selbst beobachten kann (bei William Lovell, Schoppe, kurz vor dem Selbstmord auch bei Roquairol sowie Medarus), andererseits wird die Religion durch Ethik im Sinne von sittlicher Gesinnung und durch die Idee der Humanitas ersetzt (Godwi, Danton, Payne).

Von der früheren Betrachtung des Menschen als einem König der Schöpfung und zugleich als das edelste geschaffene Wesen[474], das sich, seiner Vernunft folgend, in der Welt seiner Subjektivität beweisen muss, verzichtet der schon lebenserfahrene William Lovell auf seine idealistischen Bestrebungen und denkt wieder an die christlichen Werte, gegen die er sich zuerst gerichtet hatte. Die ihn zuweilen quälenden Gedanken von der Unrichtigkeit seines Handelns können somit als Gewissensbisse gedeutet werden, die ihn dann dazu zwingen, in der Einsamkeit über sein Leben nachzudenken und seine böse Taten zu bereuen. Wie in einer Beichte bekennt Lovell:

„O wenn ich doch meine verlorenen Jahre von der Zeit zurückkaufen könnte! Ich sehe erst jetzt ein, was ich bin und was ich sein konnte. Seit langer Zeit hab ich mich bestrebt, das Fremdartige, Fernliegende zu meinem Eigentume zu machen, und über diese Bemühung habe ich mich selbst verloren. [...] ich ging über ein Studium zugrunde, dass die höheren Geister nur noch mehr erhebt. Ich hätte mich daran gewöhnen sollen, auch in Torheiten und Albernheiten das Gute zu finden, nicht scharf zu tadeln und zu verachten, sondern mich selbst zu bessern"[475].

Leichtsinns sich bewusst werde und aus diesem klaren Bewusstsein die Kraft schöpfe, ihr zu wiederstehen." Ebd. S. 306-307.
[473] Eilert: *Clemens Brentano „Godwi"*... S. 131.
[474] Tick *William Lovell*... S. 156.
[475] Ebd. S. 643.

Auch Schoppe, der zuerst über Gott klagt, für dessen Existenz er sein Leben lang keine Beweise finden konnte, wendet sich letztendlich eben an Gott. Kurz vor seinem Tode spricht auch Roquairol Gott an, stellt er sein Leben dem Gericht Gottes anheim und bittet seine verstorbene Schwester Liane darum, sich für ihn beim Allmächtigen einzusetzen[476]. Mit Buße und dem Bekenntnis zu eigenen verbrecherischen Taten beendet auch Mönch Medarus sein sündhaftes Leben. Noch in Italien legte er seine Lebensbeichte ab und nach der Rückkehr ins Kloster bittet er den Prior Leonard, ihn für seine Taten zu richten und ihm eine Bußübung aufzuerlegen[477]. Aber erst in der und durch die Kirche ist seine Bekehrung vollständig geworden:

„Nieder sank ich in den Staub, aber wie wenig glich mein inneres Gefühl, mein demütiges Flehen jener leidenschaftlichen Zerknirschung, jenen grausamen, wilden Bußübungen im Kapuzinerkloster. Erst jetzt war mein Geist fähig, das Wahre von dem Falschen zu unterscheiden, und bei diesem klaren Bewusstsein musste jede neue Prüfung des Feindes wirkungslos bleiben"[478].

Schlussfolgernd kann man darauf verweisen, dass die angeführten Beispiele die früher gestellte These belegen. Die Protagonisten, die sich von den neuen aufklärerischen Denkansätzen beeinflussen lassen, lehnen sich zuerst gegen die traditionellen Werte abendländischer Kultur auf, schließlich aber - von inneren Unruhen getragen - kehren sie in die Geborgenheitsgefühle stiftende alte christliche Ordnung zurück. Aber es gibt auch Helden, die anstelle christlicher Gesinnung den Humanitätsgedanken verbreiten und versuchen gute Menschen zu sein, wie etwa Godwi[479] oder Payne. Die einzige Ausnahme ist Dantons Aussage, der kurz vor seiner Hinrichtung vom Nichts als dem zu gebärenden Weltgott spricht[480]. Damit wird eine radikale Wende vollzogen, die das Nichts an Gottes Stelle rückt. So wird in der deutschen Literatur von Jean Paul bis Georg Büchner mit dieser Aussage die Phase der nihilistischen Gedankenexperimente beendet, die dann eindeutig verstärkt wird und in den Nihilismus übergeht.

In diesem Zusammenhang kann auf Robert Mühlhers These verwiesen werden, wonach das Weltbild in Georg Büchners Werken das des Wertnihilis-

---

[476] „Ich strafe mich ja selber, und Gott richtet mich sogleich – Lebe wohl, mein lieber beleidigter, aber sehr harter Albano, und du, du bis in den Tod geliebte Linda, verzeihet mir und beweinet mich. Liane, lebst du noch, so stehe deinem Bruder in der letzten Stunde bei und bitte bei Gott für mich." Siehe: Jean Paul *Titan...* S. 804.

[477] Hoffmann *Elixiere des Teufels...* S. 295.

[478] Ebd. S. 318.

[479] Brentano *Godwi...* S. 48. Godwi meint: „Ich hoffe nichts nach dem Tode; dieß ist mir eine Ursache mehr, gut zu seyn. Ich befestige, ich ermuntere mich so in der Maxime, die mich handeln macht, weil sie dadurch ganz menschlich, ganz natürlich, ganz mein Eigenthum wird".

[480] Büchner *Dantons Tod...* S. 80.

mus sei[481]. Zu betonen ist, dass Mühlher den Wertnihilismus als Bejahung der bloßen wert- und sinnlosen Realität (nach Karl Jaspers) versteht. Bestimmend dafür sei, Mühlher zufolge, die Seinskrankheit, also die Krankheit an der Existenz, die sich durch Psychosen, Melancholie und Wahnsinn ausdrückt. Die Anerkennung der allumfassenden Wert- und Sinnlosigkeit könne zugleich bewirken, dass die menschliche Existenz auf ein bloßes Dasein herabgesunken sei und zum Pathos der Realität führe[482]. Weiter heißt es: „Die Bejahung [...] des bloßen Seienden wird in Begriffen, wie ‚Menschheit', ‚Leben', ‚Möglichkeit des Daseins' oder ‚Natur', als oberster und einziger Wert anerkannt; doch nur im Sinne eines seinsgerechten, unreflexiven Pathos der Realität, nicht als Sinn - oder Wertidee"[483].

---

[481] Mühlher *Georg Büchner und die Mythologie des Nihilismus...* S. 263.

[482] Mühlher belegt seine These mit folgendem Zitat aus *Lenz:* „Die Dichter, von denen man sage, sie geben die Wirklichkeit, hätten auch keine Ahnung davon; doch seien sie immer noch erträglicher als die, welche die Wirklichkeit verklären wollten. Er sagte: Der liebe Gott hat die Welt wohl gemacht, wie sie sein soll, und wir können wohl nicht was Besseres klecksen; unser einziges Bestreben soll sein, ihm ein wenig nachzuschaffen. Ich verlange in allem – Leben, Möglichkeit des Daseins, und dann ist's gut; wir haben dann nicht zu fragen, ob es schön, ob es hässlich ist. Das Gefühl, dass was geschaffen sei, Leben habe, stehe über diesen beiden und sei das einzige Kriterium in Kunstsachen." – Büchner *Lenz...* S. 14.

[483] Mühlher *Georg Büchner und die Mythologie des Nihilismus...* S. 264. In seiner anderen These jedoch, der nach, Büchner der Vertreter des „extremen oder absoluten Nihilismus [sei ... und], dass er sich „im Gegensatz zu dem im „Normaldenken" einzig logisch möglichen relativen Nihilismus nur in Form von Psychosen und nihilistischen Wahnideen restlos ausspricht" (Ebd. S. 261), geht seine Feststellung etwas zu weit. Besonders, da Mühlher sich selbst in seiner Abhandlung auf Karl Jaspers Thesen beruft, denen zufolge man überhaupt nicht von einem absoluten oder vollkommen Nihilismus sprechen kann. (Jaspers zufolge gibt es jedoch zwei andere Typen des Nihilismus, der eine „verwirft allen Wert und Sinn und haftet an der Bejahung der bloßen wert- und sinnlosen Realität; der andere Typus findet die Realität unaufhaltbar, vernichtungswürdig, weil sie vom Standpunkt des Werts und Sinns aus auf keine Weise zu rechtfertigen sei. Jener Wertnihilismus ist etwa repräsentiert durch den praktischen Materialisten [...]" (Ebd. S. 262). Außerdem sei „der Seinsnihilist der Meinung, das Sein täusche uns vor, dass irgendein Sinn, irgendein Wert darin sei [...]. Der Wertnihilist [sei dagegen] der Meinung, alle Phrasen von Wert und Sinn verdeckten nur den einen Willen zum bloßen Dasein, der faktisch allein wirksam sei." (Ebd. S. 263)). Meiner Ansicht nach, ist es noch unangebracht, sich in der Untersuchung der Werke von Georg Büchner solcher Bezeichnungen wie der „absolute", „vollkommene", oder „extreme" Nihilismus zu bedienen, zumal zu dieser Zeit der Begriff selbst noch keine eindeutige Definition besaß und verschieden interpretiert wurde (siehe Kapitel 3. *Nihilismus oder nihilistische Gedankenexperimente?*). Denn wie kann man etwas mit Attributen wie „absolut" oder „vollkommen" bezeichnen, wenn selbst dieses etwas noch nicht eindeutig definiert worden ist. Außerdem taucht der Nihilismus namentlich erst in der Literatur des Jungen Deutschlands auf, wobei man darauf hinweisen muss, dass er noch in seiner

Entwicklungsphase begriffen war und somit nicht als vollständiges Phänomen, sondern eher als dessen Voraussetzung oder Möglichkeit betrachtet werden muss.

Dennoch behauptet Mühlher: „Die Gestalten Büchners, seine ‚Helden' Danton, Lenz, Woyzeck und Leonce sind samt und sonders Repräsentanten eines Typus: des radikalen Nihilisten" (Ebd. S. 269), wodurch er wieder einer voreilig gefassten Feststellung verdächtigt wird. Solange in der Forschung zur deutschen Literatur um die Wende vom 18. zum Anfang des 19. Jh.s kaum versucht wurde, die Helden eindeutig als Nihilisten zu charakterisieren, was jedenfalls bis heute umstritten bleibt (dementsprechend werden sie in dieser Abhandlung im Kontext ihrer „nihilisierenden Ideen" untersucht), muss die Verwendung der Bezeichnung „radikaler Nihilist" in diesem Kontext als kontrovers, wenn nicht als unangebracht erscheinen.

Ähnlicher Ansicht ist Ludwig Büttner, der meint: „Dantons nihilistische Gedanken sind nicht zu leugnen, doch ist er kein absoluter oder konsequenter Nihilist. Sein Nachsinnen über die Existenz Gottes, Welt und Leben zieht ihn in den Abgrund der Gotteslästerung und Gottesleugnung [...]. Es besteht daher kein Grund, die nihilistischen, genauer semi-nihilistischen Vorstellungen Dantons hinweginterpretieren zu wollen. Nihilistische Vorstellungen führen nicht absolut und konsequent zu völliger Verzweiflung, Selbstvernichtung oder Wahnsinn. Sie können überwunden werden in tragischer und sogar christlicher Art. Daher dürfen Dantons nihilistische Gedanken in Bezug auf Büchner nicht verallgemeinert und als dessen letztgültige Weltanschauung bezeichnet werden, wie das Robert Mühlher getan hat. Büchners Gedanken hatten sich mit *Dantons Tod* nicht verfestigt zu einem umfassenden nihilistischen Weltbild." – Büttner: *Büchners Bild vom Menschen...* S. 13.

5. Nihilistische Gedankenexperimente im Selbstverhältnis des Menschen

Der Versuch, den voraussichtlichen Nihilisten als einen Menschen- oder Heldentypus, von seiner Welterfassung getrennt, zu charakterisieren, kann als eine problematische Aufgabe betrachtet werden. Trotzdem aber scheint diese Charakteristik für die Erfassung des Gesamtbildes der nihilistischen Gedankenexperimente in der Literatur erforderlich zu sein. Denn nur auf diese Weise wird es möglich, die Problematik in einem breiteren Kontext, also vollständiger zu untersuchen. Im Folgenden wird zu überlegen sein, was den in nihilistische Gedankenexperimente verwickelten Menschen von anderen Protagonisten unterscheidet und ihn zugleich auszeichnet.

Zu fragen wird sein, wie der Mensch sich selbst betrachtet und warum er Probleme mit der Bestimmung seiner Identität hat. Von Bedeutung ist auch die Gefühlsleere, die in problematischer Liebe und den problematischen Freundschaften sowie in Leere und Langeweile zum Ausdruck kommen kann. Untersucht wird auch die Neigung zur Genusssucht, die schließlich in Verzweiflung, Nichtigkeitsgefühl, Melancholie oder sogar Wahnsinn münden kann.

Bei all den Begriffen wie Gefühlsleere, Langeweile, Genusssucht, Nichtigkeit, Verzweiflung, Melancholie und Wahnsinn muss jedoch berücksichtigt werden, dass sie selbst nicht sofort Ausdrücke oder Zeichen nihilistischer Gedankenexperimente sind, sondern lediglich unter bestimmten Voraussetzungen die trüben Gedanken beschleunigen oder als Folge solcher zu betrachten sein könnten. Denn nicht jeder Melancholiker ist sofort ein voraussichtlicher Nihilist und nicht jeder, der nihilistische Gedanken äußert, muss Selbstmord begehen oder wahnsinnig werden.

Schlussfolgernd zu belegen wäre die These, dass die nihilisierenden Protagonisten ihr Selbstverständnis im Außenseitertum finden.

5.1. Identitätsproblem

Eine wesentliche Rolle in der Selbsterfassung des Menschen der Romantik spielt die Identität im Sinne einer selbst erlebten inneren Einheit der Person. In dieser Selbstbestimmung ist vor allem die Schwärmerei als eine übertriebene Empfindsamkeit von Bedeutung, denn fast alle romantischen Helden lassen sich in ihrem Urteil über die Welt und sich selbst von Gefühlen lenken. Darauf weisen oft Freunde und Bekannte der Protagonisten hin, dessen Charakteristiken uns ein vollständigeres Bild der nihilisierenden Personen liefern. Karl Wilmont hebt unter den Eigenschaften William Lovells besonders das Schwärmerische hervor, das - von der Liebe begleitet - den Jungen von der Realität weit entfernt hält[484]. Dieser Meinung schließ sich auch Mortimer an[485], der den unerfahrenen Jungen als sein Gouverneur auf Reisen durch Europa begleitete. Auch Lovells Freund Balder wird von Mortimer als Schwärmer mit einer romantischen Gesinnung bezeichnet, der wegen seiner Empfindsamkeit vor der ihm unverständlichen Welt zuerst in die Phantasiewelt flieht, bis er sich selbst lediglich als „verlarvtes Gespenst [betrachtet], das ungekannt und düster, still und verschlossen durch die Menschen hingeht"[486], die ihm ein fremdes Geschlecht geworden sind. Im Chaos seiner Gedanken versucht er der wichtigsten Frage seines Lebens nachzugehen, wer er sei und wie sein Wesen beschaffen sei[487], aber seine ständig zunehmende innere Verwirrung entfernt ihn nicht nur von den Menschen, sondern auch von sich selbst, so dass er schließlich dem Wahn erliegt. In der nichtig gewordenen Welt sucht Balder in seinem Wahnsinn einen Ausweg aus dem Zwiespalt zwischen entleerter Idealität und unerreichbarer Realität. Zugleich glaubt er in seinem Wahn die Freiheit zu gewinnen, die in der wahren Welt beschränkt wurde, so dass ihm seine Umgebung zum Gefängnis seiner Wünsche und Lebensvorstellungen wird.

Die Zwiespältigkeit der Gefühle von Liebe und Hass bei William Lovell hat auch schwerwiegende Folgen für ihn selbst, der große Probleme damit hat, sich selbst eindeutig zu bestimmen, da er sich in vielen widersprüchlichen Selbstbildern wieder findet. Die durch verschiedene Empfindungen entstandene innere Verwirrung führt dazu, dass Lovell nicht mehr imstande ist zu erkennen, wer er ist und was er in seinem Leben will[488]. Deswegen fragt er verzweifelt:

„Und wer bin ich selbst? Wer ist das Wesen, das aus mir heraus spricht? Wer das Unbegreifliche, das die Glieder meines Körpers regiert? Oft kommt mir mein Arm, wie der eines Fremden entgegen; ich erschrak neulich heftig, als ich über eine Sache denken wollte, und plötzlich meine kalte Hand an meiner heißen Stirn fühlte. [...] Warum sind wir uns selbst so fremd, und das Nächste in uns so fern? Wir sehn oft in uns hinein, wie durch ein künstlich verkleinerndes Glas, das die Hand, die ich mir vorhalte, tausendmal kleiner macht, und wie auf hundert Fuß von mir entrückt"[489].

Christopher Schwarz zufolge kann die Identitätsfrage in William Lovell als eine Variation „der Frage nach dem Glück, dem richtigen Leben, dem Ver-

---

[484] Tieck *William Lovell...* S. 10.
[485] Ebd. S. 39.
[486] Ebd. S. 159.
[487] „Ich sehe ein, dass ich jetzt ebenso mit ahnender, ungewisser Seele vor dem Rätsel meiner Bestimmung und der Beschaffenheit meines Wesens stehe", schrieb Balder in einem Brief an William Lovell. Siehe: ebd. S. 173.
[488] Darauf verweist schon Christopher Schwarz in seiner Dissertation zur *Krise des romantischen Selbstgefühls*. Siehe: Schwarz *Langeweile und Identität...* S. 104.
[489] Tieck *William Lovell...* S. 324.

hältnis von Gefühl und Verstand, Freundschaft und Liebe, Einsamkeit und Gesellschaft, Langeweile und Zerstreuung"[490] betrachtet werden. Diese Suche nach der Selbsterfassung muss man jedoch in einem breiteren Kontext sehen, in dem nicht nur der Hauptheld dieses Romans, sondern auch andere Protagonisten sich im Leben neu orientieren wollen. Das hat natürlich viele Konflikte zur Folge, die den unversöhnlichen Gegensatz zwischen dem Ich und der Welt offenbaren. Mit den Glücksansprüchen jedes Einzelnen, die in der Gesellschaft nicht immer erfüllt werden können, hängen somit die Erfahrung von Unsicherheit und Entfremdung, ja sogar der Weltverneinung zusammen.

Von einem großen Einfluss der übertriebenen Empfindsamkeit auf das Leben von Waterloo (der sich später Andrea Cosimo nennt, um Rache an dem alten Lovell zu nehmen) zeugen dessen Lebenserinnerungen. In seiner Jugendzeit leidet er unter einer unglücklichen Liebe, die ihn zuerst melancholisch stimmen, später aber wird sie zu einer allumfassenden Gleichgültigkeit, die er vergebens durch Genuss zu verdrängen sucht. Seine inneren Gefühle, vom Trübsinn bis hin zur Lebensenttäuschung, lassen im Laufe der Zeit jedoch nicht nach, sondern werden ganz im Gegenteil immer stärker. Deswegen beginnt er die Welt sowie sich selbst zu verachten. Nachdem auch sein zweiter Versuch, die Liebe eines Mädchens zu gewinnen, scheitert, schlägt seine Zuneigung in wilden Hass um, der in den elenden Zeiten seiner Einsamkeit noch an Kraft zunimmt. Vereinsamt und verbittert unter vielen Menschen nähert er sich dem Entschluss, durch Selbstmord seine Qual ein Ende zu setzen, als er plötzlich durch einen Zufall an Geld kommt. In seiner Jugend für seine schwärmerische Gesinnung hart bestraft, beschließt er, sich an den Menschen zu rächen.

Große Schwierigkeiten mit der Identität hat auch Godwi, der nach dem Bild seiner Mutter sucht, um sich selbst zu erfassen. Solange er sich aber nur an das „tiefbetrübte Frauenbild von Marmorstein"[491] erinnern kann, wird er daran gehindert, sich selbst zu identifizieren. In diesem Zusammenhang könnte man Heide Eilert Recht darin geben, die Sehnsucht nach der verlorenen Mutter mit derjenigen nach kosmischer Geborgenheit, nach übergreifender Ordnung sowie Harmonie zu vergleichen, die sich zugleich als zentrales Denkbild der Romantik auffassen lässt[492]. Dementsprechend beabsichtigt Godwi sich in seiner Selbstbestimmung mit der Ganzheit des Universums und der Natur zu vereinigen, bis er zu der Feststellung kommt, dass er vom Äußeren und das Äußere von ihm

---

[490] Schwarz *Langeweile und Identität...* S. 78.
[491] Brentano *Godwi...* S. 162. Darauf weist auch Ernst Behler im Nachwort zu *Godwi* hin, siehe ebd. S. 591.
[492] Eilert *Clemens Brentano Godwi...* S. 131.

unzertrennlich seien und in einer freundlichen, lebendigen Abhängigkeit voneinander lebten[493].

Anderen romantischen Helden ähnlich, wird auch Roquairol an seiner Selbstbestimmung durch übertriebene Empfindsamkeit gehindert[494]. Von inneren Gegensätzen bewegt, wird er oft zwischen Gut und Böse hin- und hergerissen, ohne sich jedoch eindeutig für das eine oder das andere entscheiden zu können.

Die Probleme mit der Selbsterfassung liegen jedoch nicht nur in schwankenden Gemütszuständen der Protagonisten, sondern auch in der Unmöglichkeit, das eigentliche Selbst eindeutig und endgültig festzulegen. Das verschwommene Ichbewusstsein wirkt beängstigend, ja die romantischen Helden fühlen sich innerlich dazu gezwungen, ihr Ich unbedingt zu finden, um es dann zu charakterisieren. Da diese Aufgabe nicht einfach zu erfüllen und oft zum Scheitern verurteilt ist, sind die Protagonisten der Romantik von inneren Unruhen geplagt, die mitunter zu Verzweiflung, Melancholie oder sogar seelischen Störungen führen können. Seine inneren Überlegungen fasst William Lovell in folgenden Worten zusammen:

„Wenn ich manchmal in der Abenddämmerung sitze und über mich sinne, da ist es manchmal, als schwingt sich mir etwas im Herzen empor, ein Gefühl, das mich überrascht und erschreckt und dabei doch so still und selig befriedigt, [...] es ist in mir, und verschwindet mir dann noch gänzlich wieder, so dass ich seiner nicht habhaft werden kann. [...] aber was ist es und woher kömmt es und wohin geht es, wenn es nicht mehr in mir bleibt? [...] Wer weiß, was es ist, was uns regelt und regiert, welcher Geist, der außer uns wohnt, und nur allmächtig und unwiderstehlich in uns hineingreift"[495].

Kurz vor seinem Tode bekennt auch Andrea Cosimo, in seinem Innern sein zweites Ich entdeckt zu haben, das unablässig mit ihm streitet[496]. Diese innere Uneinigkeit stellt somit sein skrupelloses Handeln in Frage und bestätigt die These, dass kein Mensch eindeutig und ausschließlich als gut oder böse bezeichnet werden kann.

Außerdem muss man betonen, dass das im Leben auf verschiedene Weise beschädigte Ich (die unglückliche Liebe William Lovells, Waterloos, Roquairols und des Mönchs Medarus; eine zu starke Hinwendung Balders zur Phantasie; ein steinernes Bild der Mutter bei Godwi oder übersteigerter Subjektivismus als Folge des Idealismus bei Schoppe) weder in der Liebe, noch in der Kunst noch

---

[493] Vgl. dazu: Brentano *Godwi...* S. 107. Godwi meint nämlich: „ich bestehe selbst, und so im Kampfe, mit dem Ganzen eins zu seyn, dass mir nur das schnelle Umfassen des Ganzen mit einem Blicke ein Genuß werden kann."
[494] Jean Paul *Titan...* S. 380.
[495] Tieck *William Lovell...* S. 327-328.
[496] Andrea fragt nämlich: „Wer ist das seltsame Ich, das sich so mit mir selbst herumzankt?"; Ebd. S. 639.

in der Genusssucht Heil, oder auch nur beständigen Trost zu finden vermag, worauf schon Susanne Scharnowski in ihrer Abhandlung über *Godwi* hinweist[497]. Das problematische Ich wird jedoch besonders schmerzhaft von Schoppe erfahren, der schließlich am Auseinanderfallen in viele Ichs zugrunde geht. Schon von Anfang an hat Schoppe große Schwierigkeiten, auf die Frage, wer er sei, eine eindeutige Antwort zu geben. Wir lernen ihn als Titularbibliothekar des Großmeisters zu Malta und zugleich als Abkömmling des Humanisten Scioppius (auf deutsch Schoppe) kennen, der sich selbst als Pero, Pietro, Peter Schoppe bezeichnete, von vielen jedoch - aus Versehen - als Sciupio oder Sciopio genannt wurde[498]. Immer wieder wird dann Schoppe mit seiner eigenen inneren Vervielfältigung konfrontiert, manchmal sogar auf ironische Art und Weise, als er sich zum Beispiel in einem Spiegelsaal von den vielen Ichs seines Selbst gestört fühlt und über ihr Schwinden klagt[499].

Aber erst, als Schoppe im Irrenhaus ein Bekenntnis zum Idealismus ablegt, erfahren wir die Hauptursache seines gestörten Ichbewusstseins, das ihn immer mehr beängstigt.

„Wer Fichten und seinen Generalvikar und Gehirndiener Schelling so oft aus Spaß gelesen wie ich [meinte Schoppe], der macht endlich Ernst daraus. Das Ich setzt Sich und den Ich samt jenem Rest, den mehrere die Welt nennen. [...] Das Ich denkt Sich, es ist also Ob-Subjekt und zugleich der Lagerplatz von beiden – Sapperment, es gibt ein empirisches und ein reines Ich. [...] Alles kann ich leiden, nur nicht den Mich, den reinen, intellektuellen Mich, den Gott der Götter – wie oft habe ich nicht schon meinen Namen verändert wie mein Namens- und Taten-Vetter Scioppius oder Schoppe und wurde jährlich ein anderer, aber noch setzt mir der reine Ich merkbar nach"[500].

Schoppes Krankheit, in diesem Zitat völlig eindeutig ausgedrückt, beruht also auf dem Zerfall in ein empirisches und ein reines Ich, wodurch der Menschen nicht nur verwirrt, sondern auch geängstigt werden kann, zumal man dem intellektuellen Ich eine Vorrangstellung in der Selbst- und Welterfassung zuspricht. Deswegen fürchtet sich Schoppe vor der ihm unbekannten, aber überlegenen Kraft, die sich seiner Kontrolle entzieht. Man findet aber bei Schoppe keine Züge der Tollheit, außer der großen Furcht vor seinen Ichs, die er ständig durch

---

[497] Susanne Scharnowski: *Ein wildes gestaltloses Lied. Clemens Brentanos „Godwi oder das steinerne Bild der Mutter";* Würzburg 1996, S. 186.

[498] Jean Paul *Titan...* S. 28.

[499] Müsset ihr mich stören, ihr Ichs? sagte er [Schoppe] und legte sichs nun vor, wie er stehe vor der reichsten hellesten Minute und feinsten Goldwaage seines Daseins, wie ein Grab und ein großes Leben liege auf dieser Waage, und wie sein Ich ihm schwinden müsse wie die nachgemachten gläsernen Ichs umher." Ebd. S. 580.

[500] Ebd. S. 816-817.

neue Namen zu verdrängen sucht[501]. Erst die Konfrontation mit seinem wahren Ich, das sich hinter dem Namen Siebenkäs versteckt, kostet Schoppe sein Leben. Das Ichbewusstsein kann auch wegen der Lebensrollen gestört werden und zu geistigen Störungen führen, wovon das Beispiel Ophelias aus den *Nachtwachen des Bonaventura* zeugen kann. Aus dem ersten Brief von Ophelia an Hamlet geht hervor, dass sie nicht mehr sicher ist, ob ihr der Weg zu dem wahren Ich durch ihre früheren Rollen nicht für ewig verschlossen bleiben wird. Deswegen ist sie verzweifelt. Die Ergründung des reinen Ichs kann jedoch noch schmerzlicher werden, sobald man in seinem Innern das an sich selbst zehrende und im Verschlingen sich stets wiedergebärende Ich vorfindet, das sich letztendlich nur als verstecktes und von verschiedenen Masken verhülltes Nichts entpuppt[502]. So eine Erfahrung wird Kreuzgang zuteil, den diese Vision erschreckt und den Sinn seiner irdischen Existenz stark erschüttert, denn sein Dasein droht nämlich in eine fürchterlich öde Langeweile zu stürzen.

Für die Literatur der Romantik ist auch das Erlebnis des Doppel-Ich als eine Erfahrung vieler, nicht nur nihilisierender Protagonisten zu vermerken. Dieter Arendt charakterisiert diese Tendenz als „die Gespaltenheit des Subjekts zwischen einem idealen, in einer illusorischen Freiheit agierenden Selbst und einem anderen, in der bedrängenden Wirklichkeit verlorenen Selbst"[503]. Als eines von vielen Beispielen wäre die Entzweiung des Ich bei Mönch Medarus zu nennen. Da er durch einen Zufall für Viktorin gehalten wird und als jener auf dem Hof Hermogen erschlagen hat, ist er oft in seinem Innern verwirrt[504], so dass er schließlich nicht mehr sicher sein kann, all die bösen Taten selbst verübt zu haben, vgl. seinem Traum: „Auf wunderbare Weise keimte in mir die feste Überzeugung auf, dass nicht ich jener ruchlose Frevler auf dem Schlosse des Barons von F. war [...], sondern dass der wahnsinnige Mönch, den ich im Försterhause traf, die Tat begangen hat"[505]. Dementsprechend erscheint Medarus

---

[501] Immer wieder gibt sich Schoppe neue Namen (Löwenskiold, Leibgeber, Graul, Schoppe, Mordian, Sakramentierer, Huleu), um dem reinen Ich zu entfliehen, der sich hinter dem Namen Siebenkäs versteckt. Ebd. S. 835.

[502] „Wie? Steht kein Ich im Spiegel wenn ich davortrete [überlegt Kreuzgang] – bin ich nur der Gedanke eines Gedankens, der Traum eines Traumes – könnt ihr mir nicht zu meinem Leibe verhelfen, und schüttelt ihr nur immer eure Schellen, wenn ich denke es sind die meinigen? – Hu! Das ist ja schrecklich einsam hier im Ich, wenn ich euch zuhalte, ihr Masken, und ich mich selbst anschauen will- alles verhallender Schall ohne den verschwundenen Ton – nirgends Gegenstand, und ich sehe doch – das ist wohl das Nichts, das ich sehe! - Weg, weg vom Ich – tanzt nur wieder fort, ihr Larven!" - *Nachtwachen* S.93; dazu vergleiche S. 122.

[503] Arendt *Der „poetische Nihilismus" in der Romantik...* Bd.1 S. 376.

[504] „Ich bin selbst Viktorin [behauptet Medarus]. Ich bin das, was ich scheine, und scheine das nicht, was ich bin, mir selbst ein unerklärlich Rätsel, bin ich entzweit in meinem Ich!" Hoffmann *Elixiere des Teufels...* S. 63.

[505] Ebd. S. 204-205.

sich selbst zweideutig, da er in seinem Leben ständig sein Selbstbild mit dem des Viktorins konfrontieren muss, dessen Erscheinung sein eigenes Ich in verzerrten, grässlichen Zügen reflektiert. Bis zur Anerkennung eigener Sünden und der Ausführung der ihm auferlegten Bußübungen wurde er in seinen Traumvisionen oft vom Zerfall seines Ichs in mehrere gequält[506].

Das Gefühl des doppelten Ichs erfährt auch Lenz, der in seiner als entsetzlich empfundenen Einsamkeit mit sich selbst redet und über die eigene Stimme erschrickt, da er sie für eine fremde hält[507]. Es kommt auch vor, dass es ihm während des intensiven Denkens an eine fremde Person so vorkam, er wäre diese Person selbst. Die Empfindung einer allumfassenden Leere, in der er sogar an seiner Existenz zu zweifeln beginnt und sich Schmerzen zufügt, um seines Selbst habhaft zu werden, verstärkt die innere Verwirrung, so dass er nur mit großer Mühe dem Zustand zwischen Schlaf und Wachen zu sich entrinnen kann. Dem Erzähler zufolge musste er dann mit einfachsten Dingen anfangen, aber „eigentlich nicht er selbst tat es, sondern ein mächtiger Erhaltungstrieb: es war, als sei er doppelt, und der eine Teil suche den andern zu retten und rief zu sich selbst zu; erzählte, er sagte in der heftigsten Angst Gedichte her"[508], bis er das Bewusstsein seines Daseins wiedererlangte.

Mit dem Erlebnis des Doppel-Ich steht das Doppelgängermotiv in einem engen Zusammenhang. Mit Walter Hof tritt das Doppelgängertum als eine bis zum Selbstgenuss getriebene, distanzierte Selbstbeobachtung, als Spaltung des Bewusstseins in Erscheinung[509]. Der Doppelgänger Siebenkäs, den Schoppe für sein wahres Ich hält (er bekennt: „Siebenkäs ist mein erster Name"[510]) vor dem er große Angst hat und dem er durch ständigen Namenwechsel zu entrinnen versucht, führt beim unerwarteten Zusammentreffen zu Schoppes Tod.

Auch das Leben von Medarus ist von seinem Doppelgänger Viktorin wesentlich bestimmt. In diesem Zusammenhang formuliert Wolfgang Nehring die These, dass Viktorin „eine Verkörperung des frevelhaften Triebes in Medarus"[511] sei. Erst nachdem sich der Mönch selbst als Viktorin anerkennt[512], erscheint dieser als sein Doppelgänger, was Nehrings Behauptung bestätigen kann. Außerdem könnte man Viktorin als Teil von Medarus eigenem Ich betrachten, das er vergeblich zu verdrängen sucht. Viktorin kann somit sowohl als eine seelische Möglichkeit des Medarus als auch als eine eigenständige Figur

---

[506] Unter anderen siehe dazu ebd. S. 127, 129, 231, 287.
[507] Büchner *Lenz...* S. 27.
[508] Ebd. S. 28.
[509] Hof *Pessimistisch-nihilistische Strömungen...* S. 52.
[510] Jean Paul *Titan...* S. 855.
[511] Nachwort zu den *Elixieren des Teufels* von E.T.A Hoffmann, S. 371.
[512] „Aber das Verhältnis mit der Baronesse, welches Viktorin unterhält, kommt auf mein Haupt [bekennt Medarus], denn ich bin selbst Viktorin." Hoffmann *Elixiere des Teufels...* S. 63.

des Romans betrachtet werden. Nicht zu vergessen ist jedoch, dass nicht nur Medarus von Viktorin in seinem Leben beeinflusst wird, sondern auch Viktorin sich gewisse Details der Lebensgeschichte des Mönches aneignet (im försterlichen Haus hält er sich für den heiligen Antonius, möchte die Tochter des Försters verführen, hat auch die Elixiere getrunken, im Gefängnis bekennt er, Hermogen getötet zu haben usw.). Dazu muss man noch darauf hinweisen, dass es für den Leser oft schwierig ist, zu unterscheiden, in welchem Moment der Graf Viktorin tatsächlich vor Medarus erscheint und wann er nur die inneren Gedanken des Mönchs widerspiegelt. Eine eindeutige Aussonderung dieser zwei Möglichkeiten erschwert uns die Handlung selbst, da sie voll von Widersprüchen und Unwahrscheinlichkeiten ist. Dementsprechend lässt sich nicht zweifellos beweisen, wie weit innere Erlebnisse reichen und wie weit äußere Kräfte daran beteiligt sind.

Die Identitätskrise kann auch durch den ständigen Identitätswechsel beschleunigt werden. Viele Protagonisten, die besonders moralisch fragwürdige Absichten haben, verändern ihren Namen, um ohne Hindernisse unbeschränkt ihr Ziel zu erreichen. In diesem Zusammenhag behauptet Lovell:

„Vielleicht ist es eine Notwendigkeit, dass der Mensch unaufhörlich mit seinem Wesen wechselt, wenigstens liegt darin ein großer Genuß seines Lebens. – Bunt wie das Chamäleon trägt er bald diese bald jene Farbe, je nachdem die Sonne scheint, oder sich verdunkelt"[513].

Letztendlich aber werden die Protagonisten von Gewissensbissen gequält und bekennen ihre Schuld. Dennoch werden sie dadurch in ihrer Selbsterfassung gehindert, da ihnen ihr wahres Ich in mehrere Teile zerfällt. Sowohl William Lovell als auch Waterloo, Roquairol oder Medarus sterben, ohne die Frage, wer sie seien, eindeutig und endgültig beantworten zu können.

Von Bedeutung in der Selbstbestimmung des Menschen ist auch der Drang nach Individualität, was unabdingbar zum Konflikt mit der Gesellschaft führen muss. Außerdem entlarvt sich der in der Romantik so gepriesene und stark ausgeprägte Begriff der Persönlichkeit als unbeschränkter Subjektivismus, der letztendlich in ein routiniertes Rollenspiel übergeht, worauf bereits weiter oben hingewiesen worden ist. Sowohl William Lovell als auch Godwi, Roquairol oder sogar Danton wollen in ihrer Suche nach Merkmalen ihrer Persönlichkeit das eigene Dasein ergründen, da sie als Teile des Universums eine gewisse Rolle zu spielen haben, auf die sie oft keinen Einfluss haben können und sich der ihnen überlegenen Kraft des Zufalls, des Schicksals oder sogar der Notwendigkeit unterordnen müssen.

Mit dem Prozess der Selbsterfassung jedes Menschen ist auch die Frage nach seiner Bestimmung verbunden. Mit Hilfe des Verstandes oder der Empirie versucht jedes Individuum, das sich nicht mehr als Teil der göttlichen Ordnung

---

[513] Tieck *William Lovell*... S. 425.

betrachten will, seine Position in der Welt zu finden. Die inneren Bedenken, in denen sich der Mensch der Romantik in der neuen Weltordnung definieren möchte, sind besonders in Lovells Aussage als Ausdruck des Zeitgeistes deutlich zusammengefasst. Er versucht sich nämlich mit zwei wesentlichen Fragen auseinanderzusetzten, auf die er leider keine endgültige Antwort finden kann: „Was ist denn der Mensch und sein eigentliches Selbst? Was können wir in ihm gut und böse, töricht und verständig nennen? Alles ist ein verübergehend Rätsel, fades Wortspiel und langweiliger Zeitvertreib"[514]. Da Lovell nicht imstande ist, mit Hilfe des Verstandes sein Wesen und seine Bestimmung zu enträtseln, verzichtet er auf die Ergründung der unwiderruflichen Wahrheit, ohne sich größere Mühe zu geben, länger darüber nachzudenken.

Sein Freund Balder dagegen widmet solchen Überlegungen sehr viel Zeit, was allerdings zu geistiger Verwirrung führt. Obwohl er sich der Gefahr des Wahnsinns als Folge seiner anstrengenden Grübeleien völlig bewusst ist, möchte er dem Rätsel seiner Bestimmung und der Beschaffenheit seines Wesens nachgehen und es dann lösen. In einem Brief an Lovell bekennt er:

„Entweder komme ich ganz wieder zu den Menschen hinüber, oder ich werde jenseits in ein dunkles, chaotisches Gebiet geschleudert, das sich dann vielleicht meinem Geiste entwickelt; dass ich dann mit der Seele einheimisch bin, wohin mir kein Gedanke der übrigen sterblichen folgt. Ja, Lovell ich bin noch in Zweifel darüber, was aus mir werden würde, wenn die Leute mich wahnsinnig nennen; o ich fühle es, dass ich in vielen Augenblicken diesem Zustande nahe bin, das ich nur einen einzigen Schritt vorwärts zu tun brauche, um nicht wieder zurückzukehren. Ich brüte oft mit anhaltendem Nachdenken über mir selber, zuweilen ist es, als risse sich eine Spalte auf, dass ich mit meinem Blicke in mein innerstes Wesen in die Zukunft dringen könnte; aber sie fällt wieder zu, und alles, was ich fesseln wollte, entflieht treulos meinen Händen. [...] Die Seele weiß noch nicht die ihr aufgeladenen Sinne und Organe zu gebrauchen, die Erinnerung ihres vorigen Zustandes steht ihr noch ganz nahe, sie tritt in eine Welt die sie nicht kennt und die ihrer Kenntnis unwürdig ist; sie muss ihrer höheren eigentümlichen Verstand vergessen, um sich mühsam in vielen Jahren in die bunte Vermischung von Irrtümern einzulernen, die die Menschen Vernunft nennen"[515].

Einer anderen Ansicht über die Selbstbestimmung des Menschen ist Andrea Cosimo, der meint, dass die Menschen sich nur in der Sinnlichkeit begreifen können, da sie von ihr regiert werden[516]. Zugleich sind Körper und Seele getrennt, so dass sie sich nicht gegenseitig beeinflussen, sondern Überhand über

---

[514] Tieck *William Lovell...* S. 362.
[515] Ebd. S. 173-174.
[516] Außerdem behauptet Cosmo: „In dieser Körperwelt bin ich mir selbst nur mein erstes und letztes Ziel, denn der Körper ordnet alles nur für seinen Körper an, er findet bloß Körper in seinem Wege, und eine Verbindung zwischen ihm und dem Geiste ist für unser Fassungsvermögen unbegreiflich. Die Seele steht tief hinab in einem dunklen Hintergrunde und lebt im weiten Gebäude für sich, wie ein eingekerkerter Engel: sie hängt mit dem Körper und seinen vielfachen Teilen wenig zusammen [...]." Ebd. S. 364.

den Menschen gewinnen wollen, worauf Cosimo mit folgenden Worten hinweist: „Gefühl und Verstand sind zwei nebeneinander laufende Seiltänzer, die sich ewig ihre Kunststücke nachahmen, einer verachtet den anderen und will ihn übertreffen"[517]. Abgesehen von diesen Überlegungen, macht sich Cosimo jedoch keine größeren Sorgen um seine Existenz oder Bestimmung, da er von der Welt in seiner Jugendzeit enttäuscht ist, er diese, sich selbst sowie die Menschen verachtet, so dass ihm letztendlich alles in seinem Leben völlig gleichgültig wird[518].

Das Ergreifen des Selbst wird auch zum eigentlichen Thema des Romans *Godwi*, worauf auch Paul Böckmann hinweist[519]. Die Frage nach dem Wesen des Menschen stellt Römer in einem Brief an Godwi, in dem es heißt, dass Mensch zu sein einer Extravaganz ähnelt, da die Leute, die sich als unvollendet betrachten, nie etwas Ganzes sein können. Römer dagegen behauptet von sich selbst, dass er selbständig und vollendet sei, indem er so ist, wie er ist und nicht anders, also einzigartig. Auch die extravagante Beschaffenheit lehnt er ab, da er nur durch das Hineingehen in sein Inneres sein wahres Ich finden kann - im Gegensatz zu denjenigen, die ihr Wesen außerhalb von sich selbst in der Konfrontation mit der äußeren Welt suchen[520]. Deswegen hat Godwi große Probleme mit der Selbstbestimmung, da er auf der Suche nach einem Teil seines Selbst im steinernen Bild seiner früh gestorbenen Mutter ist und ständig unter einem gestörten Ichbewusstsein leidet. Außerdem meint er, dass oft „der Mensch so enge in sich selbst gefangen ist, dass er sich meistens selbst verzehrt, wo er die Welt verzehren sollte"[521]. Die Identität wird aber nicht nur bei den Haupthelden dieses Romans zum Problem, wovon das Leben von Annonciata zeugen kann. Ihre Existenz beruht auf einer ständigen Flucht aus der Identität, womit die Auflösung der eigenen Identität sowie das Zerreißen der Kontinuität des Daseins verbunden ist[522].

Zu den vielen Aspekten, die die Selbsterfassung des Menschen erschweren können, zählt auch die Identitätsdiffusion. Wie schon Christopher Schwarz zu Recht betont, steht sie in einem engen Zusammenhang mit der Tendenz des Menschen der Romantik zu Sinnlosigkeits- und Leergefühlen[523]. Sie beruht auf der Verbindung von übersteigerter Empfindsamkeit und Rollenspiel, die die Menschen oft verwirrt, besonders da ihre Wahrnehmung der Wirklichkeit in ei-

---

[517] Ebd. S. 365.
[518] Ebd. S. 617-618.
[519] Paul Böckmann: *Die romantische Poesie Brentanos und ihre Grundlagen bei F. Schlegel und Tieck. Ein Beitrag zur Entwicklung der deutschen Romantik;* in: *Jahrbuch des freien Deutschen Hochstifts* (1934-35), S. 137.
[520] Brentano *Godwi...* S. 211-212.
[521] Ebd. S. 361.
[522] Mehr zum Fluch der Identität und zur Flucht aus der Identität siehe Susanne Scharnowski: *Ein wildes gestaltloses Lied. Clemens Brentanos „Godwi oder das steinerne Bild der Mutter";* Würzburg 1996.
[523] Schwarz *Langeweile und Identität...* S. 105.

nem krassen Wiederspruch zu ihren Erwartungen und Lebensansprüchen steht. Das Gefühl des Sinnverlusts wird noch durch das sich verbreitende Gefühl des Marionettenhaften in Menschen verstärkt, das das menschliche Wesen unsicher machen und in Angstzustände versetzen kann. Der Mensch, der sich selbst nicht mehr als eine geschlossene Einheit erkennen kann, fürchtet sich vor der ihm auch fremd gewordenen Welt. All diese heftig empfundenen inneren Regungen finden ihren Ausdruck in der Überzeugung von einer schmerzhaften und qualvollen Existenz.

Da es dem Menschen der Romantik schwerfällt, sich in der wahren Welt zurechtzufinden, bleibt er oft weiterhin im Bereich seiner Träume und Wünsche, wie Balder oder William Lovell. Das hat die Entfremdung zur Folge, worüber Lovell in folgender Aussage klagt:

„Überall bin ich mir fremd, und überall finde ich mit meinen Ideen einen wundervollen Zusammenhang. Der höchste Klang des Schmerzens und der Qual fließt wieder in den sanften Wohllaut der Freude ein, das Verächtliche steht erhaben und die Erhabenheit fällt zu Boden"[524].

Wenn man sich jedoch zu stark der Einbildungskraft hingibt, um aus der unerträglichen Welt zu fliehen, besteht nicht nur die Gefahr die Grenze der menschlichen Erkenntnis zu brechen, sondern auch an der eigenen Existenz zu zweifeln, wie Balder oder Lenz.

Die romantischen Helden, die zwischen der unerreichbaren, idealen Welt der Phantasie und der wahren, aber fremden und unerkennbaren Realität zerrissen sind und zugleich sehr stark von Gefühlsregungen abhängen, können bezeichnet werden - wie Jean Paul dies mit Roquairol tut - als Opfer des eigenen zwiespältigen Jahrhunderts und zugleich „Abgebrannte des Lebens"[525] - wegen des ständigen Kampfes gegen die unerträgliche Existenz sowie der ununterbrochenen Suche nach Selbstbestimmung und Lebenssinn.

Zu überlegen ist, inwieweit sich die Identitätsprobleme der Protagonisten der Romantik als Ausdruck nihilistischer Gedankenexperimente identifizieren lassen. Die Bewusstseinkrise selbst ist noch nicht als Beweis für so eine nihilistische Gesinnung zu betrachten, wird aber von der Tatsache begleitet, dass die Identitätsdiffusion zugleich in einem engen Zusammenhang mit dem Gefühl der Bedeutungslosigkeit und Nichtigkeit sowie Sinnlosigkeit, Leere und Langeweile steht, so rückt sie die Helden dem Nihilismus sehr nah. Obwohl viele Helden der Romantik unter der Identitätskrise leiden, verfallen sie deswegen im Unterschied zu den meisten nihilisierenden Menschen nicht in extreme Unsicherheits- oder Angstzustände, die konsequenterweise die menschliche Existenz unerträglich machen. Daraus können wir die Schlussfolgerung ziehen, dass die Schwierig-

---

[524] Tieck *William Lovell...* S. 371.
[525] Vergleiche dazu Jean Paul *Titan...* S. 276, 277.

keiten in der Selbsterfassung zwar vielen Menschen (nicht nur der Romantik) zuteil werden, aber erst die Reaktion darauf sie wesentlich differenzieren kann. Außerdem lassen sich die nihilisierenden Helden in ihrer Selbstergründung im Vergleich mit anderen als tief in sich hineinschauende Menschen auffassen, die in ihrer Selbstsuche an die Grenzen der menschlichen Erkenntnis kommen oder sie sogar bewusst überschreiten, ohne die daraus folgenden Konsequenzen zu meiden, die sich meistens als geistige Störungen äußern. Beispiel ist das gestörte Verhältnis zur Gesellschaft von Balder und Schoppe, die schließlich dem Wahn erliegen. Balder flieht aus der unerträglichen Welt in seine Phantasievorstellungen, Schoppe dagegen geht am Zerfall seines Ichs in mehrere zugrunde. Eine gründliche Selbsterkenntnis kann auch zu einer unerwarteten Entdeckung des Nichts führen, wie bei Kreuzgang oder William Lovell, die sich dann als nichtig und nichtswürdig betrachten.

Im Prozess der Individualisierung des Menschen in der Gesellschaft geraten nihilisierende Helden in noch viel schmerzlicher empfundene Konflikte, so dass sie aus der entfremdeten Welt oft in die Einsamkeit fliehen, wie zum Beispiel Balder, William Lovell, Godwi, Godwis Vater oder Kreuzgang. Gefühle der Sinnlosigkeit des menschlichen Daseins sowie des Lebens, der inneren Leere oder Langeweile gewinnen dagegen im Kontext des Maskenhaften und Marionettenhaften an Bedeutung. Sobald man der Metapher folgt, die Welt sei ein Theater, in der der Mensch nur eine bestimmte Rolle zu spielen habe, wird das menschliche Wesen zu einer bedeutungslosen Marionette, die im Leben nur die ihr vorgeschriebenen Aufgaben erfüllen müsse. Damit werden zugleich folgende Begriffe wie die Persönlichkeit oder der Subjektivismus bezweifelt, die den Menschen von seiner Bedeutungslosigkeit und Nichtigkeit nur überzeugen können.

Die pessimistische Gesinnung wird verstärkt von der Ansicht, der Mensch sei einer ihm überlegenen Kraft wie Notwendigkeit, Schicksal oder Zufall schonungslos ausgesetzt. Viele Protagonisten fühlen sich lediglich als Vollzugsmittel solcher Mächte, worauf in vielen Werken der Romantik hingedeutet wird. Es gibt Helden, die sich vom Schicksal (wie Roquairol), vom Verhängnis (wie Mönch Medarus) oder von der Notwendigkeit (wie Danton) determiniert fühlen. Ein solches Bewusstsein der Abhängigkeit von unbekannten Kräften, die auf das Leben einen großen Einfluss ausüben können und gegen die man nichts unternehmen kann, steigert das Gefühl der Unsicherheit, der Sinnlosigkeit, ja gar der allumfassenden Nichtigkeit. Vergeblich versuchen also manche Menschen ihrem Leben durch ständigen Identitätswechsel einen Sinn zu verleihen, da sie doch aus verschiedenen Gründen ihre wahre Identität wieder annehmen müssen. Sowohl William Lovell als auch Waterloo, Roquairol und Medarus verstecken sich hinter anderen Namen, um sich interessanter zu machen, Mädchen zu verführen, oder an anderen Rache zu nehmen. Letztendlich aber führt die beabsichtigte Veränderung der Persönlichkeit zu einer starken inneren Verwirrung, so dass die

Helden unfähig sind, mit dem zerrissenen Ich ungestörte zwischenmenschliche Bezeihungen zu pflegen oder sich selbst zu begreifen. Deswegen haben sie auch große Schwierigkeiten, in solchen Gefühlen wie Liebe oder Freundschaft, beharrlich zu bleiben. Eher sind sie auf der Suche nach imaginären Wünschen und Träumen, die im wahren Leben nicht erfüllt werden können, weswegen sie unersättlich bleiben. Der Zwiespalt zwischen den Absichten und den unerreichbaren Zielen kann dann die Enttäuschung vom Leben vertiefen und zur Resignation führen. So zieht sich William Lovell in die Abgeschiedenheit zurück, Waterloo verspürt in seiner Todesstunde Gewissensbisse, Medarus möchte sich durch Bußübungen von seinen Sünden befreien, Roquairol hingegen kann seine leere und sinnlose Existenz nicht aushalten und begeht Selbstmord.

Zusammenfassend kann man feststellen, dass besonders die überempfindlichen Protagonisten, die unermüdlich die Frage nach ihrer Identität, dem Glück sowie dem richtigen Leben zu ergründen suchen, ihre gescheiterten Versuche mit einer unüberwindbaren Krise erleiden. Sie haben auch große Schwierigkeiten, sich zurechtzufinden in der als schmerzvoll empfundenen und deswegen unerträglichen Realität, die zugleich auch völlig sinnlos zu sein scheint. Deshalb sobald sie die Nichtigkeit ihres Selbst sowie der äußeren Welt entdecken, versuchen sie folglich entweder aktiv in der Sinnlichkeit oder Genusssucht den sich verbreitenden Gefühlen der Leere und Langeweile zu entgehen (vgl. William Lovell, Roquairol, Andrea Cosimo), oder aber sie werden dann passiv und erliegen der Melancholie oder der Verzweiflung (wie Balder, Godwi, Schoppe, Kreuzgang, Lenz, Danton).

5.2. Gefühlsleere

Im 18. Jh. kommt es zur Emanzipation der Gefühle, die in der Gesellschaft viele Konflikte verursachen. Wie Christopher Schwarz ausdrücklich betont, trennt

„eine entmoralisierte Empfindsamkeit die Kultivierung der Gefühle von ihrem gesellschaftlichen Bezugsrahmen; damit ist dem Individuum der Stoff der Wirklichkeit entzogen, an dem sich seine Gefühle objektivieren können"[526].

Viele junge Helden, die erst in ihrer Reifezeit begriffen sind, haben außerdem große Probleme mit ihrer überempfindlichen Gemütsart, die einen fast unüberwindbaren Zwiespalt zwischen den Lebensvorstellungen und Realität verursacht. Einen besonders krassen Widerspruch gibt es im Bereich von Liebe oder Freundschaft, die von den Protagonisten oft idealisiert werden und deswegen den wahren Verhältnissen nicht entsprechen können, was zwangsläufig zu Enttäuschung oder gar zu innerer Verwirrung führt. Die zwischenmenschlichen Be-

---

[526] Schwarz *Langeweile und Identität...* S. 79.

ziehungen werden zudem noch von dem widersprüchlichen Bild der Frau der Romantik erschwert, die entweder als Heilige oder als moralisch fragwürdige Gestalt dargestellt wird. Außerdem beruht das Unglück der Schwärmer darauf, wie schon von Godwis Vater behauptet wird, dass sie sich

„nach Liebe und Freundschaft, aber nicht nach Menschen [selbst] sehnen"[527].

So setzen sich der Subjektivismus oder sogar der Egoismus durch, die die menschlichen Kontakte problematisch erscheinen lassen und manchmal in der Einsamkeit des Helden münden. Viele Protagonisten sind nämlich einerseits nicht fähig, die Umgebung zu verstehen, andererseits fühlen sie sich von der Gesellschaft missverstanden und von ihr ausgestoßen.

Eine große Rolle im menschlichen Leben spielen Gemütsschwankungen, die sich besonders bei den überempfindlichen Helden als problematisch erweisen, da sie in ihrer Wahrnehmung der äußeren Welt sowie in ihren Gefühlen nicht standhaft sein können. Außerdem fällt es den Protagonisten schwer, sich selbst eindeutig zu bestimmen und eigene Gefühle zusammenzufassen, die von großer Liebe schnell in großen Hass übergleiten können. Viele Menschen meinen folglich, dass sie in ihrem Leben eigentlich „nie ganz glücklich und nie ganz unglücklich werden"[528] können. Dabei besteht jedoch die Gefahr, dass „eine vollfühlende Seele den Körper mit Gefühllosigkeit bedeckt"[529], worauf schon Godwi hinweist. Die Extreme in der Gemütslage von übertriebenen Empfindungen bis auf Empfindungslosigkeit sind aber nicht nur für Godwi, sondern auch für andere nihilisierende Protagonisten wie William Lovell, Waterloo, Balder, Godwis Vater, Roquairol, Schoppe oder Kreuzgang charakteristisch, worauf noch einzugehen wird. In diesem Zusammenhang muss man jedoch noch auf die gestörten Kommunikationsprobleme verweisen, die in einer Aussage Balders besonders deutlich zum Ausdruck kommen:

„Das, was die Menschen sagen und denken, Freundschaft und Hass, Unsterblichkeit und Tod – sind auch nur Worte. Wir leben jeder einsam für sich, und keiner vernimmt den anderen, antwortet wieder Zeichen aus sich heraus, die der Fragende ebenso wenig versteht; - so [ist] unser ganzes Leben ein unnützes Treiben und Drängen, das elendste und verächtlichste Possenspiel, ohne Sinn und Bedeutung [...]"[530].

---

[527] Brentano *Godwi...* S. 422.
[528] Ebd. S. 22.
[529] Ebd. S. 23. Vom inneren Zwiespalt der Gefühle zeugt auch folgende Aussage von Godwi: „Ach so dreht sich die Wandeltreppe meiner Laune aus dem traulichen Wollustdüstern Boudoir meines Herzens hinauf zu dem wüsten todten Leben in meinem Kopfe." – Ebd. S. 27.
[530] Tieck *William Lovell...* S. 206-207.

Abgeleitet daraus kann die Vermutung werden, dass infolge der Schwierigkeiten in der zwischenmenschlichen Kommunikation nicht nur das Gefühl der Einsamkeit, sondern auch die Sinn- und Bedeutungslosigkeit des Menschen selbst schmerzlicher empfunden wird. Zudem ist jeder Versuch, diese qualvolle Situation durch aktives Handel zu ändern, schon von vornherein als vergeblich und zugleich nur als ein Possenspiel zu betrachten, was wiederum die Nichtigkeit des Menschen bestätigt.

Da viele schwärmerische Helden oft schmerzliche Erfahrungen in der Liebe gesammelt haben, versuchen sie in der Hinwendung zur Vernunft und kühler Überlegung die gesellschaftlichen Verhältnisse zu regeln. Jedoch kann die frühere Enttäuschung in Gleichgültigkeit münden, was oft unabdingbar schwerwiegende Folgen für die Menschen haben kann. Nach zwei misslungenen Liebesversuchen beginnt Waterloo die Welt, die Menschen und schließlich sich selbst zu verachten. Sein neues Leben ist von Skeptizismus sowie Rachegefühlen bestimmt, was ihn innerlich verwüstet, so dass er - nachdem sein Ziel erreicht ist - nicht imstande ist, sich seines Sieges zu erfreuen, da er von Gewissensbissen gequält wird. Der frühere Enthusiasmus und die Menschliebe werden auch bei William Lovell durch Gleichgültigkeit ersetzt, nachdem sein Vater der Bitte, ihn mit Amalie zu vermählen, nicht nachgekommen ist. Verzweifelt stellt Lovell fest:

„Ich stehe jetzt an einem Scheidewege, der manches Gehirn zum Schwindeln bringen könnte, aber ich bin fast gleichgültig geblieben. Ich fange überhaupt an, wie es mein Vater will, kalt und vernünftig zu werden, ich hoffe es am Ende wohl noch dahin zu bringen, den Enthusiasmus in meiner Brust auszulöschen [...]"[531].

Seinem großen innerlichen Schmerz sucht Lovell damit zu entgehen, diesem Unglück gegenüber gleichgültig zu bleiben. Trotzdem aber kommt er in seinem genussvollen Leben immer wieder in die Situation, seine Liebschaften mit der Liebe zu Amalie zu vergleichen, weswegen er auch nicht imstande ist, eine längere Beziehung mit einer Heirat zu krönen (etwa mit Rosaline).

Aus einer großen Liebesenttäuschung resultierende Gleichgültigkeit zeigen nicht nur die Lebensläufe von Waterloo oder William Lovell, sondern auch von Godwis Vater, von Godwi selbst sowie die von Roquairol und Kreuzgang. All diese Helden sind in ihrem Leben von misslungener Liebe bestimmt, so dass sie kaum dazu fähig sind, wahre Liebe zu empfinden, geschweige denn völlig ungestörte Beziehungen zu anderen Menschen, besonders zu anderen Frauen, zu pflegen. Der innerlich zerrissene und leidende Mensch findet auch in den Lehren der früheren Philosophen keine Lösung, da sie ihm entweder nur verstummt oder verleugnet erscheinen, so dass er selbst weder froh noch traurig ist, sondern nur amüsiert oder zerstreut werden will. Demzufolge nimmt das Gefühl der

---

[531] Ebd. S. 189.

„ödesten Einsamkeit"[532] und inneren Leere, über die Godwi klagt, bei den nihilisierenden Protagonisten stetig zu.

Droht also der einerseits schwärmerische und andererseits herzensleere Mensch zu einem seelenlosen und maschinenhaften Wesen herabgesetzt zu werden? William Lovell zufolge müsste ein Mensch mit derart gestörter Gefühlsäußerung

„das elendste [Wesen] unter Gottes Himmel sein"[533].

Außerdem besteht die Gefahr, worauf Eduard Burton in einem Brief an Lovell hinweist, dass so ein Mensch ausschließlich die „nichtswürdigste Verbindung seelenloser Glieder" verkörpern würde und dementsprechend nur eine „verworfene Maschine" und somit „durch diese trunkene Schwärmerei das verächtlichste unter allen denkbaren Wesen"[534] wäre. Auf diese Problematik macht uns auch Kreuzgang in den *Nachtwachen* aufmerksam, indem er einen Richter zuerst mit einer mechanischen Figur, später aber schon mit einer mechanischen Todesmaschine vergleicht, in der alles Menschliche unwiderruflich ausgelöscht ist[535]. In diesem Kontext ist auch Robespierre zu nennen, dessen Puritanismus samt seiner Gefühlszurückhaltung ihn gefühllos das unbeschränkte Guillotinieren fortsetzten lässt, so dass er selbst als Hinrichtungsmaschine bezeichnet werden könnte.

Wird also der nihilisierende Mensch der Romantik von all den hier genannten Faktoren (Emanzipation der Gefühle, übersteigerter Subjektivismus, Egoismus, unbeschränkte Phantasie, Gemütsschwankungen, schmerzliche Erfahrungen, das Maschinenhafte am Menschen, Gleichgültigkeit) so stark beeinflusst, dass er zu Liebe und Freundschaft unfähig wird? Um diese Frage vollständig beantworten zu können, müssen zunächst die zwischenmenschlichen Beziehungen nihilisierender Romantiker untersucht werden.

5.2.1. Problematische zwischenmenschliche Beziehungen: Liebe und Freundschaft

Die Beziehungen zwischen Mann und Frau lassen sich ohne das romantische Bild und die Charakteristik der Frau, die die menschlichen Beziehungen in der Romantik wesentlich beeinflussen, kaum charakterisieren. Die Frauen werden oft entweder als quasi Heilige oder moralisch herabgesunkene Wesen darge-

---

[532] Siehe: Brentano *Godwi...* S. 65.
[533] Tieck *William Lovell...* S. 124.
[534] Ebd. S. 240.
[535] Siehe: *Nachtwachen...* S. 18-19.

stellt[536]. Zu der ersten Gruppe, der eindeutig tugendhaften Frauen, gehören unter anderen: Amalie Wilmont (*William Lovell*), Otilie[537] und Joduno (*Godwi*), Liane[538] und Idoine (*Titan*); Aurelie[539] - Heilige Rosalia (*Elixiere des Teufels*). Als zu sehr der Sinnlichkeit verfallen werden vor allem Frauen bezeichnet wie Louise Blainville (sie verführt Lovell in Frankreich), Bianka (eine Prostituierte aus *William Lovell*) die Gräfin und ihre Tochter Violette (*Godwi*); die Fürstin (sie wollte sich an Albano rächen, sie war eine Geliebte von Roquairol im *Titan*). Man kann aber auch einige Frauen nennen, die sich weder als vollkommen und verehrungswürdig noch als moralisch herabgesunken bezeichnen lassen z.B.: Emilie Burton und Rosaline (*William Lovell*), Lady Hodefield –Molly (*Godwi*); Rabette und Linda der Romeiro (*Titan*) und Ophelia (*Nachtwachen des Bonaventura*). Im Gegensatz zu den keuschen und unmoralischen Frauen geben sie sich nur dem geliebten Mann hin, weswegen sie manchmal verführt und verlassen werden (Emilie, Rosaline, Rabette, Linda), woran sie auch oft zugrunde gehen oder aber als Folge dessen ein Kind gebären (Lady Hodefield und Ophelia).

Außerdem ist oft die schwärmerische Liebe, die als übertrieben empfindsam vorkommt zum Scheitern im realen Leben verurteilt. So ein Gefühl ist eine Empfindung zwar in der ersten Phase sehr stark, erlischt aber dann langsam, worauf Lovells Liebe zu Amalie Wilmont hinweist. Einerseits behauptet Lovell, Amalie leidenschaftlich zu lieben, trotzdem aber verlässt er England, lässt sich von einer anderen Frau verführen und unternimmt nicht den Versuch Amalie doch zu heiraten. Uneins mit sich selbst ist auch Godwi, der drei Frauen liebt[540], aber letztendlich keine zu seiner Ehefrau macht und obwohl er später auch eine Geliebte hat, bleibt er schließlich völlig einsam. Gleichwohl behauptet er, dass das menschliche Leben ohne Liebe dem Tod ähnlich sei[541] und sehnt sich nach ihr:

---

[536] Mehr zum Frauenbild in der Romantik siehe in: Mario Praz: *Liebe, Tod und Teufel. Die schwarze Romantik;* München 1960.
[537] Otilie wird wie eine Hostie gedacht, die man durch weltliche Liebe nicht verderben kann, siehe: Brentano *Godwi...* S. 346.
[538] Liane: „Sie blieb mehr eine Braut Gottes als die eines Menschen", siehe: Jean Paul *Titan...* S. 397.
[539] Aurelie geht ins Kloster, um, eine Nonne zu werden. Bei der kirchlichen Zeremonie der Einkleidung wird sie aber von Medarus Doppelgänger – Viktorin ermordet und kurz darauf heilig gesprochen. Siehe: Hoffmann *Elixiere des Teufels...* S. 313.
[540] Mehr Einzelheiten dazu siehe in Godwis Brief an Karl Römer: Brentano *Godwi...* S. 79-91.
[541] Brentano *Godwi...* S. 79.

„Nun ja ich möchte gern lieben, und geliebt werden, und ohne Noth und Angst, ohne Sorgen und Mühe, denn ich fürchte mich vor nichts mehr als Zärtlichkeit, einen geschwornern Feind von der sentimentalen Welt können Sie sich nicht denken, [...]"[542].

Nach vielen Enttäuschungen in der Liebe hat Godwi vermutlich Angst vor Sinnlichkeit und möchte vernünftiger lieben. Von einer problematischen Liebe erzählt auch Lenz, der durch Eifersucht seine Liebe zu Friederike zerstört zu haben meint[543].

Schwärmerische Liebe wird überdies oft vom Gefühl des Ungenügens begleitet, da man ständig versucht, sein Bedürfnis nach Befriedigung zu stillen, was in Godwis Überlegungen deutlich ausgedrückt wird:

„Wenn ich alles dieses fühle, dass es mich ganz vernichtet, zu sehen, dass ich mich nur beglücken, nur mich befriedigen will, dass dieser Drang nach Liebe ein Bedürfnis ist, dass auch mit dem Bedürfnisse Liebe und Freundschaft schwindet und wächst. Ist der Wunsch der Liebe alles aufzuopfern, nur zur Selbsttäuschung in unsere Verbindungen gelegt? Ist mir denn das Gefühl, mich dem Ideale meiner kühnen Hoffnung uneigennützig, ohne Selbstliebe, nur ganz ihm hinzugeben, nur zur augenblicklichen Schmeichelei erschaffen, und sucht man uns den Egoismus nur weg zu raisonniren, damit wir ihn uns zur Qual sich wieder in unsere lieblichsten Bilder von Menschenglück als einzig feststehenden Beweggrund eindrängen sehen?[544]

Godwis Aussage verweist darauf, dass das Gefühl, in der Liebe selbstlos zu sein, nur eine vorübergehende Täuschung ist, da man sich doch egoistisch nach der Erfüllung eigener idealer Liebe sehnt und nicht uneigennützig zu Opfern bereit ist. Demzufolge könnte man die These aufstellen, dass Godwi in seiner Jugendzeit noch nicht darauf vorbereitet ist, alles für die Liebe zu opfern, oder zu leiden, daher verzichtet er auf die von ihm geliebte Otilie[545] und verlässt sie.

Eine Liebesenttäuschung in der Jugendzeit kann auch schwerwiegende Folgen für das spätere Leben eines Menschen haben, wie im Falle Waterloos. Zweimal von unglücklicher Liebe schmerzlich erfahren, verfällt er zuerst einer tiefen Melancholie und möchte sein Leben beenden, dann aber kommt er durch einen Zufall an Geld und beginnt eine genussvolle Existenz. Innerlich jedoch ist er leer und kalt, so dass er die Welt, andere Menschen sowie sich selbst verachtet. Da er dann auch die Menschen zu hassen sucht[546], wird er durch seine Rachesucht einsam und verlassen. Schmerzliche Liebeserfahrung wird

---

[542] Ebd. S. 445.
[543] Lenz macht sich viele Vorwürfe, da er meint, die geliebte Friederike durch seine Eifersucht unglücklich gemacht zu haben. Siehe: Büchner *Lenz...* S. 23-24.
[544] Brentano *Godwi...* S. 85.
[545] Die Liebe zu Otilie erscheint ihm als solche, die mit Schmerzen verbunden wird: „O wie hat mich dies Weib gefangen genommen, und wie werde ich durch sie leiden müssen, Schmerzen, die sie nimmer verstehen kann" - siehe: Ebd. S. 154. Daher verzichtet er auf sie und geht nach England zurück.
[546] Vgl. Tieck *William Lovell...* S. 623.

eigentlich fast allen Schwärmern der Romantik zuteil (Godwi, Godwis Vater, William Lovell, Roquairol), weswegen sie dann daran gehindert werden, sich unter Aufgabe des Egoismus für die Liebe aufzuopfern.

Der große Zwiespalt zwischen den Erwartungen und der Realität erschwert auch die Empfindung einer wahren Liebe, die in der eigenen Vorstellung jedes romantischen Helden idealisiert wird, so dass sie künstlich und zugleich in der wahren Welt unerreichbar ist. Für die Verwechslung der echten Liebe mit Sinnlichkeit wird oft die übersteigerte Phantasie der Protagonisten verantwortlich gemacht. In diesem Zusammenhang behauptet Balder von William Lovell, dass seine Liebe nur in seiner Phantasiewelt existiert und im wahren Leben nicht verwirklicht werden kann. Deswegen möchte Balder seinen Freund aufklären:

„Deine Phantasie bedarf beständig eines reizenden Spiels und Du wirst es auch allenthalben sehr bald finden; jedes hohe einzige Gefühl der Liebe, das sich weder beschreiben, noch zum zweiten Male beschreiben lässt, hat deine irdische Brust nie besucht, bei dir stirbt die Liebe mit der Gegenwart der Geliebten"[547].

Ähnlicher Meinung über Lovells Empfindungen ist sein Vater, der behauptet Lovells Liebe sei lediglich eine leichte Nahrung seiner Phantasie und eine sanfte Empfindsamkeit, deren Ursprung er vergeblich in Amaliens Empfindungen zu finden glaube[548]. Die Einschätzungen von Lovells vergeblicher Suche nach einer idealen und zugleich unerreichbaren Liebe in der realen Welt werden dann durch seine zahlreichen Liebschaften belegt, die als Ausdruck seiner übersteigerten Empfindsamkeit gesehen werden können. Lovell selbst kommt dann zu dem Schluss, dass die Liebe nichts anderes als eine nichtswürdige Einbildung des Menschen sei, so dass er sich nur von Sinnlichkeit leiten lässt[549]. Schwärmerische und idealisierte Liebe hindert auch Godwi und Roquairol daran, sich in einer weltlichen Liebe zu realisieren und glücklich zu werden. Godwi möchte Schmerzen meiden, die sich mit einer großen Liebe verbänden, Roquairol dagegen ist auf einer ständigen Suche nach einer Liebe, die seinem Leben Sinn geben könnte. Er glaubt die unglückliche Liebe zu Linda schon überwunden zu haben und ging so „in dieser Freiheit des Sieges [...] stolzer einher und streckte die Arme leichter und sehnsüchtiger nach der edlen Liebe aus. [...] Rabette war ihm nicht schön genug [...], er beschloß, sie zu prüfen"[550]. Auch hier kann man nicht von einer echten und selbstlosen Liebe sprechen, da sie darauf beruhen sollte, ein Mädchen zuerst in ihrer Liebe zu prüfen.

---

[547] Tieck *William Lovell...* S. 81.
[548] Siehe ebd. S. 183.
[549] Ebd. S. 200.
[550] Jean Paul *Titan ...* S. 333.

Oft wird Liebe durch Sinnlichkeit und Genuss ersetzt. Lovell erscheint die Wollust als höherer Wert als Gott, die Sinnlichkeit verwechselt er nämlich mit wahrer Liebe. In Louisens Armen konnte er Amalie vergessen und schwört sogar, sie nie geliebt zu haben, sobald er von einer anderen Frau geküsst wird[551]. Lovell schreibt sogar eine Hymne an die Sinnlichkeit, die ihn von der nichtigen Erde retten solle, so dass er sich stark genug fühle, mit dem Tod und Schicksal zu kämpfen. Schon am nächsten Morgen möchte er jedoch Frankreich verlassen, da er wie aus einem Schlaf erwacht und wieder an Amalie denkt und sich ihr gegenüber schuldig fühlt. Aber erst nachdem sein Vater gegen seine Heirat mit Amalien ist, entscheidet sich Lovell, die Sinnlichkeit in vollen Zügen zu genießen: „Ich will von Stufe zu Stufe klettern, um die oberste und schönste Spitze der Freude zu finden und hoch herab auf alle Trübsale und Demütigungen blicken, womit die Sterblichen in diesem Leben verfolgt werden"[552], ohne die Konsequenzen seiner Entscheidung zu bedenken. Lovell nennt auch die Vorzüge der Sinnlichkeit, die darauf beruhen, den Menschen immer wieder froh und lebendig zu machen. Aus dem Trieb des Menschen zur Wollust und Sinnlichkeit könnten, so Lovell, auch die besten malerischen und musikalischen Werke entstehen. Die körperliche Liebschaft mit Bianka sollte ihm dann die Liebe ersetzten. Aber seine Sinnlichkeit lässt sich kaum befriedigen, so dass er, von Wollust ergriffen, sich mit mehreren Frauen vergnügt[553].

Auch Lovells angebliche Liebe zu Rosaline ist ausschließlich von Sinnlichkeit geprägt, mit der er seine innere Leere zu erfüllen sucht. Er behauptet,

„Nur dies ist der einzige Genuß, in welchem wir die kalte, wüste Leere in unserem Innern nicht bemerken, wir versinken in Wollust, und die hohen rauschenden Wogen schlagen über uns zusammen, dann liegen wir im Abgrunde der Seligkeit, von dieser Welt und von uns abgerissen"[554].

Die Seligkeit tritt hier indes nur als tiefes, rauschhaftes Glücksgefühl in Erscheinung.

Über die Sinnlichkeit äußern sich auch andere Protagonisten. Mortimer meint, dass die meisten Menschen die Sinnlichkeit irrtümlich für Liebe und für das Ebenbild Gottes (wie William Lovell) halten, worauf ihr Unglück beruhe. Außerdem bezeichnet er die Ersetzung der Liebe durch Sinnlichkeit als Ausdruck der Zeit. Anderer Meinung ist Andrea Cosmio, der fest davon überzeugt ist, dass der Mensch sich gerade nur in der Sinnlichkeit begreifen könne, da sie und nicht der Geist oder die Seele den Menschen regiere. In seinen Aufsätzen, die er an William Lovell richtet, beschreibt er die Sinnlichkeit, die ihm selbst in

---

[551] Tieck *William Lovell...* S. 92.
[552] Ebd. S. 189.
[553] Mehr dazu siehe: ebd. S. 234.
[554] Ebd. S. 288.

seiner Jugendzeit geholfen haben soll, düstere Gedanken über das Leben und seine Enttäuschung in der Liebe zu überwinden. Der reine Genuss des Lebens hat ihm aber nicht weiter geholfen, sondern - ganz im Gegenteil - ihn dazu brachte, sich selbst sowie die Welt und andere Menschen zu verachten[555]. Rosa macht seine Zeitgenossen noch auf einen Aspekt der Sinnlichkeit aufmerksam, der darauf beruht, dass die Sinnlichkeit dem Menschen die Welt anders erscheinen lässt, was bei ihrem Verlust nur Leere und Öde zur Folge habe. Er behauptet:

„Die Sinnlichkeit ist auf einen so hohen Grad exaltiert, dass sie die wirkliche Welt leer und nüchtern findet; je weniger Nahrung sie von außen erhält, desto mehr erglüht sie in sich selbst; sie erschafft sich neue Welten und lässt sie wieder untergehn: bis endlich der zu sehr gespannte Bogen bricht und eine völlige Schlaffheit den Geist lähmt und uns für alle Freuden unempfänglich macht; alles verdorrt, ein ewiger Winter umgibt uns. Welche Gottheit soll dann den Frühling zurückbringen?"[556]

Die Vortäuschung der Sinne kann also den Menschen nicht nur betrügen, sondern ihm den Schein von einer schöneren Welt vermitteln, nach der sich jeder unbewusst sehnt[557] und dadurch den krassen Widerspruch zwischen Wünschen und ihrer Erfüllung in der Wirklichkeit vergrößert. Die Welt erscheint dann unverständlicher und völlig fremd, so dass man sich in die Sinnlichkeit flüchtet.

Der Sinnlichkeit erliegen auch andere romantische Schwärmer wie Godwi und Roquairol. Der eine lässt sich von einer sinnlichen Gräfin verführen[558], der andere verführt selbst, um die schmerzlichen Erinnerungen an seine unglückliche Liebe an Linda de Romeiro zu verdrängen. Roquairol versucht zudem seine innerliche Öde und Langeweile mit starken Gefühlsregungen zu erfüllen. Da „sein Herz die heiligen Empfindungen nicht lassen konnte, waren sie [lediglich nur als] eine neue Schwelgerei, höchstens ein Stärkungsmittel"[559] zu betrachten, so dass er sich unbeschränkt der Sinnlichkeit hingibt. Schoppe charakterisierte seine negativen Züge als „das chronische Geschwür der Eitelkeit und ein unheiliges Schlemmen und Prassen in Gefühlen"[560]. Eitelkeit und Genusssucht sollen Roquairol helfen, sich von der unerträglichen Wirklichkeit zu befreien, aber dadurch mache er sich, so Albano, lediglich „zum Knechten der Sinne und Eingeweide"[561].

---

[555] Zur Sinnlichkeit vergleiche ebd. unter anderen S. 316, 364 und 618.
[556] Tieck *William Lovell...* S. 157.
[557] Rosa zufolge ist die Liebe eine Sehnsucht, also „das Drängen nach dem Genusse, dem Ziele, nach welchem jeder rennt, ohne es zu glauben" – Ebd. S. 205.
[558] Mehr dazu siehe: Brentano *Godwi...* bes. S. 474-475.
[559] Jean Paul *Titan...* S. 277.
[560] Ebd. S. 284.
[561] Ebd. S. 388.

Roquairol behauptet zwar, ständig auf der Suche nach edler Liebe zu sein, aber dies entpuppte sich lediglich als ein Spiel, denn „er ließ nun vor ihr [Rabette] alle blendende Kräfte seines vielgestaltigen Wesens spielen"[562], um ihre Zuneigung zu gewinnen. Seine Liebe wäre somit als reines Spiel mit vielen Vorteilen für ihn selbst zu betrachten, aber mit einer selbstsüchtigen, zerstörerischen Kraft oder sogar Giftigkeit der geliebten Frau gegenüber. Rabette selbst war nicht imstande, seine Täuschung[563] zu erkennen und verliebte sich in ihn, ohne zu bemerken, dass die Gefühle, die Roquairol ihr gegenüber hatte, sich lediglich als Liebe der Empfindung, also Sinnlichkeit bezeichnen lassen. Demnach nannte der Erzähler die Beziehung zwischen beiden als Roquairols „Roman mit Rabette"[564], der in verschiedene Kapitel eingeteilt ist (Begeisterung, ihre Bewunderung und Trauer über seine Schmerzen, seine Scherze, Entfernung und Illuminationsmacht). Da Liebe für Roquairol nur ein Sinnenspiel verkörpert, kann er „nur nach Zürnen und Sündigen leichter lieben und beten"[565], so dass er sich an Rabette aus Langeweile versündigt. Zuerst tut ihm Rabette Leid, er besucht sie öfters und erkundigt sich nach ihrem Befinden schließlich aber schreibt nur Briefe mit einer Entschuldigung und verlässt sie.

Aber Roquairol verführt nicht nur Rabette, sondern auch Linda de Romeiro, die seine erste unerfüllte Liebe war. In diesem Falle will er nicht nur seine Jugendliebe erfüllen, sondern sich auch an seinem Freund Albano rächen. Die Vollführung der Tat wurde durch Roquairols Sinnlichkeit beschleunigt, denn

„das fressende Gift der Viel-Liebhaberei und Vielgötterei lief wieder heiß in allen Adern seines Herzen um – er machte wilden Aufwand, Spiele, Schulden, so weit es nur ging – setzte Glück und Leben auf die Waage – warf seinen eisernen Körper dem Tode zu (...) und berauschte sich in der wilden Trauer um sein gemordetes Leben und Hoffen im Leichentrunk der Schwelgerei"[566].

Auch William Lovell verführt Emilie Burton aus Rache an ihrem Bruder Eduard. Dabei glaubt er wieder seiner Sinnlichkeit (Roquairol ähnlich) unterlegen zu sein[567]. Eine sinnliche Liebe kommt auch in den *Nachtwachen des Bonaventura* zwischen der Frau des Richters und einen Jungen vor.

Einen höheren Sinn in der Liebe sucht zuerst auch der Mönch Medarus zu erkennen, aber seine Bemühungen sind umsonst, da sich seine Gefühle wie bei

---

[562] Ebd. S. 334.
[563] Roquairol war fähig, eine Liebe vorzutäuschen, denn „Nichts ist einem Simultanliebhaber, der alle liebt, natürlicher als die Liebe gegen eine darunter" (Ebd. S.507). Für ihn war vieles nur ein Spiel, das er oft bis ins Schmerzlichste führte (Ebd. S. 386).
[564] Ebd. S. 507-515.
[565] Ebd. S. 511.
[566] Ebd. S. 777.
[567] Vgl. dazu S. 441 und S. 455.

anderen nihilisierenden Protagonisten der Romantik als eine „wahnsinnige Leidenschaft"[568] entpuppen. Außerdem erfahren wir, dass nicht nur Medarus, sondern auch seine Vorfahren von der Sinnlichkeit heimgesucht wurden, weswegen sie ein sündhaftes Leben führten. Die Liebe Medarus' ist auch mit den kaum realisierbaren Phantasievorstellungen verbunden, denn Medarus ist schließlich ein Mönch. Seine starken inneren Gefühle können als Sucht oder der Besitzgier betrachtet werden. Medarus möchte Aurelie besitzen: „Ja es ist gewiss, dass sie noch mein wird, denn das Verhängnis waltet, dem sie nicht entgehen kann; und bin ich nicht selbst dieses Verhängnis"[569]? Diese Festestellung erinnert an Roquairol, der sich in ähnlicher Weise über das von ihm verführte Mädchen äußert und sich lediglich für ein Vollzugsmittel des Schicksals hält. Medarus scheut auch nicht vor einem Mord zurück, um Aurelie besitzen zu können. Damit ähnelt er William Lovell, der - um Rosaliene zu verführen - ihren Verlobten verletzt, der dann stirbt. Auf diese Weise kann Lovell ungestört Rosalines Liebe und Zuneigung gewinnen. Einerseits hofft aber auch Medarus, durch die Liebe zu Aurelie aus seinem verbrecherischen Leben gerettet zu werden (wie schon Roquairol, William Lovell oder Godwis Vater), andererseits ist er sich doch dessen bewusst, dass eine Vermählung mit ihr eine große Sünde wäre, die nicht nur ihn sondern auch das unschuldige Mädchen belasten würde. Dieser Gedanke macht ihn am Hochzeitstag wahnsinnig, so dass er Aurelie verletzt und sie verlässt[570]. Aber schon früher, als sich Medarus am Hofe für Viktorin ausgibt, bricht er sein Keuschheitsgelübde, indem er Viktorins Rolle des Geliebten von Euphemie übernimmt. Erst nachdem Medarus für seine weltlichen Sünden mit einer Buße belegt wird und eine innere Umwandlung erlebt, ist er imstande, auf die sinnliche Liebe zu Aurelie, die dann Nonne wird, zu verzichten.

Viele andere Protagonisten der Romantik werden in ihrer Liebe jedoch ständig vom Gefühl des Ungenügens begleitet, das eine Befriedigung unmöglich macht. William Lovell macht Rosaline oft Vorwürfe, dass sie ihn nicht stark genug liebt[571]. Aus diesem Grund ist er ständig unzufrieden, was Rosaline viele Sorgen bereitet. Da jedoch Lovell in seiner Vorstellung von idealer Liebe wesentlich beeinflusst wird, bleibt er in seinen zahlreichen Liebschaften unersättlich. Rosaline wäre also eine seiner quasi „Errungenschaften" zu betrachten und muss in ihrer Liebe scheitern. Auch Roquairol glaubt, sich mit der Liebe zu Rabette zu ändern, aber sein Versuch ist von vorn herein zum Scheitern verurteilt, da er sich innerlich völlig ausgebrannt und nichtig fühlt. Die Gefühle, die er Ra-

---

[568] Hoffmann *Elixiere des Teufels...* S. 177.
[569] Ebd. S. 101.
[570] Vgl. ebd. S. 228-229.
[571] Tieck *William Lovell...* S. 276.

bette gegenüber äußert, gehören zu seinen Lebensrollen, die er im Leben vorzüglich spielt[572].

Die große Bedeutung der Liebe in vielen Werken der Romantik liegt darin, dass sie oft als eine einzige Rettung aus der inneren Leere der Helden betrachtet wird. Schon Molly versucht durch ihre Liebe Godwis Vater von seinem Skeptizismus zu retten[573], aber sie wird nur verletzt, da er wider seinen Willen viel Böses tut, was er später bereut. Später möchte er bei Marie Wellner innere Ruhe und ruhiges Leben gewinnen, so dass er nicht scheut den Brief von Joseph an Marie zu übernehmen, um sie in dem Gefühl zu stärken, er sei gestorben, um sie dann zu heiraten. Auch der junge Godwi möchte durch Liebe seine existenziellen Probleme überwinden, aber wegen seiner sinnlichen Überspannung kann er in der Liebe ebenfalls nicht gerettet werden. Sobald er in sein Inneres schaut, entdeckt er nur Kälte und Leere[574]. Die einzige Rettung für sein leeres Leben sieht er im Humanismus, der ihm erlaubt, alle Menschen zu lieben[575].

Die Phantasievorstellungen haben auch über Roquairol Überhand gewonnen und der Junge leidet unter dem großen Zwiespalt zwischen der idealisierten und wahren Welt, so dass er plötzlich „in der lauen, grauen, trocknen Nebel-Masse des Lebens da lag und starb so durch das Leben fort"[576]. Durch die innere Leere fühlt er sich ständig gezwungen, sündigen zu müssen, um Gefühle in sich zu erwecken. Er selbst meint jedoch nicht böse, sondern „nur unglücklich und schwach"[577] zu sein, da er zu wenig geliebt wurde. Aus seiner verzweifelten Existenz möchte sich auch Kreuzgang durch die Liebe zu Ophelia retteten. Zugleich bezeichnet er seinen emotionalen Zustand selbst als ein tolles und undeutliches Gefühl und ist darüber verärgert[578]. Von diesem Moment an sieht er jedoch die Welt anders und zu seinem Erstaunen viel optimistischer als früher. Kreuzgang schreibt Briefe an seine Geliebte in der Überzeugung, dass nur die Liebe ihn von der als nichtig empfundenen Welt weit entfernt halten kann. In der Liebesbeziehung kommt es auch zum Selbstwechsel, aus welchem Grund

---

[572] Man behauptete von ihm: „er [Roquairol] hatte und kannte alle Zustände des Herzens, er erschuf sie spielend in sich und anderen, er war ein zweites Sanenland, das alle Klimate von Frankreich bis Nova Sembla beherbergt, und worin eben darum jeder seines findet; er war für andere alles, wiewohl für sich nichts. Er konnte sich in jeden Charakter werfen, wiewohl ihm eben darum zuweilen einkam, bloß den bequemsten durchzusetzen." Jean Paul *Titan*... S. 275.
[573] Brentano *Godwi*... S. 428.
[574] Ebd. S. 174. Zur inneren Leere siehe auch S. 166.
[575] Godwi war zu keiner „einzelnen Liebe" fähig, aber ihn erfüllte das Gefühl, dass „der Mensch sich [zwar]nicht zum einzelnen Menschen neigen konnte, [aber] es war Alles, wie in einer goldenen Zeit, man liebte Alles und war von allen geliebt." Ebd. S. 443.
[576] Jean Paul *Titan*... S. 288.
[577] Ebd. S. 289.
[578] *Nachtwachen*... S. 114-115.

Ophelia schwanger wird. Kurz darauf gebiert sie ein totes Kind und stirbt, so dass Kreuzgang wieder allein, verbittert und ironisch auf der Erde verbleibt.

Die Liebe zu Julie gibt auch Danton den Lebenssinn und ist gleichzeitig ruhestiftend, indem der Revolutionär in seinem Liebesbekenntnis betont: „Ich liebe dich wie das Grab"[579]. Der Vergleich höchster menschlicher Gefühle mit dem Grab kommt in Büchners Werk öfters vor und kann verschieden gedeutet werden. Man könnte die These aufstellen, dass das Grab nicht nur die ewige Ruhe, sondern auch eine Zuflucht aus der verwesten Welt und der unverändert leidvollen Existenz des Menschen ist, in der keine Gefühle, sondern nur eine schreckliche Leere herrscht. Deswegen verehrt Danton seine Geliebte mit folgenden Worten: „Du süßes Grab, deine Lippen sind Totenglocken, deine Stimme ist mein Grabgeläute, deine Brust mein Grabhügel und dein Herz mein Sarg"[580].

Die gestörten zwischenmenschlichen Beziehungen der nihilisierenden Helden lassen sich auch in ihren Freundschaftsversuchen beobachten. Viele Protagonisten der Romantik, die in der Suche nach wahrer Liebe gescheitert sind, haben große Schwierigkeiten, ihre Freundschaft für längere Zeit aufrechtzuerhalten. Als eine unechte Freundschaft, die infolge eines übersteigerten und zugleich egoistischen Subjektivismus zunichte wird, kann man die Beziehung zwischen William Lovell und Eduard Burton bezeichnen. Lovell wirft seinem Freund vor, dass er sich von ihm abgewandt hat, sobald sie sich in ihrer Weltbetrachtung geändert haben. Darüber hinaus meint auch Lovell, in seinen Gefühlen dadurch verletzt und verlassen zu werden. Um seiner Enttäuschung und inneren Verletzung Ausdruck zu verleihen und zugleich den früheren Freund zu beleidigen, bekennt er dann, seit dem Anfang ihrer Bekanntschaft Eduard Burton um vieles beneidet und ihn sogar als seinen Feind betrachtet zu haben. Lovell gibt sogar zu, Mordgedanken zu hegen und Eduard von einem Felsen in den Abgrund stürzen zu wollen[581]. Aber auch Eduard ist an dem unerwarteten Zerfall der Freundschaft nicht ganz schuldlos, denn nach Lovells Bekenntnis unternimmt er keine Versuche, Lovell von seinem Menschenhass und seiner moralischen Herabsetzung zu retten, sondern verachtet ihn, wovon in Eduards Brief an Mortimer die Rede ist[582]. Erst später macht sich der junge Burton Vorwürfe, Lovell nicht mehr in seinem Leben zu unterstützen, oder ihn vor seiner Verdorbenheit zu bewahren[583]. Die frühere Freundschaft schlägt in großen Hass um. Lovell rächt sich an Burton, indem er seine Schwester Emilie verführt und sie dann rücksichtslos verlässt, woran sie zugrunde geht.

---

[579] Büchner *Dantons Tod...* S. 5.
[580] Ebd. S. 5-6.
[581] Siehe dazu: Tieck *William Lovell...* S. 313-315.
[582] Ebd. S. 321.
[583] Siehe unter anderen S. 449, 460-461.

Lovell hat auch Schwierigkeiten, in seiner Freundschaft zu Balder standhaft zu bleiben. Zuerst meint er, in Balder seinen Seelenverwandten gefunden zu haben, mit dem er alle seine Lebenszweifel teilen konnte. Aber auch diesmal kann sich Lovell seiner freundschaftlichen Beziehung nicht länger ungestört erfreuen, da Balder geistige Probleme hat und schließlich dem Wahn erliegt. Obwohl sich Lovell große Sorgen um ihn macht, weigert er sich, den kranken Freund zu besuchen. Zufällig trifft er ihn nach vielen Jahren wieder, aber Balders seelische Störung ist schon zu fortgeschritten, um ihn erneut fürs Leben gewinnen zu können[584]. Es ist zu vermuten, dass Lovell wegen seines Egoismus sowie übersteigerter Empfindsamkeit zu keiner hingebungsvollen Freundschaft fähig ist. Einerseits verzichtet er auf seine wahren Freunde (Eduard Burton, Balder), andererseits widmet er sich eifrig Rosa und Andrea Cosimo, der ihn auch für seine Zwecke gewinnen möchte. Diese Verhaltensweise kann auch davon zeugen, dass Lovell, in seiner Empfindsamkeit begriffen, nicht imstande ist, eine reale und lebensgebundene Freundschaft einzugehen. Er verharrt in seiner Phantasiewelt, die ihm ein wahres Leben erschwert und viele Probleme, besonders im Bereich der Gefühle, mit sich bringt, so dass Lovell schließlich einsam und von anderen Menschen verlassen sein weiteres Leben führt, bis es in einem Duellkampf verliert.

Große Empfindsamkeit hindert auch Godwi daran, engere Freundschaften mit anderen Menschen zu knüpfen, so dass er, Lovell ähnlich, sein Leben letztendlich in Einsamkeit verbringt. Der Erzähler Maria spottet über die schwärmerische Freundschaft, die sich nur darauf beschränkt, jemandem sein Herz auszuschütten. Nur ärmliche, stolze und einseitige Menschen können sich nach solch einer Freundschaft sehnen, da sie als solche eher einer Erbärmlichkeit oder Barmherzigkeit entsprächen[585]. Eine echte Freundschaft beruhe, Maria zufolge, auf einer Harmonie zwei Individualitäten, so dass die Eigentümlichkeit jedes Einzelnen nicht angetastet wird. Außerdem sei auch die Wahrheit eine unbedingte Voraussetzung, freundschaftliche Beziehungen mit anderen zu pflegen, erst dann könne es zu einer geistigen Vereinigung zweier Individuen kommen. Wichtig dabei sei auch die Geselligkeit, die es den Menschen ermögliche, viele verschiedene Charaktere kennenzulernen, um dann aus dieser großen Vielfalt vernünftig einen Freund auszuwählen. Maria behauptet überdies auch, dass eine Freundschaft, die aus der Langeweile zweier einsamer Menschen entsteht, keine Chancen auf Erfolg haben kann. Mann kann also behaupten, dass weder Lovell, noch Godwi noch Roquairol, die als große Schwärmer bezeichnet werden können, wegen ihrer übermäßig großen Empfindsamkeit in ihren Absichten enge zwischenmenschliche Beziehungen zu pflegen, missglücken müssen.

---

[584] Zur Freundschaft zwischen Lovell und Balder siehe vor allem S. 48, 139 und 582-587.
[585] Mehr dazu siehe: Brentano *Godwi...* S. 269.

In diesem Zusammenhang ist noch die Freundschaft zwischen Roquairol und Albano zu erwähnen, die auf Wunsch des jüngeren Albano begann, der Roquairols Person idealisierte. Roquairol, der durch seine unglückliche Jugendliebe im Verhältnis zu anderen Menschen gestört ist, meint Albanos Freundschaft nicht wert zu sein, weil er selbst nur der Abgebrannte des Lebens sei[586]. Seine innere Leere, die all seine menschlichen Beziehungen problematisch und schmerzhaft macht, muss auch diese Freundschaft in Frage stellen. Nun könnte man die Behauptung wagen, dass gerade diese Freundschaft, die auf einem Maskenball und unter Verdacht eines Spiels geschlossen wurde, sei als unechte zu bezeichnen, insbesondere da Roquairol zu keinen wahren und tiefen Gefühlen mehr fähig ist und sie nur in theatralischen Possen nachahmt[587]. Aber man muss auch betonen, dass Roquairol Albano nicht belügen wollte, er sagte: „Nein, die ganze Welt will ich belügen, nur seine [Albanos] Seele nicht"[588]. Er versucht, auch sein Herz vor seinem Freund zu öffnen, indem er ihm seine innere Leere und den Sinnverlust mitteilte. Seine Gefühlsleere erklärt er damit, in seinem Leben wenig geliebt worden zu sein und daher große Probleme mit dem Empfinden der Liebe selbst zu haben. Zugleich bereut er auch Albano so spät kennengelernt zu haben, nämlich erst nach der großen, schwärmerischen und leidvollen Liebe zu Linda. Da Albano Roquairol durch seine jugendlichen Vorstellungen von ihm betrachtet, möchte er trotz der Warnung von Schoppe einen wahren und empfindlichen Menschen in Roquairol erkennen. Albano entschließt sich dazu, sich für die Freundschaft zu opfern und trotz allem Roquairol zu vertrauen. Er glaubt damit seine Großzügigkeit zu zeigen[589].

---

[586] Jean Paul Titan...S. 276-277. Roquairol meint zu früh, wegen der unglücklichen Liebe gelitten zu haben, da sie „zu früh alle Adern seines Herzens öffnete und badete es warm im eigenen Blute; er stürze sich in gute und böse Zerstreuung und Liebeshändel und stellte hinterher alles auf dem Papier und Theater wieder dar, was er bereuete oder gesegnete; und jede Darstellung höhlte ihn tiefer aus, wie der Sonne von ausgeworfenen Welten die Gruben blieben." Ebd. S. 277.

[587] Roquairol entscheidet sich, die Freundschaft zu beginnen, „aber bloß um mit ihr zu spielen - mit einem unwahren Herzen, dessen Gefühl mehr lyrisches Gedicht, als wahres dichtes Wesen ist - unfähig, wahr, ja kaum falsch zu sein, weil jede Wahrheit zur poetischen Darstellung artete und diese wieder zu jener – leichter vermögend, auf der Bühne und auf dem tragischen Schreibpult die wahre Sprache der Empfindung zu treffen als im Leben [...]". Ebd. S. 279.

[588] Ebd. S. 280. Darauf weist auch der Erzähler in folgender Beschreibung hin: obwohl „sein so oft aufgebelähtes und zusammengefallens Herz [sich] zur Liebe schwer aufheben konnte; hatte er die Freundschaft noch nicht verschwendet." Ebd. S. 279.

[589] Seine innere Begeisterung drückt sich in folgenden Worten aus: „O es ist eine heilige Zeit, worin der Mensch für den Altar der Freundschaft und Liebe nach Opfer und Priester ohne Fehl begehrt und erblickt; und es ist eine zu harte, worin die so oft belogene Brust sich an der fremden mitten im Liebestrunk des Augenblicks die kalte Nachbarschaft des Gebrechen weissagt!" Ebd. S. 339.

Diese Freundschaft ist aber nicht von langer Dauer, da Roquairol Albanos Schwester Rabette verführt und sie dann verlässt. Er schreibt dann einen Brief an Albano, in dem er sich zu dieser schändlichen Tat bekennt. Roquairol möchte Albano zum Duell herausfordern, aber dieser lehnt seinen Vorschlag ab mit der Erklärung, dass er ihn nicht mehr für einen ehrenvollen Mann hält. Schoppe überredet ihn dazu, diesen Kampf dennoch auszutragen. Albano gewinnt zwar den Fechtkampf, aber er will Roquairol nicht erstechen und lässt ihn frei. Die Freundschaft geht auseinander und der Hass bleibt. Deswegen nutzt Roquairol später die Gelegenheit, sich an Albano zu rächen, indem er seine Geliebte Linda missbraucht, wobei er sich für Albano selbst ausgibt. Da Roquairol dadurch sowohl die Liebe als auch die Freundschaft, also die ihm einzigen heiligen Werte auf der Erde zerstört, gibt es für ihn keinen Grund mehr zu leben. Bevor er sich jedoch auf der Bühne das Leben nimmt, spottet er über die Freundschaft mit Albano, dem er vorwirft, ihm seine Jugendliebe Linda zu nehmen. Auf diese Weise vermittelt er in dem Trauerspiel seine Enttäuschung über Albanos unwürdiges Verhalten ihm gegenüber und beschuldigt ihn indirekt auch seines Todes.

Zusammenfassend ist festzustellen, dass der nihilisierende Held der Romantik große Probleme hat, in Liebe oder Freundschaft beständig zu bleiben, besonders aus dem Grund, weil er sich innerlich leer und ausgebrannt fühlt. Vergeblich versucht er immer wieder, sein Leben durch Liebe oder Freundschaft lebendig und sinnvoll zu gestalten, bleibt er letztendlich einsam und verlassen. Eine große Rolle spielen dabei die Emanzipation der Gefühle sowie die Idealisierung der Wirklichkeit, die in einem krassen Widerspruch zur wahren Welt stehen und den überempfindlichen Helden viele Schmerzen bereiten. In den zwischenmenschlichen Beziehung wirkt sich auch Egoismus oder zu starker Subjektivismus negativ aus. Außerdem wird die schwärmerische Liebe oder Freundschaft oft vom Gefühl des Ungenügens begleitet, was die nihilisierenden Protagonisten von anderen romantischen Helden unterscheiden kann. Sie werden nämlich von Liebe oder Freundschaft viel stärker determiniert, da sie diese oft als einzige Lösung oder Rettung aus der leeren und sinnlosen Existenz betrachten. Unerfüllte Wünsche der Gefühlssphäre können dann zu weiteren Störungen im Gesellschaftsleben der Protagonisten führen und ihr weiteres Leben wesentlich bestimmen. Eine Herzensniederlage wird dann um so unerträglicher, je mehr Hoffnung man auf Gefühle oder Freundschaft gesetzt hat. Dementsprechend kann eine große Liebe oder Verehrung schnell in großen Hass oder sogar Rachegefühle umschlagen. Solch eine Vorgehensweise kann jedoch die Einsamkeit und innere Leere oder sogar Langeweile auf Dauer nicht verdrängen, sondern sie nur vorübergehend unterdrücken. Ihre Rückkehr wird deswegen um so häufiger stärkere Melancholie- oder Wahnsinnszustände auslösen können und den nihilisierenden Protagonisten in der Sinnlosigkeit seiner Existenz befestigen. Darüber hinaus lässt sich noch eine Tendenz beobachten, nämlich dass die überempfindlichen und dazu noch nihilisierenden Helden die Umgebung nicht verstehen können und freiwillig in die Abgeschiedenheit fliehen, oder aber aus der Gesellschaft ausgestoßen werden und ihre Einsamkeit hinnehmen müssen.

5.2.2. Erfahrung von Leere und Langeweile

Im Gegensatz zu den problematischen zwischenmenschlichen Beziehungen besonders in Liebe und Freundschaft, die nicht nur die nihilisierenden, sondern auch andere Helden der Romantik betreffen können, bezieht sich die Erfahrung von Leere und existenzieller Langeweile fast ausschließlich auf Protagonisten, die in ihrer Welt- und Selbstbetrachtung im Kontext der nihilistischen Gedankenexperimente vorkommen. Solche Menschen erfahren ihre Umgebung auf bedeutend empfindlichere Art und Weise als andere, weswegen sie in ihrer Erkenntnis oft an Grenzen stoßen und in ihrem Innern unerwartet eine große Leere entdecken. Da sie zugleich in der Weltergründung das allumfassende Nichts finden, begreifen sie ihr Leben häufig als nichtig und sinnlos. Ihre irdische Existenz erscheint ihnen so als öde und langweilig. Sehen wir uns also die Umstände an, unter denen es häufig zur Erfahrung der Leere und Langeweile kommt, mit besonderer Berücksichtigung von Faktoren, die diese Empfindungen auslösen oder verstärken können.

Aus der Darstellung zwischenmenschlicher Beziehungen geht eindeutig hervor, dass eine übersteigerte Sinnlichkeit das Gefühl der allumfassenden Leere beschleunigen kann. Darauf weist schon Rosa in seinem Brief an Lovell hin:

„Die Sinnlichkeit ist auf einen so hohen Grad exaltiert, dass sie die wirkliche Welt leer und nüchtern findet; je weniger Nahrung sie von außen erhält, je mehr erglüht sie in sich selbst; sie erschafft sich neue Welten und lässt sie wieder untergehen: bis endlich der zu sehr gespannte Bogen bricht und eine völlige Schlaffheit den Geist lähmt und uns für alle Freuden unempfindlich macht; alles verdorrt, ein ewiger Winter umgibt uns"[590].

Diese Aussage zeigt, dass eine sinnliche Erfassung der Welt mit der Gefahr droht, nicht nur die Leerheit des Lebens zu verdeutlichen, sondern auch eine imaginäre, schönere Welt im menschlichen Innern zu projizieren, bis der erschöpfte menschliche Geist gelähmt und zu einer objektiven Erfassung der Realität unfähig wird. Der Mensch bedarf also starker Gefühlsregungen, um aus der inneren Erschlaffung erlöst zu werden. In diesem Kontext könnte man auch die Behauptung wagen, dass aus diesem Grund die Empfindung der Liebe oft auf die körperliche Sinnlichkeit reduziert wurde.

In den Werken der deutschen Literatur von Jean Paul bis Georg Büchner gibt es viele Beispiele, die diese Vermutung bestätigen können. Sowohl Lovell als auch Godwi, Godwis Vater, Roquairol oder sogar Kreuzgang versuchen

---

[590] Tieck *William Lovell...* S. 157.

durch Liebe der Gefühlsleere zu entgehen. Von Sehnsüchten verführt, erliegen sie jedoch immer wieder der Empfindsamkeit, die sie nur getäuscht hat, so dass sie „in einer ewigen Herzensleerheit von Pol zu Pol"[591] gejagt wurden. Daran sei auch ihre Phantasie schuld, die die Grenzen der menschlichen Empfindsamkeit so weit treiben kann, dass schließlich Leerheit die menschliche Seele befällt. Wenn man nämlich der Phantasie erlaube, zu weit auszuschweifen, gerate der Mensch in so exzentrische Exaltationen, dass er plötzlich müde werde, wovon in Lovells Brief an seinen Freund Eduard Burton die Rede ist[592]. Überdies bemerkt noch Lovell, könne diese Trunkenheit des Geistes für den Menschen sehr gefährlich sein, da sie ihn von der Wirklichkeit entrücke, so dass er sich als Fremdling in einer ihm völlig unbekannte Welt fühle.

Lebensentfremdend ist auch der sich deswegen ständig vergrößernde Zwiespalt zwischen Erwartung und Realität, der die Empfindung der Leere besonders unerträglich macht. Davon zeugt eine Feststellung von Balder:

„In einem kalten Trübsinne sehe ich die Leere jedes folgenden Tages entgegen. Mein Gehirn ist wüst, eine heiße Trockenheit brennt in meinem Kopfe, alles flieht, ich kann keinen Gedanken festhalten: alles saust mir vorüber, kein Ton dringt mehr in meine Seele"[593].

Auch Schoppe, der sich über die Welt und sich selbst viele Gedanken macht, bezeichnet sein Leben als eine leere Sache und Wüstenei[594].

Im Gegensatz zu diesen Helden erfährt Kreuzgang die Leere im Zusammenhang mit der Nichtigkeit der Welt und des Menschen. Sie wird noch durch das Gefühl der Sinnlosigkeit verstärkt, da die Erde als eine falsche Welt empfunden wird, auf der nichts mehr wahrhaft, sondern alles leer ist, sie sei ein „abgeschmackter Tummelplatz von Narren und Masken."[595] Auch in Büchners Erzählung *Lenz* wird die Leere der nichtigen Welt angesprochen, die auch einen ungeheuren Riss in den Gefühlen bedeutet, denn Lenz kann weder an Hass, noch an Liebe noch Hoffnung denken, sondern empfindet nur „eine schreckliche Leere und doch folternde Unruhe, sie auszufüllen. [Denn] er hatte nichts"[596].

---

[591] Darauf macht uns William Lovell in seiner Aussage aufmerksam. Siehe: Tieck *William Lovell...* S. 124.
[592] Ebd. S. 124-125.
[593] Ebd. S. 172. Balder empfindet besonders schmerzlich die Kluft zwischen seiner Weltvorstellung und der Welt selbst, was dann oft in seinen Briefen an William Lovell zum Ausdruck kommt. Immer wieder wird in seinen Überlegungen die Leere dargestellt, wie in diesem Beispiel: „Dann sitze ich hier in einer weiten wilden ausgestorbenen Leere, bilde mir ein, einen Brief zu schreiben, an ein Wesen, das sich nur meine Phantasie erschaffen hat." (Ebd. S.163-164.) Zu betonen ist auch die große Rolle der Phantasie beim Empfinden der Leere.
[594] Jean Paul *Titan...* S. 736.
[595] *Nachtwachen...* S. 105.
[596] Büchner *Lenz...* S. 27.

Schließlich wird er allem gegenüber gleichgültig, so dass er sich ruhig von der Familie Oberlins entfernen und nach Straßburg schicken lässt. Seine innere Leere und Kälte versucht er zuerst mit Gebeten zu verdrängen, trotzdem aber blieb er innerlich tot, so dass er sogar an sich selbst zu zweifeln beginnt. Schließlich wird ihm seine Existenz zur Last:

„Er tat alles wie es die anderen taten, es war aber eine entsetzliche Leere in ihm, er fühlte keine Angst mehr, kein Verlangen; sein Dasein war ihm eine notwendige Last. – So lebte er hin"[597].

Von Bedeutung ist auch die Entdeckung der Leere im Innern der Helden, die in ihrer Selbstergründung unerschöpflich sind. Lovell stellt Überlegungen über die Aussichten seines Lebens an und kommt zum Entschluss, dass in seiner Seele alles wüst und ungeordnet umherliegt und er in seinen Gedanken nur ungeheure Klüfte findet, so dass er schließlich „vor der leeren Ebene, die sich durch [sein] Gehirn ausschreckte"[598] erschrickt und sich plötzlich sehr einsam fühlt. Eduard wirft Lovell vor, infolge der trunkenen Schwärmerei das verächtlichste unter allen Wesen zu sein, so dass Lovell von dieser Mitteilung bewegt in Angst gerät und sich vor einer düsteren Leere seiner Seele fürchtet und dadurch mutlos und verzweifelt wird. Aber zugleich ist Lovell zu schwach, um die grässliche Leere, die ihn umgibt zu bekämpfen. Alle Versuche, die leere Wüste seiner Seele mit Gefühlen zu erfüllen misslingen, so dass er endgültig der Verzweiflung und Hoffnungslosigkeit unterliegt, was in folgender Aussage deutlich zum Ausdruck kommt: „Alles, was ich sonst meine Gefühle nannte, liegt tot und geschlachtet um mich her, zerpflücktes Spielzeug meiner unreifen Jugend, die zerschlagene magische Laterne, mit der ich meine Zeit vertändelte; bunte Farben und Schattenspielwerk"[599].

Christopher Schwarz behauptet, dass Lovells Probleme darauf beruhen, dass er ein Schwärmer sei, der in der Welt seiner Phantasie und Träume lebe, so dass die Konfrontation mit der Realität sein Selbstbewusstsein schwäche und ihn in die Depression treibe[600]. Lovell sei zudem unberechenbar und launisch und werde daher zum Spielball des Schicksals. Sein Identitätsproblem führt dazu, dass er seiner selbst nicht mehr sicher ist, worin dann auch seine Lebenskrise verwurzelt ist. Man könnte nun mit Schwarz die Vermutung wagen, dass die Labilität, die Lovell charakterisiert, auch für andere nihilisierende Helden wie Balder, Godwi, Roquairol und Kreuzgang typisch ist.

---

[597] Ebd. S. 31.
[598] Tieck *William Lovell...* S. 203.
[599] Ebd. S. 358.
[600] Schwarz *Langeweile und Identität...* S. 92.

Dementsprechend wird bei ihnen die Leere, wie schon von Rosa bemerkt wurde „die höchste Qual des Lebens, die wahre Tortur der Seele"[601] sein, die sich nicht mehr mit Enthusiasmus bekämpfen lasse. Aber sie gehöre einfach zum menschlichen Leben, besonders wenn man sich Leidenschaften hingibt und sie dann plötzlich vorüber sind. Diese Art der Leere ist aber noch nicht als eine eindeutig metaphysische Leere, sondern nur als einer ihrer Faktoren zu betrachten, die dazu beitragen, dass sie sich später auf alle Bereiche des Lebens verbreiten und erst dann eventuell in nihilistische Gedanken übergehen könnten. Deshalb gibt es Menschen wie zum Beispiel Mortimer, die behaupten, dass man die innere Leere durch eine wahre Liebe bekämpfen kann. Denn erst dann, wenn sich zwei Seelen vereinigen, wird man imstande sein, die Öde und Wüste der Gefühle zu überwinden. Diese Lösung gilt aber nicht für nihilisierende Protagonisten, die, wie bereits dargelegt, große Probleme mit der Beständigkeit und der völligen Hingabe an andere Person in den zwischenmenschlichen Beziehungen aufweisen. Demzufolge können sie nicht in der Liebe oder Freundschaft aus der inneren Leere gerettet werden.

Viele Helden der Romantik, die wie Godwi innere Kälte und Leere empfinden[602], versuchen die innere Leere durch Genusssucht zu verdrängen, aber ihre Bemühungen sind vergeblich. Die genusvolle Existenz kann ihnen nur dabei helfen, die existenzielle Leere und Langeweile vorübergehend zu vergessen. Das zeigt William Lovells Beispiel, der meint, dass die Wollust, der einzige Genuss sei, „in welchem wir die kalte, wüste Leere in unserem Innern nicht bemerken, wir versinken in [...] ihr, und die hohen rauschenden Wogen schlagen über uns zusammen, dann liegen wir im Abgrunde der Seligkeit, von dieser Welt und uns selber abgerissen"[603].

Eine ausführliche Beschreibung der menschlichen Leere liefert uns Jean Paul im Roman *Titan*. Besonders deutlich wird sie in der Gestalt des Hiorts dargestellt, der ein Held des Trauerspiels von Roquairol ist, und den er eigentlich nachahmt. Roquairol als Schauspieler spielt also sich selbst und deutet auf seine innere Leere, die in der leeren Brust Hiorts vorkommt, die zugleich einen Würgengel trägt. Auf diese Art und Weise drückt sich seine innerliche Wunde aus. Seine Lebensenttäuschung sowie sein Missgeschick in der Liebe verstärken die innere Leere, vgl. die folgenden Worte:

---

[601] Tieck *William Lovell...* S. 293.
[602] Brentano *Godwi...* S. 174. Den Tagebüchern von Godwi kann man seine Gemütslage entnehmen, besonders da er in seinen persönlichen Notizen offener über seine Gefühle berichtet.
[603] Tieck *William Lovell...* S. 288.

„Und nun so stehe ich leer und arm und kalt, nichts, nichts ist mir geblieben, kein einziges Herz, nicht mein eigenes – das ist schon hinunter ins Grab – der Docht ist aus meinem Leben gezogen, und es rinnt dunkel hin"[604].

Bei dem geistig gestörten Lenz hat dagegen der Verlust des Tageslichtes einen großen Einfluss auf die verstärkte Empfindung der Leere, die er nicht auszufüllen vermag, so dass ihn in der Dunkelheit immer wieder eine große Angst erfasst[605].

Wenn es um die Langeweile geht, so wird in dieser Abhandlung nicht jede Art dieser Gemütslage berücksichtigt, sondern nur diejenige, die sich auf das gesamte Leben eines Helden bezieht, also eine Lebenslangeweile, oder anders gesagt, eine existenzielle Langeweile, die Ausdruck der allumfassenden Sinnlosigkeit und Nichtigkeit ist. Derselben Meinung ist Christopher Schwarz, der bemerkt, dass eine so verstandene Langeweile im gestörten Verhältnis zwischen Welt und Mensch, oder aber zwischen Individuum und Gesellschaft ihre Wurzel hat. Da zugleich in keinem Lebensbereich die Ansprüche an ein sinnvolles Leben vollständig realisierbar sind, nimmt die Enttäuschung zu und geht in Langeweile über[606]. Schwarz nennt auch verschiedene Formen der Langeweile. Sie erscheint als Enttäuschung angesichts der vergebens unternommenen Versuche, ein Ziel zu erreichen als Ausdruck latenter Verzweiflung, unmögliche Unterhaltung oder Zeitzerstreuung sowie bei produktiven Tätigkeiten. Sie kann aber auch in extremen Fällen zum Stigma werden, solange eine Person keinen Sinn im Leben finden kann.

Bei nihilisierenden Menschen wird die Langeweile oft als Ausdruck latenter Verzweiflung wahrgenommen. So eine Deutung finden wir in den *Nachtwachen* in der Bemerkung von einem Mann.

„Das Überdrüssigste dabei ist die Langeweile, die ich immer mehr empfinde; denn du sollst wissen, dass ich hier unten schon viele Jahrhunderte als Akteur gedient habe und eine von den stehenden italienischen Masken bin, die gar nicht vom Theater herunterkommen"[607].

Der Mensch ist verzweifelt, er fühlt sich nur als Marionette im Welttheater und möchte letztendlich Selbstmord begehen. Seine Versuche sind aber vergeblich, so dass er sein ganzes Leben lang unter der ewigen Langeweile wird leiden müssen. Diese Art der Langeweile durchzieht das ganze Werk. Oft wird sie noch von Leere begleitet, gegen die die Helden auch nichts zu unternehmen imstande sind. Auch das resignierte Leben des Nachtwächters kann als eine leere und

---

[604] Jean Paul *Titan*... S. 800.
[605] Büchner *Lenz*... S. 7-8.
[606] Vgl. Schwarz *Langeweile und Identität*... bes. S. 79.
[607] *Nachtwachen*... S. 39.

langweilige Existenz bezeichnet werden, die mit der Verzweiflung eindeutig in einem engen Zusammenhang steht[608].

Existenzielle Langeweile quält auch Lenz, der oft darüber klagt: „O! so langweilig, ich weiß gar nicht mehr, was ich sagen soll, [...]"[609] und weiter „ich mag mich nicht einmal umbringen: es ist zu langweilig!"[610] Lenz kann sich nicht länger beschäftigen, ohne sofort Langeweile zu spüren. Auch Gebete können ihn nicht mehr beruhigen. Die existenzielle Langeweile wird von Danton in folgender Aussage ausgedrückt: „Das ist sehr langweilig immer das Hemd zuerst und dann die Hosen darüber zu ziehen und des Abends ins Bett und morgens wieder heraus zu kriechen [...]"[611]. Selbst das Lebensgefühl kann zur Enttäuschung und Langeweile werden, worauf schon Benno von Wiese hindeutet. Er behauptet auch, dass solche Faktoren wie Ermüdung am Leben, Ernüchterung durch die Wirklichkeit oder Entzauberung möglicher Vorbehalte das Gefühl der Langeweile hervorrufen können[612]. All die hier genannten Symptome, die in der Romantik noch durch den „poetischen Nihilismus" verklärt, das heißt verschönert oder durch Genuss und Sinnlichkeit vorübergehend aufgehalten werden konnten, werden jedoch in Büchners Realismus offenbart.

Die Langeweile, die bei produktiven Tätigkeiten auftreten kann und die in der Gestalt von Karl Wilmont besonders deutlich beschrieben wird, gehört nicht zu den existenziellen Zweifeln eines nihilisierenden Protagonisten. Im Gegensatz zu Lovell, Balder, Godwi, Roquairol, Schoppe, Lenz oder Danton wurzelt Wilmonts Langeweile, wie schon Schwarz zu Recht betont, in seinen Charakterzügen wie: Ungeduld, Untätigkeit und Nervosität. Schon das Fehlen seiner Freunde und der Wechsel der Umgebung versetzen ihn in einen Zustand immerwährender Langeweile. Ihm fehlt die Zerstreuung der Großstadt, ohne die er sich gelangweilt fühlt[613]. Obwohl Wilmont meint:

„Diese Langeweile hat schon mehr Unglück in die Welt gebracht, als alle Leidenschaften zusammengenommen. Die Seele schrumpft wie eine gedörrte Pflaume zusammen, der Verstand wächst nach und nach zu und ist so unbrauchbar wie eine vernagelte Kanone, alles Spirituöse verfliegt, - da sitzt man denn nun hinter dem Ofen und zählt an den Fingern ab, wann das Abendessen erscheinen wird; [...] man mag nichts denken, denn man weiß vorher, dass nur dummes Zeug daraus wird, [...] das drückende Gefühl geht mit, [...] kein Verstand, kein Gefühl am Menschen ohne Tätigkeit, Mitteilung und Freunde,"[614] ist seine Gemütslage überhaupt nicht mit Sinn- oder Wertverlust verbunden. Auch wenn er die Langeweile als Qual der

---

[608] Einen Hinweis auf die den Menschen quälende Langeweile finden wir noch an einer anderen Stelle des Werkes im Monolog des wahnsinnigen Schöpfers. Siehe ebd. S. 81.
[609] Büchner *Lenz...* S. 24.
[610] Ebd. S. 25.
[611] Büchner *Dantons Tod...* S. 31, siehe auch S. 32.
[612] Siehe: Wiese *Georg Büchner...* S. 519-520.
[613] Schwarz *Langeweile und Identität...* bes. S. 88.
[614] Tieck *William Lovell...* S. 70.

Hölle bezeichnet, die ihm sein Leben erschwert, ist er noch weit davon entfernt, die Welt und sich selbst als nichtig zu betrachten. Er ist einfach von seiner Arbeit gelangweilt, da sich ihm die Zeit so verzehrt, dass er sogar jede einzelne Minute misst[615].

Erst wenn die Langeweile zum Stigma wird, die die Sinnerfassung unmöglich macht, haben wir mit der Langeweile der nihilisierenden Protagonisten zu tun. Solch eine Mangel an jeglicher Anregung charakterisiert Lovell, der in Paris trotz vieler Möglichkeiten des Zeitvertreibs über die „leere Wüste von langweiligen Wochen"[616] klagt. Zugleich mündet seine Suche nach einem erfüllten Leben sowohl in die psychische als auch in die physische Vernichtung des Helden. Obwohl Lovell versucht, nach seinem Willen zu handeln, stellt es sich später heraus, dass er lediglich eine Marionette in den Händen Andrea Cosimos gewesen ist. Die Entdeckung der Wahrheit zerstört ihn derart, dass er in Einsamkeit über sein Leben nachdenken möchte. Eine unmögliche Unterhaltung oder Zeitzerstreuung lässt sich auch bei anderen nihilisierenden Helden wie Godwi oder Roquairol beobachten. Der erste zieht sich auf sein Landgut zurück und führt trotz der Gesellschaft ein einsame und leere Existenz, der andere empfindet sein Leben als eine zu große Qual, so dass er schließlich Selbstmord begeht.

Die Langeweile ist jedoch nicht ausschließlich eine Reaktion auf die äußere Welt, sondern vielmehr ein Aspekt des Individualisierungsprozesses, der andere Gefühle wesentlich überlagert. So bemerkt Schwarz, dass „die Langeweile Ausdruck der Isolation eines Bewusstseins sei, dem die Realität, nicht zuletzt die des eigenen Selbst, in eine unwirkliche Ferne rückt"[617]. Die Erfahrung der Entfremdung seiner selbst und der Welt wird manchmal von Angstzuständen begleitet. Angesichts einer ihm drohenden Selbstauflösung gerät der Held in Panik, ist aber nicht mehr imstande, seine fortschreitende Depersonalisation zu stoppen und unterliegt fremden Einflüssen. Der Mensch selbst erscheint ihm als seelenloser Mechanismus, der von unbekannten Kräften beherrscht wird. Er selbst fühlt sich dem Schicksal ausgeliefert, so dass sein Leben, wie Lovell zugibt, lediglich eine „schlechte Nachäffung eines eigentlichen Lebens"[618] wird.

Wie schon öfters betont, sind Empfindsamkeit und Rollenspiel als wichtige Faktoren der Langeweile zu betrachten. Die Stilisierung der Gefühle beraubt sie der Authentizität und führt zur Langeweile. Dieselbe Erfahrung wie Lovell machen auch Godwi und Roquairol. Bei Godwi rückt die Empfindsamkeit besonders in den Vordergrund, bei Roquairol indes sind das Rollenspiel und der Einfluss des Schicksals von größerer Bedeutung.

---

[615] Ebd. 215.
[616] Ebd. S. 525.
[617] Schwarz *Langeweile und Identität...* S. 106.
[618] Tieck *William Lovell...* S. 550.

Man muss hervorheben, dass Lovells Langeweile, Schwarz zufolge, einerseits aus seinem depressiv-narzistischen Charakter resultiert und zugleich auch eine Reaktion auf die Formen des staatlichen Zeitvertreibs ist, andererseits stehen aber, meines Erachtens, auch Lebensüberdruss und Sinnlosigkeit seiner Existenz in einem viel engeren Zusammenhang mit der Langeweile, als dass sie nur in seinem Charakter verwurzelt wären. Zum Problem der Langeweile in Tiecks William Lovell äußert sich auch F. Schlegel, der er sie 'als eine „erhabene Langeweile' und Tieck selbst als „Virtuosen in der passiven, bisweilen auch [...] der activen Langeweile"[619] bezeichnet.

Die kurze Charakteristik der existenziellen Leere und Langeweile bei den Helden der Romantik zeigt, dass diese Empfindungen mit der Anerkennung der Sinnlosigkeit und Nichtigkeit der Welt sowie des Menschen selbst in einem engen Zusammenhang stehen. Aber es gibt auch viele andere Faktoren, die die Gefühlsleere der romantischen Protagonisten wesentlich beschleunigen können. Dazu gehören vor allem übersteigerte Sinnlichkeit und Phantasie der Helden, Zwiespalt zwischen Erwartungen und Realität, Lebensenttäuschung sowie Empfindung des Lebens als ständiges Leiden. Die Entdeckung der inneren Leere, gegen die man nichts Wirkungsvolles zu unternehmen weiß, kann dementsprechend in der Sinnlichkeit oder im Genuss verübergehend vergessen werden. Es gibt aber auch viele Protagonisten, die die Erfahrung der inneren Leere und der ständigen Langeweile mit Depression, Melancholie oder sogar einer totalen Verzweiflung erleiden.

Selbst die andauernde Langeweile, die sich schwer bekämpfen lässt, macht die menschliche Existenz zu einer unerträglichen Qual, besonders wenn sie als Ausdruck latenter Verzweiflung zum Stigma wird und dadurch jegliche dauerhafte Unterhaltung oder Zerstreuung unmöglich macht. Die pessimistische Gemütslage, die sich bei der Isolation des Bewusstseins im Individualisierungsprozess besonders stark äußern kann, führt oft zur Welt- und Selbstentfremdung des Helden. Außerdem wirkt sich auch das Gefühl, im Lebenstheater nur eine konkrete und im Voraus bestimmte Rolle spielen zu müssen, auf viele Menschen sehr negativ aus, so dass sie nicht nur am Lebenssinn, sondern auch an sich selbst verzweifeln können.

5.3. Genusssucht versus Lebensmüdigkeit

Es kommt oft vor, dass der Mensch - angesichts des Gefühls allumfassender Nichtigkeit, die in Leere und existenzieller Langeweile sowie totalem Sinnverlust besonders deutlich zum Ausdruck kommen kann - in die Genusswelt zu fliehen versucht oder sich resigniert melancholischen Überlegungen hingibt. Auf

---

[619] Schwarz *Langeweile und Identität...* S. 82.

diese Art und Weise könnte man auf zwei verschiedene Reaktionen der Helden auf das allumfassende Nichts hinweisen. Einerseits suchen nämlich einige Helden ihr problematisch gewordenes Dasein durch ein genussvolles Leben zu unterdrücken, andererseits aber werden viele Protagonisten immer nachdenklicher und melancholischer. Ob jedoch diese Versuche, die Nichtigkeit der Welt und des Menschen selbst zu überwinden, erfolgreich sein können, wird im Weiteren zu untersuchen sein. Zunächst müssen wir uns mit der Erfahrung der Nichtigkeit bei den Protagonisten der ausgewählten Werke deutscher Literatur von Jean Paul bis Georg Büchner auseinandersetzten. Dabei wird zu fragen sein, inwieweit sich dieses Gefühl in der Periode vom Ende des 18. bis in die dreißiger Jahre des 19. Jahrhunderts von ihrer Auffassung in den früheren Epochen unterscheiden lässt. Außerdem wird noch zu untersuchen sein, in welchem Zusammenhang die Nichtigkeit mit nihilistischen Gedankenexperimenten der Helden der Romantik steht.

5.3.1. Erfahrung der Nichtigkeit

Die Nichtigkeit selbst ist natürlich noch kein Beweis für nihilistische Gedankenexperimente, da sie nicht ausschließlich eine Eigenschaft des romantischen Menschen ist. In der Barockzeit zum Beispiel spielte dieses Gefühl eine wesentlich größere Rolle, aber in einem anderen Sinnzusammenhang. Im Gegensatz zum Barock, in dem die Nichtigkeit des irdischen Lebens dem ewigen Leben im Jenseits gegenübergestellt wurde, erscheint die Nichtigkeit in der Romantik als Ausdruck einer vergeblichen Suche nach dem Sinn des menschlichen Lebens und somit schwerwiegende Konsequenzen für den zweifelnden Menschen. Nichtig erscheint nicht nur die Welt, sondern auch der Mensch selbst, worauf in vielen Werken der Romantik hingewiesen wurde.

Schon in Ludwig Tiecks Bildungsroman *William Lovell* hat die Erfahrung der Nichtigkeit einen großen Einfluss auf das Leben der Protagonisten selbst. Balder, der über seine Existenz viel nachdenkt, stellt sich die Frage, wie es dazu kommen kann, dass der Mensch keine Freude an seinem Dasein hat und sich nur dem Tode ausgeliefert fühlt, so dass sein Leben schließlich nur als nichtig empfunden wird[620]. Auch William Lovell, der als Wüstling und Genussmensch betrachtet werden kann, bemerkt plötzlich die Nichtigkeit des Lebens, das ihm wie „vorübereilendes Schattenwerk, wie wandelnder Rauch"[621] erscheint, denn „so nichtig fliegt alles durcheinander", dass er nicht mehr weiß, ob er wacht oder träumt. Die Nichtigkeit beängstigt und bringt ihn auf den Gedanken, dass die Welt lediglich ein großes Gefängnis sei, in dem alle sterben müssen. Vergeblich

---

[620] Tieck *William Lovell...* S. 366.
[621] Ebd. S. 354.

sucht er dann nach dem Sinn im Leben sowie nach der Stellung des Menschen im Universum mit den Fragen: „Was kann der Mensch wollen und vollbringen? Was ist sein Tun oder Sterben?"[622] Seine Überlegungen bleiben jedoch ohne eine endgültige und zugleich aufschlussreiche Antwort. Als nichtig erscheint auch das menschliche Leben von Andrea Cosimo, der seine sinnlose Existenz zuerst im Selbstmord beenden möchte, sich plötzlich aber doch dafür entscheidet, die Wertlosigkeit der Welt durch seine skeptische Lebenshaltung zu beweisen. Die Entdeckung dieser erschreckenden Neuigkeit über die allumfassende Nichtigkeit wirkt sich auf die Helden sehr oft nur negativ aus. Balder, der in seinem Nachdenken tief in sich hineinschaut, kann die Realität von seinen Wahnvorstellungen kaum unterscheiden; Lovell flieht in die Abgeschiedenheit, Cosimo dagegen möchte sich an allen Menschen rächen und gründet einen geheimen Bund, um sich nicht nur die Jungen zu unterordnen, sondern vor allem, um ihnen mit der Zweifelssucht die allumfassende Nichtigkeit zu veranschaulichen, um sie dann außerstand zu setzen, Freude am Leben zu erfahren.

Die Vermutung, dass das Leben weiter nichts als ein Nichtigkeitsspiel sei[623], in dem alles vernichtet wird, so dass weder auf der Erde noch im Jenseits etwas beständig bleibt, äußert sich auch Schoppe. Außerdem scheine das menschliche Leben vom allumfassenden Nichts beherrscht zu sein.[624] Es würde somit lediglich zu einem langen Selbstmord, worauf Linda de Romeiro hindeutet.

Das Motiv der Nichtigkeit und des Nichts zieht sich auch durch andere Werke der Romantik. Besonders hervorgehoben wird es in den *Nachtwachen des Bonaventura*. Der Nachtwächter Kreuzgang wird immer wieder mit dem Nichts konfrontiert, was ihn ärgert, aber auch ängstigt, vgl. die folgende Bemerkung: „Es war mir, als stände ich dicht am Nichts und rief hinein, aber es gäbe keinen Ton mehr – ich erschrak, denn ich glaubte wirklich gerufen zu haben, aber ich hörte mich nur in mir"[625]. Das Leben selbst sei nur ein Schellenkleid, das das Nichts umgehängt habe, so dass der Mensch nichts dagegen unternehmen könne, denn alle seine Versuche müssten scheitern. Auch im Jenseits lauerte nichts weiter als das Nichts, deswegen könne man sich nach dem Tode von ihm nicht befreien, was das Gefühl der allumfassenden Nichtigkeit wesentlich verstärke[626]. Die resignierte Stimmung des Werkes wird zum Schluss noch

---

[622] Ebd. S. 355.
[623] Siehe: Jean Paul *Titan...* S. 489.
[624] Verzweifelt fragt Schoppe nämlich: „Besteht denn der *Himmel* unseres Daseins, wie der blaue über uns, aus öder matter Luft, die in der Nähe und im Kleinen nur ein durchsichtiges Nichts ist und die erst in der Ferne und im großen *blauer* Äther wird?" Ebd. S. 24.
[625] *Nachtwachen...* S. 121.
[626] Das Gefühl der sich verbreitenden Nichtigkeit wird von Kreuzgang selbst in folgender Aussage beschrieben: „Das Leben ist nur das Schellenkleid, das das Nichts umgehängt

einmal hervorgehoben, da sich das Nichts dreimal wiederholt[627], so dass dem Nachtwächter jede Hoffnung auf Überwindung der Nichtigkeit versagt wird und ihm nur die Verzweiflung übrigbleibt.

Auf die Nichtigkeit der Erde wird der Leser auch in den *Elixieren des Teufels* aufmerksam gemacht, aber hier geht es jedoch um den christlichen Gegensatz zwischen dem irdischen und jenseitigen Leben[628], der in einem engen Zusammenhang mit dem Glauben an das ewige Leben nach dem Tode steht und mit den nihilistischen Gedankenexperimenten der Romantik eigentlich nichts zu tun hat.

Neben der Nichtigkeit der Welt und des menschlichen Lebens ist auch die Nichtigkeit des Menschen ein wichtiger Aspekt der Überlegungen der nihilisierenden Helden. Auch diesmal finden wir viele Anspielungen darauf in der Literatur der Romantik. Einige Hinweise darauf sind in Tiecks *William Lovell* zu finden. Balder zum Beispiel deutet daran, dass der Mensch in seinem Wesen nichtig ist, da er, obwohl er sich Gott ähnlich oder ihm sogar überlegen fühlt doch nach dem Tode verwesen wird. Somit habe er kein Recht darauf, sich für besseres Wesen als alle anderen auf der Welt zu halten und beweise in seinen Machtansprüchen nur seine Eitelkeit[629]. Eigene Nichtigkeit bekennt Lovell:

„Wenn ich an mich selbst denke, ich fühle meine ganze Nichtswürdigkeit, wie jetzt nichts in mir zusammenhängt, wie ich o gar nichts bin, nichts, wenn ich richtig mit mir verfahre. [...] von den niedrigsten Leidenschaften hingerissen, die ich verachte und die mich dennoch auf ewig zum Sklaven gemacht haben. [...] in einer unaufhörlichen Spannung, stets ohne Befriedigung, lüstern mit einer verdorbenen, in sich selbst verwesten Phantasie, ohne frische Lebenskraft, [...] zu einer drückenden Melancholie gezwungen [...]"[630].

Trotz der Zerstreuung im genussvollen Leben und in der Sinnlichkeit erkennt Lovell seine Nichtigkeit als Mensch, wobei man betonen muss, dass das Gefühl des Nichtig-Seins sich nicht überwinden, sondern nur vorübergehend vergessen lässt.

---

hat, um damit zu klingeln und es zuletzt grimmig zu zerreißen und von sich zu schleudern. Es ist alles Nichts und würgt sich selbst auf und schlingt sich gierig hinunter, und eben dieses Selbstverschlingen ist die tückische Spiegelfechterei, als gäbe es etwas, da doch, wenn das Würgen einmal innehalten wollte, eben das Nichts recht deutlich zur Erscheinung käme, dass sie davor erschrecken müssten; Toren verstehen unter diesem Innehalten die Ewigkeit, es ist aber das absolute Nichts und der absolute Tod, da das Leben im Gegenteile nur durch ein fortlaufendes Sterben entsteht." Ebd. S. 76.

[627] „Ich streue diese Handvoll väterlichen Staub in die Lüfte und es bleibt – nichts! Drüben auf dem Grabe steht noch der Geisterseher und umarmt nichts! Und der Widerhall im Gebeinhause ruft zum letzten Male -: Nichts!" – ebd. S. 143.
[628] Hoffmann *Elixiere des Teufels...* S. 314.
[629] Vgl. Tieck *William Lovell...* S. 209.
[630] Ebd. S. 559.

Die Nichtigkeit wird oft von der Verzweiflung des Helden an sich selbst begleitet. In seiner Selbstbestimmung fürchtet sich Godwi davor, sein wahres Ich im gestaltlosen Lied seines Selbst in der Konfrontation mit der Realität zu verlieren. Deswegen fragt er verzweifelt:

„Habe ich denn nichts, wenn man mir nichts giebt, und bin ich denn nichts, wenn ich nicht durch die Augen eines anderen gesehen werde? Kein Genuß ohne Auswechslung; ich hatte gesungen und niemand hatte mich gehört. Der Ton, der nicht gehört wird, ist nicht da, ich hörte mich nicht mehr, denn ich sang mich"[631].

Diese existenziellen Bedenken gewinnen an Bedeutung besonders im Kontext der allgemeinen Sinnsuche im Leben. Denn sobald das Leben selbst als sinn- und wertlos angesehen wird, verliert der Mensch auch eine wichtige Voraussetzung für eine sinnerfüllte Existenz, die er dank seines Verstandes mitbestimmen könnte. Anderenfalls ist es ihm nicht möglich, sein Wesen als aktiven Teil der Welt zu charakterisieren, sondern nur als eine bedeutungslose Marionette, die vom Schicksal, vom Zufall oder von der Notwendigkeit bestimmt werden kann.

Erst in diesem Sinnzusammenhang wird auch die Bezeichnung Roquairols als ein „Kind und Opfer des Jahrhunderts"[632] verständlicher. Der Verlust von Werten und Prioritäten sowie des Sinns im Leben führt Roquairol zum totalen Unglauben nicht nur an die Welt, sondern auch an sich selbst, so dass er verbittert bemerkt: „Mir ist dann, als wäre ich nichts gewesen"[633]. Einerseits wird ihm nämlich die Erfassung der Realität durch seine schwärmerische und idealistische Gesinnung erschwert, andererseits aber verspürt er - sobald die idealistische Wahrnehmung versagt - eine große Leere in seinem Innern, so dass er als der „Abgebrannte des Lebens" bezeichnet wird, für den „es dann keine Freude und keine neue Wahrheit mehr gibt, [...] nur eine vertrocknete Zukunft voll Hochmut, Lebensekel, Unglauben und Widerspruch"[634]. Im Gegensatz zu der verstärkten Empfindung von Leere und Langeweile verliert seine Sinnerfassung an Intensität, und sowohl die Welt als auch sein Selbst erschienen ihm als nichtig und sinnlos.

In einer Traumvision in den *Nachtwachen des Bonaventura* wird auch Kreuzgang mit dem allumfassenden Nichts konfrontiert. Er erzählt:

„Es dünkte mich, als entschliefe ich. Da sah ich mich selbst mit mir allein im Nichts, nur in der weiten Ferne verglimmte noch die letzte Erde, wie ein auslöschender Funken – aber es war nur ein Gedanke von mir, der eben endete [...]"[635].

---

[631] Brentano *Godwi...* S. 106.
[632] Jean Paul *Titan...* S. 276.
[633] Ebd. S. 516.
[634] Ebd. S. 277.
[635] *Nachtwachen...* S. 122.

Immerhin wird in diesem Werk das Gefühl der Nichtigkeit in der Dunkelheit der Nachtwachen besonders bildhaft dargestellt.

Die Nichtigkeit des Menschen kommt auch in Büchners Werken vor, insbesondere in dem Drama *Dantons Tod*, in dem das Nichtigkeitsgefühl wesentlich von der Sinnlosigkeit beeinflusst und verstärkt wird. Danton stellt fest: „Und wenn ich ganz zerfiele, mich ganz auflöste – ich wäre ein Handvoll gemarterten Staubes [...]"[636]. Diese pessimistische Behauptung ist mit der, ganz allgemein ausgedrückt, Krankheit an der Existenz verbunden, die von der Sinnlosigkeit der Welt und des menschlichen Daseins stark bestimmt ist. Zu betonen ist auch, dass Büchner selbst in vielen Briefen seine Gefühlslage als „Anlagen zum Schwermut" und „Gefühl des Gestorbenseins" bezeichnete, worauf schon Benno von Wiese hingewiesen hat[637]. Büchner stellt sich zugleich die Frage, ob die Menschen außer den irdischen Leiden in ihrer Existenz überhaupt noch Sinn finden können oder lediglich als „Opfer im glühenden Bauch des Perilaustiers [zu bezeichnen wären], dessen Todesschrei wie das Aufjauchzen des in den Flammen sich aufzehrenden Gottstiers klingt"[638]. Diese Empfindung der Bedeutungslosigkeit der Menschen geht auf das antike Motiv zurück, in dem das menschliche Leid lediglich zum Gelächter der Götter wurde. Dieses Thema wird auch in *Dantons Tod* von Camilles in der Metapher angesprochen, in der „der Äther mit seinem Goldaugen eine Schüssel mit Goldkarpfen [wäre], die am Tisch der seligen Götter steht und die seligen Götter lachen ewig und die Fische sterben ewig und die Götter erfreuen sich ewig am Farbenspiel des Todeskampfes"[639]. In diesem Kontext erscheint das menschliche Leben als ein Götterspiel, gegen das man nichts unternehmen kann, so dass letztendlich die Welt sowie der Mensch selbst nicht nur sinnlos, sondern auch nichtig erscheinen.

Über den wechselseitigen Einfluss des Gefühls der Sinnlosigkeit und der Nichtigkeit denkt auch Godwi nach. Wobei er den Gedanken hegt, ob für ihn vielleicht doch das Nichtsein im Gegensatz zum Dasein viel besser wäre[640]. Derselben Meinung scheint Godwis Vater in seiner Jugendzeit gewesen zu sein, denn er bemerkt, dass das Leben

„wahrhaftig nicht der Mühe wert [sei], sich Mühe zu geben, die Sache bleibt ewig dieselbe; bohre ich ein Loch mit meinem Verstande in die Welt, so muß es sich des allgemeinen Gleichgewichts halber wieder zustopfen, und es ist recht unhöflich, die Natur der Dinge so zu bemühen"[641],

---

[636] Büchner *Dantons Tod...* S. 67.
[637] Wiese *Georg Büchner...* S. 526.
[638] Georg Büchner *Werke und Briefe*, Leipzig 1940; S.368.
[639] Büchner *Dantons Tod...* S. 79-80.
[640] Brentano *Godwi...* S. 161.
[641] Ebd. S. 415.

wenn schließlich doch alles den Anschein habe, wertlos und nichtig zu sein. Die Überlegungen gehen dann in Verzweiflung über, ob der Mensch im Leben überhaupt noch etwas gilt.

Die Verzweiflung begleitet auch Kreuzgang im Irrenhaus, der behauptet, dass es für ihn nichts mehr als das „Hinunterstürzen in das ewige Nichts"[642] gibt. Ihm bleibt nämlich keine Hoffnung in einer Welt, in der die Menschen nur leben, um zu sterben. Diese Tatsache erkennt Kreuzgang schon in seiner Jugendzeit, als er anlässlich der Geburt eines Kindes statt einer Lob- eine Leichenrede verfasst, in der er das Kind vor dem Schein des Lebens, äußerer Schönheit der Welt sowie der innerlichen Verwesenheit des Menschen warnt. Er deutet auch auf die innere Zersetzung des menschlichen Wesens an, die seine Nichtigkeit beweise[643].

Von Verzweiflung wird auch Lenz gequält, der keine Beruhigung mehr in der Predigt finden kann. Der Erzähler beschreibt seinen Gemütszustand mit folgenden Worten: „Es war ihm, als müsste er sich auflösen, [...] endlich dämmerte es in ihm, er empfand ein leises, tiefes Mitleid in sich selbst, er weinte über sich [...]"[644]. Lenz wird immer resignierter und gleichgültiger nicht nur der Welt, sondern auch sich selbst gegenüber, ja man könnte in diesem Kontext behaupten, er lebe nicht mehr, sondern lediglich noch existiere. Er fürchtet sich nämlich von der entfremdeten Welt sowie vor sich selbst und seiner Einsamkeit, die ihn im Laufe der Zeit gegen seinen Willen immer dichter umhüllt und von der Gesellschaft trennt.

Nach dieser kurzen Analyse der Nichtigkeit kann festgestellt werden, dass sich dieses in der Romantik eindeutig pessimistische Gefühl im Gegensatz zu früheren Epochen wesentlich unterscheidet und auszeichnet. Zum einen tritt es in einer Zeit verstärkter Suche nach dem Sinn des Lebens sowie einer neuen Stellung des Menschen im Universum in Erscheinung, weswegen es bedeutend negativere Auswirkungen auf die Helden haben kann als früher. Außerdem werden im Kontext der „metaphysischen Krise" die Nichtigkeit und die Bedeutungslosigkeit des Menschen verstärkt, der seiner leidvollen irdischen Existenz keine glückliche Zukunft im Jenseits gegenüberstellen kann. Andererseits bewirkt die Verbindung der inneren Leere sowie existenzieller Langeweile mit dem Bewusstsein des allumfassenden Nichts die Wahrnehmung der hoffnungslosen Lage des Menschen, der sich selbst auch nur nichtig und bedeutungslos

---

[642] *Nachtwachen...* S. 117.
[643] In der Leichenrede heißt es: „In seinem Innern nagt doch die Verwesung schon, und wolltet ihr es aufdecken, so würdet ihr eben die Würmer aus ihren Keimen sich entwickeln sehen, die Freude und den Schmerz, die sich schnell durchnagen, dass die Leiche in Staub zerfällt. Ach nur da er noch nicht geboren war lebte er, so wie das Glück allein in der Hoffnung besteht, sobald es aber wirklich wird, sich selbst zerstört." Ebd. S. 58.
[644] Büchner *Lenz...* S. 12.

fühlt. Kurzum: Sobald die Nichtigkeit in einem engen Zusammenhang mit den nihilistischen Gedankenexperimenten überempfindlicher Protagonisten steht, führt sie sehr oft zu seelischen Störungen, Melancholie, Wahnsinn, lähmender Resignation, Genusssucht oder in extremen Fällen auch zum Selbstmord. Die nihilisierenden Helden geraten oft in Konflikt mit der ihnen als entfremdet erscheinenden Gesellschaft und fliehen in die Abgeschiedenheit. Die Verbindung der Nichtigkeit mit nihilistischen Gedankenexperimenten in der Romantik schafft zugleich eine geistige Voraussetzung für die rasche Entwicklung des Nihilismus in der zweiten Hälfte des 19. Jahrhunderts.

5.3.2. Aktive und passive Reaktion auf das allumfassende Nichts

Das Erkennen des überall lauernden Nichts, das samt der Nichtigkeit und Sinnlosigkeit des menschlichen Lebens den Menschen determiniert, führt zu verschiedenen Versuchen, diese negativen Gefühle zu unterdrücken oder sie sogar zu überwinden. So gibt es Protagonisten, die versuchen, die entstandene existenzielle Leere durch genussvolles Leben zu verdrängen. Viele von ihnen wenden sich bewusst den Annehmlichkeiten des Lebens zu, wie William Lovell, Godwi, Godwis Vater, Roquairol sowie Medarus, vom Epikureismus ist auch Danton beeinflusst.

Die jungen Schwärmer William Lovell sowie Godwi, die in ihrer Reifezeit begriffen sind, sehen dem Genuss mit großer Freude entgegen, ohne sich der möglichen negativen Konsequenzen einer solchen Lebensweise bewusstzuwerden. Begeistert bekennt Lovell:

„Sonst stand ich vor der Welt und ihren Genüssen mit ahnendem Herzen wie vor einem verschlossenen Buche: jetzt schlage ich es auf mit verwegener Hand, um es mutig durchzublättern und meine Freuden auszusuchen. Ich betrachte die Natur als meine Sklavin, die mir und meinem Vergnügen demütig dient. Die Freude ist mein Gott, die Bestimmung meines Lebens, diese Gottheit aufzusuchen: o sie ist zu finden, wenn man sie emsig sucht"[645].

Von einer ähnlichen Stimmung ist auch Godwi bewegt:

„Ich will durch die Thäler des Lebens wandeln, wo die Schönheit in der Spiegelfläche meiner Phantasie scherzt, wo die Wollust von mir errungen wird, wo ich ihr Meister bin, und sie mir mehr als sich selbst, mir auch die Ruhe und den Genuß des Genusses giebt"[646].

Beide Jungen leben nach der Devise, ihr Leben durch Genuss glücklich zu gestalten und hören die warnenden Stimmen ihrer Freunde nicht. In der ersten

---

[645] Tieck *William Lovell...* S. 188.
[646] Brentano *Godwi...* S. 44.

Phase der sorglosen und genussvollen Existenz nehmen sie die Leere und Nichtigkeit der Welt noch nicht wahr.

Vor den Genüssen der Welt, die den höheren Geist im Menschen erschlaffen und stumpfen lassen, so dass „das bessere geistige Prinzip im Menschen untergeht"[647], wird auch der junge Mönch Medarus gewarnt. Aber auch er missachtet jede Warnung angesichts des neuen Lebens voller Lust und Freiheit mit tausend liebreizenden Erscheinungen[648].

Der so harmlos begonnene Eintritt in die früher verborgene Welt des Genusses und der Sinnlichkeit wird langsam gefährlicher, besonders wenn die Helden hinter der Maske des Glücks die Leere und das vernichtende Nichts des Lebens entdecken. William Lovell verfällt der Rausch- und Trinksucht, um die inneren Gefühle zu verdrängen. Dies hat aber zur Folge, dass er moralisch herabsinkt. Der Versuch, über die Realität hinwegzuschauen, scheitert, so dass sich Lovell ständig mehr betrinkt. Dabei verachtet er seine früheren Ideale und gute Manier und möchte seinen Diener schlagen, der versucht, ihm seinen moralischen Untergang bewusstzumachen[649].

Dann wird Lovell von der Spielsucht erfasst, die ihm den großen Reiz der Unsicherheit und Ungewissheit bietet und ihn zugleich vom wahren Leben fernhält. Lovell nennt dieses Gefühl „Genuß der Seele" und behauptet, dass das Spiel ihm alles ersetze, es entferne ihn auch vom Bewusstsein seiner selbst, so dass er letztlich in dunkle Gefühle und wunderbare Träumereien untertaucht[650]. Lovell wird vom Spielen derart abhängig, dass er sein ganzes Vermögen verspielt. Erst danach beginnt er in seinem Leben die Leere und Langeweile zu entdecken, bis er sich und die Welt für nichtig hält. Man kann an Lovells Beispiel beobachten, wie sich die Genusssucht steigert, bis er auf diese nicht mehr verzichten kann, auch wenn er schon sicher ist, dass seine Bedürfnisse nicht gestillt werden können und dass er unersättlich und dadurch ständig unglücklich wird. Trotzdem stellt er fest:

„Ich will dem Pfade folgen, der sich vor mir ausstreckt, die Freuden begegnen uns, solange die Spitzen in unsern Sinnen noch scharf sind. [...] Laßt das bunte Gewühl nicht ermüden, damit uns nicht die Nüchternheit entgegenkömmt, die hinter der Freuden lauert, und so immer wilder und wilder im jauchzenden Schwunge, bis uns Sinne und Atem stocken, die Welt sich vor unsern Augen in Millionen flimmernde Regenbogen zerspaltet, und wir wie verbrannte Geister auf sie von einem fernen Planeten herunterblicken"[651].

---

[647] Hoffmann *Elixiere des Teufels...* S. 22.
[648] Ebd. besonders S. 47 und 98.
[649] Tieck *William Lovell...* S. 236.
[650] Ebd. S. 463 und S. 507.
[651] Ebd. S. 201

William Lovell versucht also seine trüben Gedanken über das Leben im Rausch zu vergessen, so dass ihm sowohl die Freuden als auch die Leiden gleichgültig erscheinen und alles um ihn herum zu einem Scherz wird.

Die Wollust ergreift nicht nur Lovell, sondern auch Roquairol, der sich in seinen Versuchen, sich von der unerträglichen Wirklichkeit zu befreien, wie Albano bemerkt, zum „Knecht der Sinne und Eingeweide"[652]. Roquairol will so die Nichtigkeitsgefühle verdrängen und das sich verbreitende Nichts vergessen[653]. Aber diese Absichten erfüllen sich nur teilweise, da die Zerstreuung vorübergehend ist. William Lovell weist darauf in folgender Bemerkung hin:

„Warum bin ich immer nicht zufrieden und glücklich? Warum bleibt ein Wunsch nur solange ein Wunsch, bis er erfüllt ist? Hab ich nicht alles, was ich verlangte? Und dennoch werde ich immer weiter vorgedrängt, und auch im höchsten Genusse lauert gewiss schon eine neue Begierde, die sich selbst nicht kennt. Welcher böse Geist ist es, der uns so durch alle Freuden anwinkt? Er lockt uns von einem Tage zum anderen hinüber, wir folgen betäubt, ohne zu wissen, wohin wir treten, und sinken so in einer verächtlichen Trunkenheit in unser Grab. Ich schwöre Ihnen, dass mir in manchen Momenten aller Genuß der Sinne verabscheuungswürdig erscheint, dass ich mich vor mir selbst schäme, wenn ich diese holden Züge betrachte, diese Unschuld, die sich auf der weißen reinen Stirn abspiegelt; es ist mir manchmal, als wenn mich eine Gottheit durch ihre hellen Augen anschaute, und ich erröte dann wie ein Knabe"[654].

Außerdem betont Lovell, dass das menschliche Verlangen nach Glück und Genuss nie gestillt werden kann, da der Mensch sich nur zeitweilig betäubt. Genussvolle Existenz fördert somit weder dauerhaftes Glück noch das Vergessen der nichtigen Welt.

Auch der Epikureismus Dantons hängt aufs engste mit seiner Lebensskepsis zusammen, worauf auch Benno von Wiese aufmerksam macht[655]. Da das Leben als Ganzes unvollkommen und unlösbar bleibe, gebe es, so von Wiese, für den Menschen nur den einen Weg, es im Einzelnen zu genießen. Die ästhetische Haltung des Genusses wäre somit die Antwort des isolierten Ich auf die tragische Beschaffenheit des Lebens als Ganzes. Aber die Hingabe an den Genuss und an die sinnlichen Verführungen, in welcher Gestalt sie auch immer begegnen, sei zugleich von der Schwermut der Vergänglichkeit und von dem Wissen um den Schmerz überschattet, die dann den Genuss schon im Keime vergifte. Derselben Ansicht ist Ludwig Büttner, der betont, dass der Epikureismus Dantons nicht im griechischen Sinne zu verstehen sei, da er von Schwermut, Verzweiflung und Langeweile begleitet werde[656]. Darüber hinaus kann man

---

[652] Jean Paul *Titan...* S. 388.
[653] In diesem Zusammenhang meint Roquairol: „die Freude ist schon etwas wert, weil sie etwas verdrängt, eh man sich mit schwerem Haupte niederlegt ins Nichts." Ebd. S.517.
[654] Tieck *William Lovell...* S. 272.
[655] Wiese *Georg Büchner...* S. 517.
[656] Vgl. Büttner *Büchners Bild vom Menschen...* S. 4-5.

vermuten, dass Liebessehnsucht, Lustbegier sowie sinnliche Liebe der nihilisierenden Helden niemals völlig erfüllt werden können, so dass sie oft der Lebensmüdigkeit verfallen und in die Einsamkeit fliehen. Sobald aktive Versuche, die pessimistische Gemütslage zu überwinden versagen, werden die nihilisierenden Protagonisten manchmal passiv und geben sich tiefsinnigen Gedanken hin, die in Melancholie umschlagen können. Es gibt aber auch Menschen, die einfach dazu veranlagt sind, über ihren Lebenssinn gründlich nachzudenken, und sie werden dann deswegen meistens melancholisch.

Man muss Thomas Immelmann Recht darin geben, dass die Debatte über Sinn und Sinnlosigkeit eindeutig mit dem Begriff des Melancholikers im 17. Jh. verknüpft ist. Überdies meint Immelmann, dass in diesem Zeitalter

„die melancholischen Zweifel [zwar] noch nicht den Charakter systematisch betriebener Kritik am Sinnpostulat haben, zeigen aber, wie fragwürdig das Prädikat vom allgegenwärtigen Sinn und der Welt geworden ist"[657].

Die Beschreibungen der Melancholie weisen dementsprechend auf bestimmte Ähnlichkeiten mit den Gemütszuständen der Nihilisten hin (wenn man z. B. die *Anatomy of Melancholy* von Robert Burton 1621 berücksichtigt), die in verschiedener Form zum Ausdruck kommen können. Leid, fehlende Hoffnung auf Verbesserung, Darstellung der Welt als Irrenhaus, Flucht in die Phantasie, oder Suizidgedanken - all diese Erscheinungen verweisen auf den gedanklichen Ursprung der nihilistischen Gedankenexperimente in der Melancholie des 17 Jh.s. Immelmann betont jedoch:

„Melancholie ist kein Nihilismus. In ihr wird nicht der Sinn bezweifelt, sondern festgestellt, dass dieser sich dem Einzelnen nicht länger selbstverständlich anbietet, [denn] den göttlichen Willen nicht nachvollziehen zu können bedeutet nicht, ihn völlig zu negieren"[658].

An dieser Stelle kann man noch Laszlo Föledenyis Meinung anführen, der behauptet, dass sich die Melancholie als eine Bezeichnung für negative Wirklichkeit betrachten lässt. Denn „der Melancholiker sieht die Welt als sinnlos und schlecht an, was zwar jedermann empfindet, aber niemand sonst zugeben möchte. [...] In der Neuzeit wurde dies alles in der Romantik offensichtlich"[659]. Die Melancholie drückt somit oft metaphysische Einsamkeit, Selbstbestätigung sowie Selbstgenuss aus. Zugleich wird sie, Föledenyi zufolge, zum Zeichen des

---

[657] Siehe: Immelmann *Der unheimlichste aller Gäste...* S. 36.
[658] Ebd. S. 39-40. Außerdem bemerkt er: „Transformiert wird die Melancholie in den Nihilismus dort, wo sie systematisch beherrschbar und ihre Evidenz kommunizierbar scheint." - S. 4. Dabei verweist Immelmann auf Jakob Reinhold Michael Lenz und sein Werk *Zerbin oder Die neue Philosophie*; in: Werke in einem Band, hg. von Helmut Richter, Berlin 1986.
[659] Föledenyi, Laszlo: *Melancholie;* Berlin 2004, S. 216.

moralischen Selbstbewusstseins, da in der Melancholie auch die ideale Freiheit und das trübsinnige Sich-Zurückhalten von der Welt stecken kann. Diese These Földenyis bestätigt somit unsere Vermutung vom Außenseitertum nihilisierender Protagonisten, die von der äußeren Welt in sich hinein fliehen[660].

Von Bedeutung ist auch die Feststellung Földenyis, die Wurzel sowie den entscheidenden Wendepunkt für die neuzeitliche Melancholie stecke im schicksalhaften Individualitätsanspruch und in der Uniformierung zum Ausgang des 18. Jh.s. Darüber hinaus sind für den empfindlichen Menschen der Romantik all die gesellschaftlichen und politischen Faktoren ein unlösbares Dilemma, das sie verzweifeln lassen[661]. Die Entfaltung der Persönlichkeit bedeute zugleich ihre Freiheit, die jedoch unaussprechlich sei. Es sei also kein Zufall, dass der Fragenkomplex der Individualität am stärksten in der Romantik vorkomme, so Földenyi.

Im Folgenden wird die Erfassung der melancholischen Gesinnung bei den nihilisierenden Helden genauer zu untersuchen sein. Es wird zuerst zu fragen sein, wodurch diese Gesinnung verursacht und beschleunigt werden kann, um dann zum welchen Einfluss der Erfahrung des Nichts auf die Melancholie überzugehen.

In vielen Werken der Romantik wird die Melancholie oft infolge der Entwirklichung der Realität wegen eigener widersprüchlicher Weltvorstellungen hervorgerufen. Sobald Lovell, Balder, Cosmio, Godwi oder Roquairol sich dessen bewusst werden, dass die Phantasie das Leben verklärt und die Sinne sie nur vorübergehend berauschen können, werden sie melancholisch und resigniert. Lovell erkennt zugleich, dass er nie die wahren Ansichten über die Welt erkennen wird und fühlt sich daher einsam und von der Welt enttäuscht[662]. In seinen Überlegungen zur Welterkennung knüpft Lovell indirekt an I. Kants Feststellung an, der zufolge man das Ding in seinem wahren Wesen nicht erkennen kann. Lovells Verzweiflung klingt so: „Alles liegt dunkel und rätselhaft vor unseren Füssen, wer steht mir dafür ein, dass ich nicht einen weit größeren Irrtum gegen einen kleineren eingetäuscht habe?"[663] Zudem sei die Melancholie selbst sich als eine übertriebene Reizbarkeit der Empfindung, ein ansteckendes Übel, eine fremdartige Krankheit, oder sogar ein Gefühl, das im Grunde eine Art Hypochondrie sei[664].

Melancholie als Reaktion auf die unverständlich gewordene Welt durchzieht auch Brentanos Roman *Godwi*. Melancholisch wird nicht nur der Titelheld, aber auch andere Protagonisten, die mit der Realität nicht zurechtkommen

---

[660] Mehr zu diesem Thema siehe das Unterkapitel 5.4. Außenseitertum als Selbstverständnis.
[661] Földenyi *Melancholie...* S. 220.
[662] Tieck *William Lovell...* besonders S. 200-204.
[663] Ebd. S. 202.
[664] Ebd. S. 125-127.

können[665]. Zerrissene Bindungen an die Welt, die zur Entfremdung des Menschen führen können, bewirken eine melancholische Gesinnung auch bei Andrea Cosimo und zwar derart stark, dass sein Leben plötzlich ohne Zusammenhänge bleibt und dann völlig zerbrochen wird. Er fühlt er entwurzelt und sinnlos. Trotz seiner Versuche, den Menschen entgegenzutreten, um von ihnen anerkannt und akzeptiert zu werden, fühlt er sich aus der Gesellschaft ausgestoßen und unwürdig. Die Melancholie bekämpft er zunächst mit der Sinnlichkeit, aber vergeblich. Kurz vor dem Tode fühlt er sich wie ein Narr, der mit sich selbst streitet.

Aus der Beschreibung von Balders Gemütslage durch den alten Willy ergeben sich noch mehr Details über die Melancholie. Für den gläubigen Willy ist es unverständlich, dass es den Menschen überhaupt möglich ist, so verzweifelt in lähmende Resignation zu versinken:

„Was mir ganz ein Rätsel werden könnte, ist, wie man unter Gottes schönem Himmel so betrübt und verdrüßlich sein könnte, als mir Herr Balder zu sein scheint. Er tut wahrscheinlich Unrecht daran. Aber er sieht manchmal aus, wie ein armer Sünder, der am folgenden Morgen gehängt werden soll, so verloren und kümmerlich, dem guten Mann muß doch irgendetwas fehlen, denn sonst, Thomas, würde ich ihn für eine Art Narren halten"[666].

Nach Mühlhers Vermutung ist die Melancholie als „die eigentliche Erkrankung des Willens"[667] zu betrachten. Dabei beruft er sich auf Schopenhauers und Jaspers Theorien[668]. Außerdem sei der Melancholiker, so Mühlher, vom Gefühl des Gestorbenseins gekennzeichnet, das heißt, er empfinde sich zwar als gestorben, aber trotzdem als seiend, zum Scheine existierend, oder in extremen Fällen allein im ganzen All existierend[669]. Somit können die Helden aus Büchners Werken keinerlei Hoffnung in die Erlösung von ihren irdischen Qualen und in die ewige Ruhe nach dem Tod setzen. Sowohl Lenz („[...] für ihn war ja keine Ruhe und Hoffnung im Tode"[670]) als auch Danton („Da ist keine Hoffnung im Tod; er ist nur eine einfachere, das Leben eine verwickeltere, organisiertere Fäulnis [...]"[671]) sind von dieser Tatsache derart determiniert, dass sie der Lebensresignation erliegen. Der Tod lasse sich nicht einfach ironisieren, sondern wird vielmehr zum Bewusstsein hoffnungsloser Gefangenschaft in dem „Grab (der Welt), worin es fault"[672]. In diesem Sinnzusammenhang erscheint Danton

---
[665] Mehr zur Melancholie in diesem Werk siehe: Klaus Wille: *Die Signatur der Melancholie im Werk Clemens Brentano*, Bern 1970.
[666] Tieck *William Lovell...* S. 117.
[667] Mühlher *Georg Büchner und die Mythologie des Nihilismus...* S. 274.
[668] Vgl. Kral Jaspers *Psychologie der Weltanschauung;* Berlin 1919, bes. S. 265; sowie Arthur Schopenhauer: *Die Welt als Wille und Vorstellung;* 4. Buch, Kap. 71.
[669] Mühlher *Georg Büchner und die Mythologie des Nihilismus...* S. 276.
[670] Büchner *Lenz...* S. 29.
[671] Büchner *Dantons Tod...* S. 67.
[672] Ebd. S. 67. Vgl. dazu Wiese *Georg Büchner...* S. 521.

als lebensmüder Mensch und zugleich Melancholiker, der der Ansicht ist, dass es leichter zu sterben sei, als zu leben, denn man brauche viel Mut, um zu leben. Zugleich stellt er sich die Frage, ob es sich in einer so verstandenen Welt, überhaupt noch zu leben lohnt. Seine Lage als Mensch scheint ausweglos zu sein, da er weder leben noch sterben möchte, da er nirgends seine Ruhe zu finden glaubt. Mühlher vermutet, dass die Äußerungen Dantons, denjenigen von Büchner selbst entsprechen, wovon die Briefe an seine Frau Zeugnis ablegen[673]. Gleichwohl lässt sich Danton in seiner Welt- und Selbsterfassung als melancholisch Gesinnter bezeichnen.

Man muss auch betonen, dass Melancholiker oder zur Melancholie neigende Helden oft von Angst gequält sind. Zugleich kann die Angst als psychologische Entsprechung zum ontologischen Nichts und kosmischen leeren Raum betrachtet werden, worauf schon Mühlher hingewiesen hat[674]. Man vergleiche diesbezüglich folgende Beschreibung von Lenzens Gemütslage: „Es fasste ihn eine namenlose Angst in diesem Nichts: er war im Leeren"[675], oder an einer anderen Stelle: „Das Licht war erloschen, die Finsternis verschlang alles; eine unnennbare Angst erfasste ihn [...]"[676]. Aber die Angstgefühle sind eigentlich für alle nihilisierenden Protagonisten kennzeichnend, nicht aber in jedem Fall werden sie so eindeutig angesprochen wie in den *Nachtwachen des Bonaventura*. Kreuzgang erschrickt nicht nur vor der Leere und zugleich der Enge der Welt[677], sondern vor allem vor dem sich überall verbreitenden Nichts[678]. Lovell, Godwi oder auch Roquairol hingegen erschrecken vor ihrer inneren Leere sowie der Unmöglichkeit der Selbstbestimmung mehr als vor dem allumfassenden Nichts[679]. Vor sich selbst fürchtet sich auch Schoppe, der immer wieder seine Ich-Angst zum Ausdruck bringt[680].

---

[673] „Wer ist Danton in seinem Drama? Büchner hat sich in Danton großenteils selbst gestellt, daher können wir die Äußerungen Dantons in Briefen und persönlichen Bemerkungen wieder finden. Danton spricht mehr oder weniger Büchners eigene Gefühle und Gedanken zu jener Zeit aus, als er, enttäuscht, erregt und verfolgt, sein Drama in Hast und Angst niederschrieb. Den Dichter Büchner fesselte [...] das Seelisch- Menschliche." Siehe Büttner *Büchners Bild vom Menschen...* S. 21.
[674] Mühlher *Georg Büchner und die Mythologie des Nihilismus...* S. 278.
[675] Büchner *Lenz...* S. 6.
[676] Ebd. S. 7-8., sowie S. 9.
[677] „Eine furchtbare Angst ergriff mich oft, wie einen Riesen, den man als Kind in einen niedrigen Raum eingemauert, und der jetzt emporwächst und sich ausdehnen und aufrichten will, ohne es imstande zu sein, und sich nur das Gehirn eindrücken, oder zur verrenkten Missgestalt ineinander drängen kann." *Nachtwachen...* S. 60.
[678] Ebd. S. 121-122, das Werk endet auch mit dem dreimal wiederholtem Nichts – siehe S. 143.
[679] Vgl. Tieck *William Lovell...* unter anderen S. 243, 357. Siehe auch Brentano *Godwi...* vor allem S. 106, sowie Jean Paul *Titan...* S. 276-277.
[680] Vgl. Jean Paul *Titan...* unter anderen S. 816-817, 826-827.

Die melancholische Gemütslage kann, sobald von übertriebener Phantasie oder großer Empfindsamkeit begleitet, in den Wahnsinn münden. Manchmal aber erscheint die Hinwendung zum unsinnigen Denken oder zur Beharrung auf eigenen Phantasievorstellungen als eine Art der Flucht aus der unerträglich und fremd gewordenen Realität, wie bei Balder, Kreuzgang oder Schoppe. Balder meint, dass er sich selbst nicht mehr versteht, und auch von anderen als verstellt empfunden wird, deswegen ist er davon überzeugt, wahnsinnig zu sein. Er ist sich dessen bewusst, dass seine Überempfindlichkeit gegenüber der existenziellen Leere ihn von anderen Menschen entfernt und dem Wahnsinn immer näher bringt[681]. Aber Balder betrachtet den Wahnsinn nicht eindeutig negativ, vielmehr überlegt er sich, ob er durch die Hinwendung zu seiner Phantasiewelt auch etwas Positives gewinnen könnte, etwas, was ihm die nichtige und leere Realität nicht bieten kann[682]. In einem langen Prozess der Entfernung von der äußeren Welt flüchtet Balder immer öfter in seine innere Welt, worauf William Lovell in folgenden Worten hinweist: „Er träumt gern für sich in der Einsamkeit, [...] er ist sich oft selbst nicht ähnlich, so zerstreut, so einem Wahnsinnigen ähnlich wird er zuweilen"[683]. Schließlich verliert Balder den Kontakt mit anderen und verharrt in seiner Traumwelt.

Schoppe meinte, dass ihn die Idee von seinem vorausgesagten Wahnsinn zum Sklaven dieses Gedankens gemacht hat. Die einzige Möglichkeit, dieser Abhängigkeit zu entgehen sei es, so Schoppe, sich einen Wahnsinnsgedanken auszusuchen, um den drohenden Wahnsinn dadurch zu täuschen, um dann auch im Irrenhaus als der erste Mensch oder sogar Weltgeist bezeichnet zu werden[684]. Trotz seiner Einweisung ins Irrenhaus findet man bei Schoppe keine Züge von Tollheit. Man hält ihn zwar für einen Fichtianer und zugleich einen Humoristen, aber außer seiner Furcht vor seinen Ichs zeigt er keine Merkmale eines geistig Kranken. Da Schoppe, so wie Balder, über sich selbst und die Welt nachdenkt und dabei einen großen Zwiespalt zwischen seiner Wunschvorstellung und der realen Existenz entdeckt, findet er in seinen Träumen eine Art Zuflucht von der ihn umgebenden Leere des Nichts. Dieser Realitätswechsel bewirkt jedoch seine innere Verwirrung, so dass er kaum imstande ist, eine klare Grenze zwischen beiden Welten zu erkennen[685]. Aber schließlich erliegt Schoppe seinem Bewusstseinszerfall in mehrere Ichs und geht daran zugrunde.

---

[681] „Ich bin immer noch in Zweifel darüber, was aus mir werden würde, wenn die Leute mich wahnsinnig nennen; o ich fühle, dass ich in vielen Augenblicken diesem Zustande so nahe bin, dass ich nur einen kleinen Schritt vorwärts zu tun brauche, um nicht wieder zurückzukehren." Tieck *William Lovell...* S. 173.
[682] Siehe dazu den Dialog zwischen Balder und William Lovell, ebd. S. 139-141.
[683] Ebd. S. 139.
[684] Jean Paul *Titan...* S. 744-745.
[685] Schoppe bemerkt: „ Das hat mir wohl freilich nur geträumt, aber so menge ich jetzt den Traum ins Wahre und umgekehrt." – Ebd. S. 832-833.

Auch der Nachtwandler wird wegen seiner Überzeugungen ins Tollhaus geschickt, aber man kann auch in diesem Fall nicht von Wahnsinn im Sinne eines wirklichen Verlusts der Realität sprechen, sondern vielmehr von einem Quasi-Wahnsinn, zu dem sich Kreuzgang ironisch selbst bekennt und von dem er sich zugleich distanziert. Viel wichtiger ist jedoch, dass Kreuzgang imstande ist, die Ursachen des Wahnsinns bei anderen Bewohnern des Tollhauses zu erkennen. Zu diesen rechnet er u. a. eine zu weit geführte philosophische Lehre. In Kreuzgangs Vorstellung ist also die Grenze zwischen Wissenschaftlern und Wahnsinnigen sehr dünn, wobei seine Andeutungen eine Warnung vor den Gefahren der modernen Philosophie und Wissenschaft sind. Auch in der vorliegenden Untersuchung soll der Wahnsinn als eine mögliche Konsequenz nihilistischer Gedankenexperimente betrachtet werden, von Experimenten, die auf die Gefahren des philosophischen Idealismus sowie der modernen Wissenschaft hinweisen. In diesem Zusammenhang sei auf Wahnsinnige verwiesen, die als Idealisten, Realisten, Weltschöpfer ihre geistigen Ideen zu weit, bis an die Grenze des Wahnsinns geführt haben. Zu solchen gehört auch Kreuzgang, der sich jedoch von anderen Bewohnern des Tollhauses durch seine ironische Distanz zu seinen Gedanken unterscheidet und nicht als „echter Wahnsinniger" qualifiziert werden kann. Von geistiger Krankheit auf Grund der Erfahrung des Nichts schützen Kreuzgang die Liebe zu Ophelia und seine Ironie. Die scherzhafte Gemütslage lässt ihn immer wieder die Tollheit verspotten, ironisch trotzt er der vernünftigen Welt: „Ein paar Male jagte man mich aus Kirchen, weil ich dort lachte, und ebenso oft aus Freudenhäusern, weil ich darin beten wollte"[686]. Nur mit Hilfe der Ironie ist es ihm möglich, die Nichtigkeit der Welt und des Menschen selbst zu verkraften, obwohl er letztendlich der Verzweiflung erliegt, als er auf dem Friedhof vergeblich versucht, seinen verstorbenen Vater zu beleben, der zur Asche geworden war.

Schon diese wenigen Beispiele für die Auffassung des Wahnsinns in der Romantik zeigen, dass er sich oft nicht als eine geistige Krankheit bezeichnen lässt, sondern auch zum Zufluchtsort aus der dem Menschen unverständlichen und nichtigen Welt wird. Godwi stellt fest, dass der Wahnsinn als „der unglückliche Bruder der Poesie"[687] aufzufassen sei. Die These wird auch von Robert Mühlher bestätigt, dem zufolge, dass der Wahnsinn sich „nicht als völliges Irre-Sein [charakterisieren lasse], sondern vielmehr als auf jenem in sich geschlossenen Bestand an Verrückungen der Seele und des Weltbildes"[688] beruhe. Demnach wäre der Wahnsinn in Büchners Werken schon eindeutiger als Ausdruck der Krankheit an der Existenz zu betrachten als noch in der Romantik. Lenz, der häufig von großer existenzieller Angst ergriffen ist, so dass er, wie der Erzähler der Novelle behauptet „nun am Abgrund stand, [und] eine wahnsinnige Lust ihn

---

[686] *Nachtwachen...* S. 57.
[687] Brentano *Godwi...* S. 142.
[688] Mühlher *Georg Büchner und die Mythologie des Nihilismus...* S. 269.

trieb, immer wieder hineinzuschauen und sich diese Qual zu wiederholen"[689], leidet unter seinem unerträglichen Dasein.

Wahnsinn kommt zuweilen unter der Bezeichnung „eine fixe Idee" vor. Dieser Ausdruck wiederholt sich in Büchners Werken: Lenz („er faßte es als eine fixe Idee"), Woyzeck (der Doktor spricht von einer fixen Idee, die Woyzeck beherrscht habe), auch in *Dantons Tod* kommt diese Bezeichnung in Camilles Rede in folgender Aussage vor:

„Der Wahnsinn saß hinter ihren Augen. Es sind schon mehr Leute wahnsinnig geworden, das ist der Lauf der Welt. Was können wir dazu? [...] Der Himmel verhelf ihr zu einer behaglich fixen Idee. Die allgemeinen fixen Ideen, welche man die gesunde Vernunft tauft sind unerträglich langweilig"[690].

Die „fixe Idee" wird somit vielen Helden zur einzigen Möglichkeit, die nichtige Realität zu verklären. Darüber hinaus lässt sich diese Wahnsinnsidee nicht nur als Ausdruck geistiger Störungen, sondern auch als sichtbares Zeichen der Seinskrankheit bezeichnen. Verstärkte Reaktion auf das Nichts kann sich dementsprechend in Psychosen, Melancholie oder sogar Wahnsinn ausdrücken[691].

Schlussfolgernd sei festgestellt, dass die Verzweiflung des Menschen weder durch Genuss noch durch die Melancholie völlig überwunden werden können. Diese pessimistische Gesinnung kann lediglich vorübergehend unterdrückt werden. Nicht zu vergessen ist jedoch, dass die Helden immer wieder mit verschiedenen Methoden die Erfahrung des allumfassendes Nichts zu verdrängen suchen. Manche von ihnen wollen aktiv im Rausch, Weingenuss oder in der Sinnlichkeit über die sinnlose Welt hinwegblicken wollen. Andere fliehen in ihre innere Welt der Phantasie, bis sie schließlich sowohl den Kontakt mit der Realität als auch mit anderen Menschen verlieren und manchmal sogar für wahnsinnig gehalten werden. Die Reaktion auf das Nichts kann sich folglich entweder aktiv oder passiv äußern. Im ersten Fall bedienen sich die Helden der äußeren Zerstreuung, um die innere Krise zu unterdrücken, im zweiten Fall stellen die Protagonisten der unerträglichen Wirklichkeit ihre Abneigung gegenüber, so dass sie sich dadurch von der von außen wahrnehmbaren Welt abgrenzen. Von großer Bedeutung ist die Verbindung des Pessimismus mit nihilistischen Gedankenexperimenten, da sie eine verstärkt negative Erfassung der Welt sowie des Menschen zur Folge hat. Außerdem erscheint den Helden ihre Existenz nicht nur sinnlos, sondern zugleich auch leidvoll, so dass sie ihre Lebenslage als hoffnungs- und ausweglos betrachten. Somit bekommt die Melancholie durch die Konfrontation mit dem Nichts eine übertriebene Reizbarkeit, die den Menschen in seinen Absichten derart lähmt, dass er völlig willenlos wird und

---

[689] Büchner *Lenz...* S. 22-23.
[690] Bühner *Dantons Tod...* S. 77.
[691] Vgl. dazu Mühlher Georg Büchner *und die Mythologie des Nihilismus...* S. 265.

sich stark von anderen entfernt. Unabhängig davon, ob die Protagonisten gegen das Nichts aktiv oder passiv vorgehen, ist das Endergebnis vergleichbar – sie fliehen selbst in die Abgeschiedenheit oder aber werden aus der Gesellschaft ausgestoßen.

5.4. Außenseitertum als Selbstverständnis

Ausgehend von der Analyse der Faktoren, die die Selbsterfassung des nihilisierenden Helden wesentlich beeinflusst, soll jetzt überlegt werden, inwieweit diese Faktoren zum Außenseitertum führen können. Es wird auch zu fragen sein, ob alle Protagonisten, die in nihilistische Gedankenexperimente verwickelt sind, ihr Selbstverständnis nur im Außenseitertum finden. Um dies zu klären, müssen auch die möglichen Formen der Einsamkeit und der Abgrenzung von der Gesellschaft berücksichtigt werden.

Beginnen wir mit dem Identitätsproblem, das viele Helden der Romantik auszeichnet. Infolge übertriebener Empfindsamkeit fällt es ihnen schwer, sich eindeutig zu bestimmen. Die Suche nach Selbsterfassung ist nämlich wesentlich vom Subjektivismus und Egoismus geprägt, so dass die Helden oft unabdingbar in einen Konflikt mit der Gesellschaft geraten. Außerdem kann auch der Zwiespalt zwischen der Vorstellung vom Ich und seiner Wahrnehmung in der wahren Welt zu Enttäuschung und Verzweiflung führen. Da sich jedoch die Kluft zwischen den Erwartungen der Helden und ihrer Realisierung in der äußeren Welt ständig vergrößert, werden sie häufig von Gefühlen der Sinnlosigkeit, Leere und Langeweile bedrängt. Da nihilisierende Protagonisten zugleich die Probleme, die mit der Identitätskrise zusammenhängen, viel schmerzlicher als andere erfahren und noch dazu leicht in ihren Gefühlen verletzbar sind, haben sie große Schwierigkeiten damit, konfliktlose Beziehungen zu anderen zu pflegen. Im Gegensatz zu anderen Protagonisten sind sie wegen ihrer schwärmerischen Gemütsart daran gehindert, sich hingebungsvoller Liebe oder Freundschaft zu widmen. Die gestörte zwischenmenschliche Kommunikation bewirkt zudem eine tiefe Abneigung gegen die fremd gewordene Gesellschaft und die Welt. Unerfüllte Wünsche im Bereich der Gefühlssphäre werden oft von einer Empfindung der inneren Leere begleitet, die die menschliche Existenz angesichts missglückter Versuche, das Leben mit Liebe oder Freundschaft zu erfüllen und ihr dadurch Sinn zu verleihen, unerträglich macht.

Von großer Bedeutung ist auch die Erfahrung existenzieller Langeweile, die in extremen Fällen zum Stigma werden kann, so dass der Mensch in seinen Absichten geistig völlig erlahmen kann und passiv wird. Die Langeweile steht aber auch oft in einem engen Zusammenhang mit totaler Verzweiflung, so dass sich der Mensch bedeutungslos und nichtig vorkommt. Dementsprechend erweist sich andauernde Langeweile als sehr gefährlich für den Menschen, da ihm sein Leben lediglich zur ununterbrochenen Qual wird, gegen die er nichts unternehmen kann. Die Angst vor der Konfrontation mit der so verstandenen Welt zwingt somit viele Menschen dazu, in die Einsamkeit zu fliehen. Einerseits gibt es Helden, die in Abgeschiedenheit über sich selbst und das Universum nachdenken, weswegen sie oft in ihrer inneren Phantasiewelt verharren und sich von der wahren Welt abgrenzen, andere Helden hingegen geraten wegen ihrer Genusssucht, mit der sie Leere und Langeweile verdrängen wollen, in Konflikte mit der Gesellschaft, aus der sie dann entweder ausgestoßen werden oder diese selbst verlassen. Kurzum: Die Verbindung übertriebener Empfindsamkeit mit innerer Leere, Verzweiflung, Bedeutungslosigkeit, existenzieller Langeweile sowie dem Gefühl der Nichtigkeit der Welt und des Menschen selbst verursacht die Flucht aus der Gesellschaft, die in verschiedenen Formen zum Ausdruck kommen kann.

In diesem Kontext sind einmal verschiedene Formen der Einsamkeit zu erwähnen. Zunächst kann eine Suche nach Identität, die von einem verabsolutierten Gefühl (gemeint ist die übertriebene Empfindsamkeit) begleitet wird, keine Unabhängigkeit garantieren, sondern eher die Isolation des Menschen von der Gesellschaft bewirken, worauf schon Christopher Schwarz hindeutete[692]. Sowohl William Lovell als auch der junge Godwi, sein Vater und Andrea Cosimo in der Jugendzeit als auch Roquairol oder Medarus wollen sich in der Welt der Erwachsenen beweisen und durch Erfahrungen reifen. Die Schwierigkeiten im Reifeprozess nehmen jedoch stetig zu, da die Erwartungen der jungen Männer hinsichtlich der Selbstverwirklichung in der als fremd und unerkennbar scheinenden Welt oft nicht realisierbar sind. Da es den Helden schwerfällt, sich in solch einer Realität zurechtzufinden, verharren sie häufig im Bereich ihrer Träume und Wünsche, wodurch der Konflikt mit der Gesellschaft immer krasser wird. Die Krise der Selbstbehauptung wird noch verstärkt durch die Erfahrung der inneren Leere und der Nichtigkeit der äußeren Welt. Deswegen fühlen sich überempfindliche Helden fast überall fremd[693].

Auch sinnliche Zerstreuung kann die pessimistischen Gefühle auf Dauer nicht verdrängen. Daher erkennen viele nihilisierende Schwärmer sehr früh die Freuden der Einsamkeit, vgl. William Lovell: „Man entdeckt in der Einsamkeit eine Menge von Ideen und Empfindungen in sich selbst, die man vorher nicht wahrgenommen hat, man schließt mit seiner Seele eine vertrautere Bekanntschaft"[694]. Die zuerst sehr positiv verstandene und freiwillig gewählte Einsam-

---

[692] Schwarz *Langeweile und Identität...* S. 78.

[693] Als Beweis dafür kann man eine Aussage von Lovell anführen, die auch für viele andere Helden der Romantik typisch ist: „Überall bin ich mir fremd, und überall finde ich mit meinen Ideen einen wundervollen Zusammenhang. Der höchste Klang des Schmerzens und der Qual fließt wieder in den sanften Wohllaut der Freude ein, das Verächtliche steht erhaben und die Erhabenheit fällt zu Boden." S. 371.

[694] Tieck *William Lovell...* S. 26.

keit wird jedoch im Laufe der Zeit immer deutlicher zur Notwendigkeit als eine Art Flucht aus der unerträglichen äußeren Welt. Besonders schmerzlich wird die Entdeckung, dass menschliches Leben, so Lovell, nichts Ernsthaftes, sondern eher eine Farce sei, „der nüchterne, verdorbene Abhub einer alten, besseren Existenz, eine Kinderkomödie es tempore, [also eigentlich nichts mehr als] eine schlechte Nachäffung eines eigentlichen Lebens"[695]. Obwohl die Einsamkeit auch erschreckend wirken kann, wird sie oft zur einzigen Chance, die Welt zu vergessen und von ihr vergessen zu werden. Für diese resignierte Art der Abgeschiedenheit entscheidet sich schließlich Lovell nach vergeblicher Sinnsuche im Leben, da ihm sowohl die Welt als auch der Mensch nichtig vorkommen und er nicht imstande ist, pessimistische Gefühle im genussvollen Leben zu überwinden. Man kann also die Vermutung wagen, dass sich Lovell sein Leben lang in einer Außenseiterexistenz behauptet, die schließlich in die Abgeschiedenheit mündet. Zuerst ist sein abseits von der Gesellschaft geführtes Leben immer deutlich erkennbar, besonders da es noch durch keine Zielsetzung und keine Beharrlichkeit gekennzeichnet ist. Der Sinnverlust samt dem Gefühl, dem Schicksal ausgeliefert zu sein, führen zur Anerkennung der Hoffnungslosigkeit jeglicher Handlung, so dass im Endeffekt die ständige Langeweile in Sinnlosigkeit sowie Resignation und Depression übergeht.

Zu Außenseitern werden - wegen Sinnverlusts - Andrea Cosimo, Godwi sowie Godwis Vater. Andrea Cosimo, der den Sinn seiner Existenz in Frage stellt und sich entscheidet, Selbstmord zu begehen, beginnt plötzlich abseits der Gesellschaft ein neues Leben, in dem er andere mit seiner Zweifelssucht „anstecken" möchte. Sein Skeptizismus wird oft als Voraussetzung für nihilistische Gedanken betrachtet, da er als der Zweifelnde in seinen Bedenken bis auf die Nichtigkeit der Welt vorgedrungen ist. Cosimo selbst erkennt erst auf dem Sterbebett die zerstörende Kraft seiner philosophischen Lehre, die ihn kurz vor dem Tode mit Gewissensbissen quält[696].

Die Außenseiterexistenz charakterisiert auch das Leben von Karl Godwi und seinem Vater. Beide leiden unter der Entfremdung von der Welt und von anderen Menschen, so dass sie sich nach einem genussvollen Leben (Godwis Vater) und schwärmerischer Liebe (Karl Godwi) auf ihr Gut zurückziehen. Karl, der an seiner Selbsterfassung von der ständigen Suche nach der früh verlorenen Mutter gehindert wird, fühlt sich überall fremd und einsam, bis er nach einigen Liebesversuchen ein abgeschiedenes und ruhiges Leben auf seinem Landgut führt[697]. In die Abgeschiedenheit des landwirtschaftlichen Grundbesitzes flieht auch Godwis Vater, der erst dort seine innere Ruhe zu finden hofft.

---

[695] Ebd. S. 550.
[696] Vgl. ebd. S. 638-639.
[697] Über die Einsamkeit von Karl Godwi sowie seinem Vater erfahren wir von dem Erzähler Maria: „Er [gemeint wird Karl] lebte ganz allein auf seinem Gut" und zu Godwis Vater: „Er floh nach Deutschland: er hatte sich fest entschlossen, Alles in sich zu verschließen,

Helden, bei denen Verzweiflung und Sinnverlust deutlicher vorangeschritten sind, wählten die Flucht aus der unerträglichen Wirklichkeit in die Innenwelt, die oft mit Abgeschiedenheit verbunden sein kann, aber nicht unbedingt sein muss. Die Helden entscheiden sich dafür, unzerstreut über sich selbst nachzudenken. Die Abgrenzung von der entfremdeten Realität der Welt der eigenen Vorstellungen und Träume wählt Balder. Da er weder Ruhe noch Erholung im Schlaf finden kann, fasst er den Entschluss, sich von der äußeren Welt abzugrenzen; er sehnt sich in der Einsamkeit des tiefen Waldes, um seine düstere Stimmung durch eigene Weltvorstellungen zu ersetzen. Die Abgrenzung von der Realität droht jedoch in Wahnsinn überzugehen. Obwohl Balder sich dessen bewusst ist, dadurch den Kontakt mit anderen zu verlieren und auch von William Lovell davor gewarnt wird, (worauf schon im Kapitel 5.3.2. zur aktiven und passiven Reaktion auf das allumfassende Nichts hingewiesen wurde), entscheidet er sich, doch den Schritt zu wagen, sich in seine inneren Überlegungen zu ergehen[698]. Trotz seiner vorangeschrittenen geistigen Störung scheint Balder in seiner Abgeschiedenheit glücklich zu sein. In seinem Versuch, ins Gesellschaftsleben zurückzukehren, musste er jedoch scheitern, da seine Wahnsinnsanfälle an Kraft zunehmen, bis er ihnen schließlich erliegt und stirbt.

Auch Schoppe, der die Freiheit über alles schätzt, sucht sie nicht in der Gesellschaft, sondern im angeblichen Wahnsinn zu realisieren. Da er sein Ziel, auf „einer so verächtlichen Erde"[699] frei zu bleiben, um jeden Preis verwirklichen möchte, was ihm unter den „jetzigen zynischen, naiven, freien Naturmenschen"[700] unmöglich vorkommt, flieht er in seine innere Welt. Auf diese Art und Weise geht sein Wunsch in Erfüllung, so dass er überzeugt feststellen kann: „Das hat mir wohl freilich nur geträumt, aber so menge ich jetzt den Traum ins Wahre und umgekehrt"[701]. Aber auch bei Schoppe wird die gewünschte Freiheit, ständig zwischen äußerer und innerer Welt zu wechseln, immer problematischer, da sich beide Bereiche kaum voneinander unterscheiden lassen und zu Schoppes geistiger Verwirrung führen.

---

und ruhig ein neues einfaches Leben zu beginnen." Siehe: Brentano *Godwi...* S. 256 und S. 431.

[698] Lovell äußert sich über Balder: „Er träumt gern für sich in der Einsamkeit, [...], er ist sich oft selbst nicht ähnlich, so zerstreut, so einem Wahnsinn ähnlich wird er zuweilen." Tieck *William Lovell...* S. 139. Auch Balder erkennt die Gefahr, wahnsinnig zu werden, indem er sagt: „Mein Fieber nimmt mit jedem Tag zu, so wie mein Widerwille gegen die ganze Welt – unter allen Menschen, die ich bisher habe kennen lernen, hat noch keiner meine Erwartung befriedigt. [...] Auf eine wunderbare Weise fühle ich mich einsam, ein Schatten, ein Laut kann mich erschrecken, die Fiebern meines Körpers erzittern bei jedem Anstoße auf eine schmerzhafte Art." – Ebd. S. 161.

[699] Jean Paul *Titan...* S. 737.
[700] Ebd. S. 738.
[701] Ebd. S. 832-833.

Ungewollte Einsamkeit quält Lenz, dessen Wahnsinnsverdacht auf seine Krankheit an das unerträglich gewordene Existenz zurückzuführen ist. Seine Isolation von der Gesellschaft, die man als Folge der Entfremdung von der äußeren Welt und den Menschen selbst betrachten kann, wird ihm eigentlich von diesen Umständen aufgezwungen. Außerdem steigt sein Gefühl existenzieller Angst derart, dass er sich in der Einsamkeit sogar vor sich selbst fürchtet, besonders bei Dunkelheit. Obwohl er unter ihm wohlgesonnenen und hilfsbereiten Menschen, fühlt er sich immer einsamer und nur sich selbst überlassen[702]. Wegen seiner auffallenden inneren Zerstreuung und einer besonders schmerzhaften Erfahrung allumfassender Leere, ist er nicht mehr imstande, sich an die Lebensverhältnisse anzupassen, so dass er zu einem Außenseiter wird, der sich eigentlich immer mehr nach Menschen sehnt, je mehr seine geistige Krankheit an Kraft zunimmt. Schließlich führte seine geistige Störung jedoch dazu, dass er sich selbst Schmerzen zufügt, um sich von seinem Dasein zu überzeugen und die innere Leere zu verdrängen. Da die Gefahr besteht, dass er sich ernsthaft verletzen kann, muss man ihn ständig beobachten. Seine Rückkehr nach Straßburg erfüllte ihn mit noch mehr Gleichgültigkeit, die seine innere Öde zwar nicht beseitigen, aber ihn wenigsten vor Selbstverletzungen schützen kann. Bei Lenz handelt sich zwar um einen Außenseiter, der wider seinen Willen aus der Gesellschaft ausgestoßen wurde und sich dieser Tatsache gegenüber resigniert verhält, denn er „fühlte keine Angst mehr, kein Verlangen [...] sein Dasein war ihm eine notwendige Last. - so lebte er hin"[703].

Problematisch scheint es, Danton als einen Außenseiter zu bezeichnen. Obwohl er sich melancholischen Überlegungen über sein Leben und existenziellen Leiden hingibt, flieht er nicht vor den Menschen in die Einsamkeit (im Sinne einer totalen Abgeschiedenheit), sondern flüchtet in sein kleines privates Liebesglück. Seine nihilistischen Überlegungen führen nicht absolut und konsequent zu völliger Verzweiflung, Selbstvernichtung oder Wahnsinn, was schon von Büttner ausdrücklich betont wurde[704]. „Daher dürfen auch Dantons Gedanken in bezug auf Büchners Welt- und Selbstanschauung nicht verallgemeinert und als dessen letztgültiges Weltbild bezeichnet werden, wie das Robert Mühlher getan hat, [bemerkt zu Recht Ludwig Büttner]. Außerdem hatten sich Büchners Gedanken mit *Dantons Tod* nicht zu einem umfassenden nihilistischen Weltbild verfestigt"[705]. Gleichwohl aber gilt, meines Erachtens, auch für Danton die Aussage von Giannozzo: „Zwischen Himmel und Erde wurde ich am ein-

---

[702] Vergleiche dazu: Büchner *Lenz...* S. 6, 19.
[703] Ebd. S. 31.
[704] Büttner *Büchners Bild vom Menschen...* S. 10-13.
[705] Ebd. S. 13.

samsten"[706]. Trotz der Hinwendung zur erfüllten Liebe und zu der ständigen Menschenmenge, die Danton umgibt, verspürt er inmitten der Gesellschaft seine geistige Isolation. In der als qualvoll und nichtig empfundenen irdischen Existenz kann ihm nämlich auch die vergängliche Liebe keine sichere Zuflucht bieten. Deswegen wird Danton schließlich völlig passiv und resigniert, was ihn von anderen Menschen sowie seiner geliebten Frau entfremdet und ihn in die Nähe von anderen nihilisierenden Außenseitern rückt.

Eine andere Art Außenseiter bilden jene Helden, die sich vor der Nichtigkeit und der Leere der Welt hinter der Maske eines Spielers, eines Ironikers oder eines Narren verstecken, um auf diese Weise den innerlichen, pessimistischen Gedanken furchtlos entgegenzutreten. Als Protagonisten, die versuchen, gegen das allumfassende Nichts aktiv vorzugehen, lassen sich Roquairol und Kreuzgang bezeichnen. Roquairol zieht die Maske eines Spielers an, hinter der er seine innere Öde vergeblich zu verbergen sucht. Aber zuerst ist nur Schoppe dazu fähig, in seiner ständigen Maskerade und seinem Rollenspiel einen innerlich abgebrannten Menschen voll verlebten Lebens zu erkennen[707]. Denn Roquairol weiß verschiedene Masken - jeweils abhängig von der Situation - aufzusetzen, so dass es schwierig ist, sein Nachspielen und Nachahmen besonders in zwischenmenschlichen Beziehungen zu durchschauen. Weder in der Freundschaft noch in der Liebe ist er imstande – von einigen Ausnahmen und Versuchen abgesehen (Freundschaft zu Albano) - auf seine spielerischen Talente zu verzichten, um anderen gegenüber ehrlich und offen zu sein. Sonst ist für ihn alles nur ein Spiel, das er oft bis zum Schmerz führt. Deswegen muss er auch in seiner Absicht scheitern, durch die Liebe zu Rabette seine innere Leere zu überwinden oder durch die Freundschaft mit Albano einen Leidensgenossen zu gewinnen. Erst in seinem Trauerspiel, das seine existenziellen Leiden sowie die inneren Regungen seines ermüdeten Geistes deutlich zum Ausdruck bringt, macht er alle Menschen mit dem wahren Gesicht seines Seins vertraut, wenn auch in theatralischer Form auf der Bühne. Seine früher hinter verschiedenen Rollen versteckten Gefühle werden kurz von seinem Selbstmord verkündet, wodurch seine Außenseiterexistenz noch einmal ausdrücklich und unbestreitbar zum Vorschein kommen kann.

Von der Gesellschaft isoliert sich auch der Ironiker und zugleich quasi Hanswurst Kreuzgang aus den *Nachtwachen des Bonaventura*. Der frühere Poet, der wegen seiner Gesellschaftskritik zur Strafe ins Tollhaus geschickt wird, nutzt die Gelegenheit, um hinter der Maske eines Narren uneingeschränkt seine Ansichten über die Nichtigkeit der Welt und des Menschen zu äußern. Seine unangetastete Meinungsfreiheit bewahrt er dann als Nachtwächter, der sich

---

[706] Siehe im Komischen Abhang zum Titan von Jean Paul mit dem Titel *Des Luftschiffers Gianozzo Seebuch* in *Jean Paul Werke;* hg. von Norbert Miller, München 1980, Bd. 3, S. 966.

[707] Jean Paul *Titan...* S. 242-243.

zugleich in seiner Außenseiterexistenz behaupten kann. In der nächtlichen Ruhe ist es ihm möglich, sich ungestört seinen Gedanken über die nichtige und von Leere beherrschte Welt zu widmen. Mit der Ironie hofft er den Ernst des sich überall verbreitenden Nichts zu verringern, muss letztendlich aber doch scheitern. Das am Ende des Romans dreimal wiederholte Nichts nimmt überhand in der Welt und lässt keine Hoffnung übrig, dass es je überwunden werden kann.

Als Außenseiter, der jedoch von keinen nihilistischen Gedanken gequält wird, sondern sich hinter der Maske eines Narren gegen die von der Vernunft beherrschte Welt richtet, kann man Peter Schönefeld alias Pietro Belcampo bezeichnen. Nihilisierenden Helden ähnlich hat er gewisse Probleme mit seiner Identität, weil er im Innern seines Ich den Doppelgänger entdeckt, der seine „geniale Idee"[708] verkörpert. Die Narrheit hilft ihm jedoch dabei, sich inmitten der vernünftigen Gesellschaft vor ihm zu verstecken, auch wenn dies ihn ins Tollhaus führen könnte, wovon er Medarus erzählt[709].

Zusammenfassend lässt sich feststellen, dass Außenseitertum in verschiedenen Verhaltensweisen wie Abgeschiedenheit, Flucht in innere Phantasiewelt, die oft zum Wahnsinn führt, in freiwilliger Hinwendung zum Wahnsinn sowie im Verstecken hinter der Maske des Spielers, des Ironikers oder des Narren zum Ausdruck kommen kann. Die freiwillige oder ungewollte (bei Lenz) Außenseiterexistenz steht zugleich in einem engen Zusammenhang mit nihilistischen Gedankenexperimenten, die die Protagonisten aus der Gesellschaft isolieren und ebenso unabdingbar zu Konflikten mit anderen Menschen führen. Da nihilisierende Helden in der Welt, von existenzieller Langeweile begleitet, nur unüberwindbare Leere entdecken und dazu innerlich mit der Erfahrung des allumfassenden Nichts konfrontiert werden, fällt es ihnen schwer, in einer so verstandenen Welt noch Sinn zu finden. Um sich der völligen Verzweiflung an der Welt und an sich selbst zu widersetzen, stellen die Protagonisten der wahren Welt ihre Wunschbilder gegenüber und suchen ihre Zuflucht im Innern ihrer Seele, oder aber sie versuchen mit Hilfe aufgesetzter Masken der Ironie, des Spielers oder des Narren, aktiv gegen das Nichts vorzugehen.

---

[708] Schönefeld erfährt von seinem Doppelgänger in seiner Rede: „Peter Schönefeld, sei kein Affe und glaube, dass du bist, sondern ich bin eigentlich Du, heiße Belcampo und bin eine geniale Idee [...]". Hoffmann *Elixiere des Teufels...* S. 108.

[709] Belcampo über seine Narrheit: „Ich selbst, ich selbst bin die Narrheit, die ist überall hinter dir her, um deiner Vernunft beizustehen, und du magst es nun ansehen, oder nicht, in der Narrheit findest du nur dein Heil, denn deine Vernunft ist ein höchst miserables Ding und kann sich nicht aufrecht erhalten, sie ... muss mit der Narrheit in die Kompanie treten, die hilft ihr auf und weiß den richtigen Weg zu finden nach der Heimat – das ist das Tollhaus, da sind wir beide richtig angelangt, mein Bruder Medarus." – Ebd. S. 236, sowie S. 238 und S. 242.

6. Schlussbemerkungen

Nach der ausführlichen Analyse nihilistischer Gedankenexperimente in ausgewählten Werken der deutschen Literatur von Jean Paul bis Georg Büchner lässt sich eindeutig feststellen, dass die pessimistisch-nihilistischen Strömungen vom Ende des 18. Jahrhunderts bis in die dreißiger Jahre des 19. Jahrhunderts als Voraussetzungen des viel umfangreicheren Phänomens „Nihilismus" betrachtet werden müssen. Wenn also ein Held „nihilisierende" Überlegungen äußert, bedeutet dies noch lange nicht, dass er sofort des Nihilismus verdächtigt ist. Zu einem vollständigen und vollkommenen Nihilismus, wenn man so sagen darf, fehlt noch die bewusste und gewollte Verwendung dieses Begriffes (wie später in der Literatur des Jungen Deutschlands) sowie die Komplexität seiner Aspekte mit einer eindeutigen Betonung der allumfassenden Sinnlosigkeit und Nichtigkeit, samt der totalen Negation Gottes und Aufgabe aller zuvor geltenden Werte und Prioritäten der abendländischen Weltordnung.

Von der Traumvision in Jean Pauls *Rede des toten Christus...* mit der vorsichtigen Annahme, dass Christus tot sei und damit die Welt den Bezugspunkt und Sinn des ganzen Universums preisgeben müsse, bis zur Bestätigung dieser These in Büchners *Dantons Tod,* von der anfänglichen Fragestellung und Vermutung „Ist nicht das Nichts Gott? [...] Das Nichts hat sich ermordet, die Schöpfung ist seine Wunde, wir sind seine Blutstropfen, die Welt ist das Grab, worin es fault"[710] bis zu der unausweichlichen Feststellung

„Die Welt ist das Chaos. Das Nichts ist der zu gebärende Weltgott [...]"[711]

hat die Sinnfrage im Kontext der Infragestellung Gottes in der deutschen Literatur eine große Wandlung durchlebt. Die literarische Prophetie Jean Pauls über unbeschränkte Vernichtung der Welt, die in den Abgrund der ewigen Nacht des Nichts zu stürzen droht sowie des Menschen, als mögliche Konsequenz von Gottes Tod, wurde in vielen Werken der Romantik (L. Tiecks *William Lovell*; C. Brentanos *Godwi*; Jean Pauls *Titan*; Bonaventuras *Nachtwachen*; E.T.A. Hoffmanns *Elixiere des Teufels*) fortgesetzt und auf verschiedene Art und Weise zum Ausdruck gebracht. Folgendes muss aber ausdrücklich betont werden. Erst nach der Herausgabe der Überlegungen von Jean Paul zur Negation der metaphysischen Werte Gott und Unsterblichkeit sowie der Folgen dieser Negation für das Leben des Menschen, hat diese Thematik in der deutschen Literatur der Zeit der Romantik wesentlich an Bedeutung gewonnen.

Romantische Helden, die sich zuerst gegen Gott richten (William Lovell, Roquairol), ihn bezweifeln (Balder, Schoppe), ihm menschliche Leiden vorzu-

---

[710] Büchner *Dantons Tod...* S. 67.
[711] Ebd. S. 80.

werfen haben (Schoppe, Kreuzgang) oder aber ihn völlig negieren (Andrea Cosimo), wenden sich schließlich doch an ihn, da sie nirgends sonst Rettung aus der inneren Leere und existenzieller Langeweile erhoffen. Eine große Wende in dieser Denkweise geschieht erst in Büchners Werken, in denen die Absage an Gott vollkommen und unwiderruflich ist, weil das Nichts zum Weltengott erhoben wird, so dass es von diesem Moment an keine Rückkehr zum Allmächtigen mehr geben kann. Der Mensch wird somit in der gottlos gewordenen Welt erneut mit dem Nichts und der allumfassenden Nichtigkeit konfrontiert, was seine Sinnerfassung jedoch viel stärker erschüttern kann als früher. Außerdem wird Gott in Büchners *Lenz* und *Dantons Tod* nicht mehr als Verkörperung des Guten dargestellt, sondern - ganz im Gegenteil - als von Natur aus böse und unvollkommen, weil Gott sein Schöpfungswerk verfehlt habe und selbst daran leide. Dieses verzerrte Gottesbild wird somit dem christlichen Bild entgegengestellt und zeugt einerseits von einer geistigen Umwandlung des Menschen, andererseits indes auch von einer eindeutigen Verstärkung nihilistischer Gedankenexperimente in ihrem Entwicklungsprozess vom Ende des 18. bis in die dreißiger Jahre des 19. Jahrhunderts. Es lässt sich feststellen, dass die Vorstellung von Gott in bestimmte Teilbereiche seines früher einheitlich erfassten Wesens zerfällt. Gott wird zuerst nämlich entweder als Schöpfer und Sinngeber der Welt (u.a. in den Romanen: *William Lovell, Godwi, Titan, Elixiere des Teufels*) oder aber als Richter und ein an der misslungenen Weltschöpfung leidendes, unvollkommenes Wesen (*Die Nachtwachen, Dantons Tod, Lenz*) dargestellt, das schließlich in seiner Existenz negiert und auf das Nichts reduziert wurde.

In den Bereich metaphysischer Werte gehört auch die Unsterblichkeit, die für den Menschen der Romantik eigentlich kaum eine Bedeutung hatte. Da wenige Menschen überhaupt noch an das Jenseits glauben, fiel es ihnen nicht schwer, auf die Unsterblichkeit zu verzichten oder sie nur als Ausdruck menschlicher Träume und Wünsche zu betrachten. Als solche kann sie dem an seiner Existenz leidenden Menschen aber keine Zuflucht aus der irdischen Nichtigkeit gewährleisten. In einem engen Zusammenhang mit der neuen Gottesauffassung steht auch die Religion, die in Folge der Veränderungen in der menschlichen Denkweise und einer fortschreitenden Ästhetisierung des Lebens in eine große Krise gerät und deutlich an ihrer früheren Bedeutung einbüßt.

Die Wandlungen im Gottesverständnis, in dem Gott seine Stellung im Universum als Sinngeber endgültig verloren hat, müssen unabdingbar auch die Auffassung von der Welt und dem Menschen wesentlich beeinflussen. Die Dichter der Zeit der Romantik leisten somit in ihren Werken einen wesentlichen Beitrag zu wichtigen Zeitfragen, indem sie nicht nur Zweifel an Gott, sondern auch am Sinn der Welt und des Menschen thematisieren. In der deutschen Literatur von Jean Paul bis Georg Büchner lässt sich ein kontinuierlicher geistiger Prozess im Nachdenken über die Welt und den Menschen nachweisen.

Jean Pauls *Rede des toten Christus...* macht auf mögliche enorme Veränderungen in der Erfassung des Menschen und seiner Umgebung aufmerksam, was die Auseinandersetzungen anderer Dichter mit Erscheinungen wie Hoffnungslosigkeit, Einsamkeit, Gefühlsleere, Angst, Verzweiflung sowie Zersetzung, Chaos und Nichtigkeit des Universums in der Literatur vom Ende des 18. bis in die dreißiger Jahre des 19. Jahrhunderts wesentlich beeinflusst. Jean Pauls Traumvision leitet somit eine Tendenz ein, über den möglichen Zerfall der Welt im Kontext nihilistischer Gedankenexperimente nachzudenken, der in Büchners *Dantons Tod* metaphorisch als „verwesener Leib des toten Weltengottes"[712] bezeichnet wird. Bei der Erfassung der Welt spielen aber auch Faktoren wie Phantasie (im Kontext des „poetischen Nihilismus"[713]), Idealismus und Skeptizismus eine große Rolle. Sowohl Phantasie als auch Idealismus wirken sich fast eindeutig negativ auf das Weltbild aus. Sie führen häufig zur Idealisierung der Realität und im Endeffekt zur Verklärung und Verschönerung der Welt, was bei der Entdeckung dieser Sinnestäuschung eine geistige Verwirrung der Helden bewirken kann, so dass diese in ihre Vorstellungswelt zurückkehren und sich dadurch von anderen Menschen sowie der wahren Welt entfernen (Balder, Roquairol, Schoppe). Dementsprechend dient die Phantasie oft dem Ziel, das dem Menschen sinnlos und deswegen unerträglich gewordene Leben mit ihrer Hilfe zu verdrängen, oder es aber wenigstens vorübergehend zu vergessen. Durch diese Flucht aus der Realität in die Welt menschlicher Träume entsteht jedoch die Gefahr, die Grenze zwischen beiden Welten vollständig zu verwischen, was im Endeffekt zum Wahnsinn oder der totalen Verzweiflung des Menschen führen kann. Die unbeschränkte Subjektivität des Ich, das ausschließlich im Glauben an die Kraft der menschlichen Vernunft verwurzelt ist, kann die Protagonisten in ihren selbstherrlichen Absichten, Gott auf Erden zu ersetzten und sich die Welt unterzuordnen, unerwartet zum Scheitern bringen. Außerdem droht die Ichsucht mit der Gefahr, dass sich der Mensch im unerschöpflichen Ich seines Selbst verlieren kann und in seinem Innern plötzlich eine große Leere entdeckt, die er vergeblich in der Zerstreuung des Genusses zu überwinden hofft (William Lovell, Godwi, Roquairol, Kreuzgang). Der in der Literatur der Romantik besonders stark im Begriff der Persönlichkeit gepriesene Individualitätsdrang entpuppt somit als übersteigerter Subjektivismus und Egoismus, der den Menschen einerseits von der Gesellschaft entfremdet, ihn aber andererseits vor der Erfahrung der eigenen Nichtigkeit und des Leidens an der Existenz nicht schützen kann. Somit wird der Idealismus letztendlich in

---

[712] Büchner *Dantons Tod...* S. 67.
[713] Mehr zum „poetischen Nihilismus" siehe: Kapitel 3.5. *„Der poetische Nihilismus" als ästhetische Kategorie,* zur Phantasie im Kontext des „poetischen Nihilismus" siehe: Kapitel 4.2.1. *Die Rolle der Phantasie.*

Büchners *Lenz* als die „schmählichste Verachtung der menschlichen Natur [...]"[714] bloßgestellt.

Eine negative Rolle in der Erfassung der Welt kommt auch dem Skeptizismus zu. Ständige Zweifel an der Möglichkeit der Erkenntnis der Wirklichkeit und der Wahrheit berauben nihilisierende Protagonisten jeglicher Hoffnung darauf, die Welt jemals als wert- und sinnvoll bezeichnen zu können, so dass ihnen die menschliche Existenz nur als leer und langweilig erscheint (William Lovell, Andrea Cosimo).

Nihilistische Gedankenexperimente in der Welt- und Selbstauffassung des Menschen können auch von der Notwendigkeit gefordert, durch den Zufall gelenkt werden, sich hin zum Fatalismus entwickeln, müssen aber nicht unbedingt gerade solch eine Entwicklung durchmachen. Die totale Unterordnung unter diese dem Menschen überlegene Kräfte, auf die er selbst keinen Einfluss hat und in deren Folge er sich bedeutungslos und handlungsunfähig fühlt (William Lovell, Roquairol, Mönch Medarus, Danton), kann zur Empfindung menschlicher Existenz als unerträglicher Qual führen (Danton). Die daraus resultierende Unsicherheit im Leben wird dann von Gefühlen wie Leere, Angst und Nichtigkeit begleitet, die für Depressionen (William Lovell), Melancholie und Resignation (Balder, Godwi, Schoppe) sowie völlige Erlahmung des menschlichen Willens (Danton, Lenz), oder auch die Absage an das Leben (Kreuzgang, Roquairol) verantwortlich sind.

Die Demaskierung der Welt des Scheins samt der Enttäuschung an der Realität kann die Empfindung der allumfassenden Nichtigkeit hervorrufen. Da das menschliche Leben sowie die Welt vergänglich sind, fragt sich der Mensch oft, ob es sich überhaupt noch zu leben lohnt, besonders wenn ihm die Welt als ein Theater und er sich selbst lediglich als eine Marionette vorkommt (William Lovell, Roquairol, Kreuzgang, Danton). Die Teilnahme an einer so verstandenen Existenz ist kein Glück, sondern vielmehr ein unwiderrufliches Verhängnis, so dass sie zur unerträglichen Last wird. Die Geringschätzung der Welt verstärkt, besonders bei nihilisierenden Protagonisten, das Gefühl, das Leben zudem für ein Nichtigkeitsspiel zu halten, dem man nicht entrinnen kann (Schoppe). Angesichts der jedem Menschen vorbestimmten Rolle, die er auch manchmal gegen seinen Willen zu spielen hat, verliert jeder Versuch, etwas gegen diese Bestimmung zu unternehmen, jeglichen Sinn.

Konnten sich in solch einem Leben frühere Werte und Prioritäten der abendländischen Kultur bewahren, oder wurden sie infolge nihilistischer Gedankenexperimente zunichte gemacht? Trotz der anfänglichen Begeisterung für die Kraft menschlicher Vernunft und der Infragestellung metaphysischer Werte (Gott, Unsterblichkeit) mussten nihilisierende Protagonisten doch schließlich bekennen, dass ihre Versuche, die metaphysische Sphäre aus ihrem Leben völ-

---

[714] Büchner *Lenz...* S. 14.

lig zu verdrängen, eine große innere Krise hervorgerufen haben. Die metaphysischen Bedürfnisse des Menschen ließen sich nämlich mit Hilfe der Vernunft nicht vollständig befriedigen, so dass das Individuum daran zu leiden begann. Die zuerst durch den Idealismus gefährdete christliche Morallehre, die man subjektiver Freiheit und später den Naturgesetzen anzupassen vermochte, konnte sich gut bewähren. Obwohl einige Protagonisten christliche Tugenden durch Humanitätsgedanken ersetzten, lässt sich bei anderen die Tendenz beobachten, zur christlichen Moral und zu Gott, als dem alleinigen Sinngeber der Welt, zurückzukehren (William Lovell, Roquairol, Schoppe, Lenz). Erst in Büchners Werken, besonders in *Dantons Tod,* ist keine Rückkehr zu Gott mehr möglich, da Gott durch das Nichts ersetzt wurde. Dies ist wieder ein Argument für die These, dass in der deutschen Literatur vom Ende des 18. bis in die dreißiger Jahre des 19. Jahrhunderts (bis zu Büchners Werken) nicht vom Nihilismus, sondern lediglich von nihilistischen Gedankenexperimenten die Rede sein kann.

Zum Gesamtbild nihilistischer Gedankenexperimente fehlt noch ihr Einfluss auf die Selbstauffassung des Menschen. Viele nihilisiernde Protagonisten haben große Schwierigkeiten damit, sich selbst zu bestimmen. Die Identitätskrise ist jedoch nicht ausschließlich nur für solche Helden charakteristisch, die nihilistische Gedanken äußern, sondern lässt sich eher als eine Zeiterscheinung der Romantik bezeichnen. Sobald sie aber in einem engen Zusammenhang mit Gefühlen der Bedeutungslosigkeit und Nichtigkeit des Menschen sowie seiner inneren Leere und existenzieller Langeweile steht, rückt sie den Helden in die Nähe des Nihilismus. Zunächst unternehmen diese Protagonisten zahlreiche Versuche, aktiv (in Sinnlichkeit oder in Genusssucht – William Lovell, Roquairol, Mönch Medarus), oder passiv (Flucht in die innere Weltvorstellung – Balder, Godwi, Schoppe) gegen die Empfindung allumfassender Nichtigkeit vorzugehen.

Außerdem sind nihilisierende Protagonisten durch problematische zwischenmenschliche Beziehungen besonders in Liebe und Freundschaft charakterisiert. Oft haben sie große Probleme damit, in ihren Gefühlen beständig zu bleiben. Darüber hinaus fühlen sie sich sehr häufig innerlich leer und ausgebrannt und dadurch eigentlich zu keiner Liebe fähig. Trotzdem suchen sie in Liebe oder Freundschaft ihrem leeren und nichtigen Leben einen höheren Sinn zu verleihen (William Lovell, Roquairol, Kreuzgang, Mönch Medarus). Eigene Vorstellungen sowie Erwartungen hinsichtlich der Beziehungen zu anderen Menschen, die oft im Widerspruch zur Realität stehen und dazu noch von Egoismus und übersteigertem Subjektivismus begleitet werden, hindern die Protagonisten daran, mit einem anderen Menschen glücklich zu sein. Sie neigen auch dazu, von der Empfindung des ständigen Ungenügens der Liebe gequält zu sein. Darüber hinaus werden überempfindliche Helden wegen der Enttäuschung in ihren Gefühlen derart verletzt, dass sie zuweilen dem Hass verfallen und sich an den früher geliebten Personen rächen möchten (William Lovell, Roquairol). All diese Faktoren führen dazu, dass nihilisierende Protagonisten ihre Umgebung nicht mehr verstehen können und deswegen entweder freiwillig in die Abgeschiedenheit fliehen (William Lovell, Balder, Godwi, Godwis Vater, Roquairol, Schoppe, Kreuzgang) oder aber selbst aus der Gesellschaft ausgestoßen werden und ihre Einsamkeit hinnehmen müssen (Lenz).

Im Gegensatz zur Identitätskrise oder den problematischen Liebes- oder Freundschaftsverhältnissen, die eigentlich für fast alle Helden der Romantik charakteristisch sind, ist die Erfahrung der Leere und existenzieller Langeweile fast ausschließlich ein Merkmal nihilisierender Menschen. Das Gefühl unüberwindbarer innerer Leere und existenzieller Langeweile wird manchmal von übersteigerter Überempfindlichkeit der Protagonisten beschleunigt, besonders wenn der Zwiespalt zwischen Lebensvorstellung und Realität sehr groß ist (William Lovell, Balder, Godwi, Roquairol, Schoppe, Kreuzgang, Lenz). Dementsprechend sind die Menschen verzweifelt und schauen ihrer Zukunft hoffnungslos entgegen, da die Konfrontation mit der wahren Welt ihr Selbstbewusstsein derart schwächt, dass sie der Melancholie verfallen, unter Depressionen leiden oder sogar dem Wahn erliegen. Ihr Leben wird ihnen daher entweder ganz gleichgültig oder zu unerträglicher Last. Die Langeweile, die durch Ermüdung am Leben, Ernüchterung durch die Wirklichkeit oder latente Verzweiflung am Lebenssinn verursacht wird, kann zum Stigma werden, so dass der Mensch ihr unterliegt und völlig willenlos wird.

Eine große Rolle bei der Auffassung des Menschen spielt auch die Nichtigkeit, als Ausdruck einer vergeblichen Suche nach dem Lebenssinn im Kontext innerer Leere und existenzieller Langeweile. Nicht nur die Welt scheint nichtig zu sein, sondern auch der Mensch, der seine pessimistische Gemütslage aktiv oder passiv überwinden möchte. Um sich von unerträglicher und leidvoller Wirklichkeit zu befreien, zerstreuen sich viele Helden im genussvollen Leben, wobei sie Gefahr laufen, der Rausch- oder Trunksucht zu verfallen (William Lovell, Roquairol). Sie verfehlen jedoch ihr Ziel, im Genuss die Nichtigkeit zu verdrängen. Vielmehr entfernen sie sich vom wahren Leben und brauchen immer wieder stärkere Gefühlsregungen, um die nichtige Welt zu vergessen. Dies resultiert in einem fortschreitenden moralischen Verfall und der Abhängigkeit von Genuss- und Rauschmitteln, begleitet von tiefer Schwermut und ständig wachsender Verzweiflung. Die Verbindung unüberwindbarer Nichtigkeit mit anderen Erscheinungsformen nihilistischer Gedankenexperimente mündet neben der Genusssucht schließlich auch in seelischen Störungen, Wahnsinn, Melancholie, lähmender Resignation oder in extremen Fällen im Selbstmord.

Die Melancholie erscheint oft als Reaktion auf ein sinn- und wertloses Leben und drückt zugleich metaphysische Einsamkeit sowie Isolation und Endfremdung von anderen Menschen aus, sobald alle Bindungen an die Welt zerrissen werden. Der Melancholiker verkörpert somit Eigenschaften wie Lebensmüdigkeit und Lebensüberdruss und überlegt sich ständig, was für ihn besser wäre:

zu sterben oder zu leben. Manchmal kann auch übersteigerte Melancholie in Wahnsinn umschlagen (Balder, Schoppe, Lenz), der nicht eindeutig als eine geistige Krankheit, sondern vielmehr als Ausweg aus der nichtigen und sinnlosen Welt, also als Ausdruck der Existenzkrankheit betrachtet wird. Die Flucht in die Welt der Phantasie, die bis zum völligen Abbruch der Kontakte mit der Realität und anderen Menschen führen kann, zeugt somit von der Stärke der Abneigung gegenüber der nicht nur unverständlichen, sondern auch beängstigenden Welt.

Die an Kraft zunehmende Angst vor der Konfrontation mit der entfremdeten Welt zwingt viele Protagonisten dazu, in die Einsamkeit zu fliehen. Die Flucht aus der Gesellschaft kann in verschiedenen Formen zum Ausdruck kommen. Manchmal erweist sich die zuerst freiwillig gewählte Abgeschiedenheit als Notwendigkeit und kann somit als eine Art Resignation bezeichnet werden (William Lovell, Andrea Cosimo), besonders wenn sich die Protagonisten an die Lebensverhältnisse nicht mehr anpassen können und eigentlich aus der Gesellschaft ausgestoßen werden. Viele von ihnen grenzen sich von der äußeren Welt so scharf ab, dass sie schließlich ihre eigenen Phantasievorstellungen von der Realität nicht mehr unterscheiden können und dem Wahn verfallen (Balder, Schoppe). Einige Helden versuchen wegen der Entfremdung von anderen Menschen ihr Glück im privaten Leben zu finden, wobei sie dadurch oft resigniert und passiv werden (Godwi, Danton). Die letzte Gruppe nihilisierender Menschen versteckt sich vor der Welt hinter der Maske eines Spielers (Roquairol), eines Ironikers (Kreuzgang) oder eines Narren. Dies hilft ihnen aber wenig, die nichtige Welt und ihr nichtiges Selbst dauerhaft zu vergessen. Abgesehen aber davon, ob die Abgeschiedenheit der Protagonisten freiwillig oder ungewollt ist, werden sie alle zu Außenseitern. Es muss betont werden, dass ihre Außenseiterexistenz in einem engen Zusammenhang mit ihren nihilistischen Gedankenexperimenten steht, weil gerade diese die pessimistische Gemütslage der Helden verstärken und sie jeglicher Hoffnung auf Veränderung ihres Lebens berauben.

Schlussfolgernd lässt sich feststellen, dass nihilistische Gedankenexperimente in der deutschen Literatur von Jean Paul bis Georg Büchner eindeutig Merkmale eines geistig ununterbrochenen Prozesses aufweisen, den man für einen „Vorboten" des ein wenig später alle Bereiche des menschlichen Lebens beherrschenden Nihilismus halten kann. Die zum Ende des 18. Jahrhunderts in Jean Pauls Traumvision *Rede des toten Christus, vom Weltgebäude herab, dass kein Gott sei* geschilderte Negation Gottes und der christlichen Weltordnung mit ihren Konsequenzen wurde in einigen Werken der Romantik fortgesetzt und weitergedacht bis zum bedeutenden Umbruch in Georg Büchners Werken mit der Herabsetzung Gottes auf das Nichts, so dass von diesem Moment an, die Rückkehr zum christlichen Gott unmöglich zu sein schien. Diese Thematik des gestörten Verhältnisses zwischen Gott-Welt-Mensch im Kontext der Sinnsuche beherrschte immer stärker die Literatur des 19. Jahrhunderts[715] und hat bis heute ihre Aktualität behalten.

---

[715] Darauf verweist schon Thomas Immelmann: „Nihilismus bleibt so eine der größten Anregungen für die Literatur durch das ganze 19. Jh. hindurch, und zwar schon deshalb, weil er als „Nicht-Sinn", als fehlende Letztbegründung eben gerade als künstlerische und literarische Tätigkeit in Frage stellt." Siehe: Immelmann *Der unheimlichste aller Gäste...* S. 72.

7. Literaturverzeichnis

7.1. Primärliteratur

Brentano, Clemens: *Sämtliche Werke und Briefe*; historisch-kritische Ausgabe hg. von Jürgen Behrens, Wolfgang Frühwald, Detlef Lüders, Bd. 16: Prosa I; Stuttgart/Berlin/Köln/Mainz 1979.

Brentano, Clemens: *Godwi oder das steinerne Bild der Mutter. Ein verwilderter Roman;* hg. von Ernst Behler, Stuttgart 1995.

Büchner, Georg: *Dantons Tod;* Darmstadt 2004.

Büchner, Georg: *Lenz;* hg. von Hubert Gersch, Stuttgart 1998.

Büchner, Georg: *Sämtliche Werke und Schriften. Mit Quellendokumentation und Kommentar;* hg. von Burghard Dedner und Thomas Michael Mayer; (Bd. 3. *Dantons Tod,* Bd. 5. *Lenz*) Darmstadt 2000 - 2001.

Büchner, Georg: *Sämtliche Werke, Briefe und Dokumente in zwei Bänden;* hg. von Henri Poschmann; Frankfurt am Main 1992-1999.

Büchner, Georg: *Woyzeck;* Darmstadt 2004.

Clemens Brentano: Godwi oder das steinerne Bild der Mutter. Ein verwilderter Roman von Maria; in: *Brentanos Gesammelte Werke;* hg. von Friedhelm Kemp, München 1963.

Georg Büchners Sämtliche Werke und Briefe; hg. von Fritz Bergmann; Leipzig 1922.

Hoffmann, E.T.A: *Die Elixiere des Teufels. Nachgelassene Papiere des Bruders Medarus eines Kapuziners;* hg. von Wolfgang Nehring, Stuttgart 2000.

E.T.A. Hoffmanns sämtliche Werke, historisch-kritische Ausgabe; hg. von Carl Georg von Maassen; Bd.2: *Elixiere des Teufels;* München 1908.

[Klingemann, Ernst August Friedrich]: *Nachtwachen von Bonaventura;* hg. von Steffen Dietzsch; Leipzig 1980.

[Klingemann, Ernst August Friedrich]: *Nachtwachen von Bonaventura;* hg. von Hermann Michel, Berlin 1904.

[Klingemann, Ernst August Friedrich]: *Nachtwachen von Bonaventura;* hg. von Wolfgang Paulsen, Stuttgart 2003.

Novalis Gesammelte Werke; hg. von Carl Seelig, Zürich 1945, Bd.5: *Die Christenheit oder Europa.*

Paul, Jean: *Sämtliche Werke;* hg. von E. Berend, München 1927.

Paul, Jean: *Selbererlebensbeschreibung;* Stuttgart 1971.

Paul, Jean: *Titan;* Frankfurt am Main 1983.

Paul, Jean: *Vorschule der Ästhetik;* hg. von Wolfhart Henckmann, Hamburg 1990.

Schelling, Friedrich Wilhelm Joseph: *Gesammelte Werke*; hg. von K.J.A. Schelling, 1856-61.

Schlegel Friedrich: *Philosophische Lehrjahre (1796-1806)* in der Kritischen Friedrich Schlegel Ausgabe; hg. von Ernst Behler, Paderborn 1963, Bd.18.

Schlegel Friedrich: *Philosophische Vorlesungen (1800-1807)* in der Kritischen Friedrich Schlegel Ausgabe; hg. von Jean-Jacques Anstett, Paderborn 1964, Bd.12, 13.

Schlegel, Friedrich: *Philosophische Vorlesungen aus den Jahren 1804 bis 1806;* hg. von C.J.H Windischmann, Bonn 1837.

Tieck, Ludwig: *William Lovell;* Stuttgart 1999.

7.2. Sekundärliteratur

Aktualität [Die...] der Frühromantik, hg. von Ernst Behler/Jochen Hörisch; Paderborn 1987.

Andrzejewski, Bolesław: *Przyroda i język. Filozofia wczesnego romantyzmu w Niemczech;* Warszawa/Poznań 1989.

Arendt, Dieter: *Nihilismus - Die Anfänge von Jacobi bis Nietzsche;* Köln 1970.

Arendt, Dieter: *Der „poetische Nihilismus" in der Romantik. Studien zum Verhältnis von Dichtung und Wirklichkeit in der Frühromantik;* Bd.1-2, Tübingen 1972.

Arendt, Dieter: *Die Überwindung des Nihilismus*, in: *Der Nihilismus als Phänomen der Geistesgeschichte in der wissenschaftlichen Diskussion unseres Jahrhunderts;* hg. von Dieter Arendt, Darmstadt 1974, S. 19-37.

Ästhetische Moderne in Europa. Grundzüge und Problemzusammenhänge seit der Romantik; hg. von Silvio Vietta und Dirk Kemper; München 1998.

Barth, Ulrich: *Schleiermachers Reden als religionstheoretisches Modernisierungsprogramm*, in: *Ästhetische Moderne in Europa. Grundzüge und Problemzusammenhänge seit der Romantik*, hg. von Silvio Vietta und Dirk Kemper; München 1998, S. 441-476.

Barth, Johannes: *Eine Art „Schuld und Sühne" des romantischen Zeitalters;* in: *Wirkendes Wort* 48 (1998), S. 345-354.

Behler, Ernst: *Frühromantik;* Berlin 1992.

Benz, Richard: *Die deutsche Romantik. Geschichte einer geistigen Bewegung;* Stuttgart 1956.

Borries, Erika von: *Romantik;* München 1999.

Böckmann, Paul: *Die romantische Poesie Brentanos und ihre Grundlagen bei F. Schlegel und Tieck. Ein Beitrag zur Entwicklung der deutschen Romantik;* in: *Jahrbuch des freien Deutschen Hochstifts* (1934-35), S. 56-176.

Braun, Cordula: *Divergentes Bewusstsein: Romanprosa an der Wende zum 19. Jahrhundert;* Bern 1999.

Brinkmann, Richard: *Nachtwachen von Bonaventura. Kehrseite der Romantik?;* in: *Die deutsche Romantik. Poetik, Formen und Motive,* hg. von Hans Steffen, Göttingen 1967, S. 134-158.

Brown, Marschall: *Godwi und die Krise der deutschen Romantik;* in : *Goethezeit. Studien zur Erkenntnis und Rezeption Goethes und seinen Zeitgenossen. Festschrift für Stuart Atkins;* hg. von Gerhart Hoffmeister, Bern/München 1981, S. 301-312.

Büttner, Ludwig: *Büchners Bild vom Menschen;* Nürnberg 1967.

Nihilizm in: *Colloquia Communia* 20-23 (1985), bes. Nr. 3-6 (eine monographische Schrift zum Nihilismus).

Dehnel, P: *Antynomie rozumu. Z dziejów filozofii niemieckiej XVIII i XIX wieku;* Wrocław 1998.

Denken im Schatten des Nihilismus, hg. von Alexander Schwan; Darmstadt 1975.

Deutsche Dichter der Romantik. Ihr Leben und Werk; hg. von Benno von Wiese; Berlin 1983.

Deutsche [Die...] Romantik. Poetik, Formen und Motive, hg. von Hans Steffen; Göttingen 1989.

Dietzsch, Steffen: *Nichts geht doch über das Lachen;* in: *Aurora* 57 (1997) S. 419-429.

Ebbinghaus, J.: *Fichtes Ursprüngliche Philosophie,* in: *Marburger Studentische Kulturblätter;* Köln 1944.

Eilert, Heide Christiana: *Clemens Brentano „Godwi";* in: *Romane und Erzählungen der deutschen Romantik;* hg. von Paul-Michael Lützeler, Stuttgart 1981, S. 125-140.

Esselborn, Hans: *Der „Nihilismus" in Ludwig Tiecks „William Lovell",* in: *Wirkendes Wort* 40(1990), S. 4-22.

Fahrenhorst, Eberhard: *Das neunzehnte Jahrhundert. Beharrung und Auflösung;* Hildesheim 1983.

Falkenberg, Hans-Geert: *Strukturen des Nihilismus im Frühwerk Ludwig Tiecks;* Göttingen 1956.

Fick, Monika: *E.T.A. Hoffmanns Theosophie. Eine Interpretation des Romans „die Elixiere des Teufels";* in: *Literaturwissenschaftliches Jahrbuch* 36(1995), S. 105-125.

Figal, Günter: *Krise der Aufklärung – Freiheitsphilosophie und Nihilismus als geschichtslogische Voraussetzungen der Moderne;* in: *Ästhetische Moderne in Europa. Grundzüge und Problemzusammenhänge seit der Romantik,* hg. von Silvio Vietta und Dirk Kemper; München 1998, S. 57-70.

Fischer, Ernst: *Ursprung und Wesen der Romantik;* Frankfurt a M. 1986.

Fleig, Horst: *Literarischer Vampirismus. Klingemanns „Nachtwachen des Bonaventura";* Tübingen 1985.

Földenyi, Laszlo: *Melancholie;* Berlin 2004.

Gaede, Friedrich: *Humanismus, Barock, Aufklärung. Geschichte der deutschen Literatur des 16. bis 18. Jahrhunderts;* München 1971

Gätschenberger, Stephan: *Nihilismus, Pessimismus und Weltschmerz;* in: *Deutsche Zeit- und Streitfragen 10;* Berlin 1881.

Gillespie M.A: *Nihilism before Nietzsche;* Chicago and London 1995.

Georg Büchner; hg. von Wolfgang Martens, Darmstadt 1973.

Gloege, Gerhard von: *Nihilismus?* in: *Die Überwindung des Nihilismus,* in: *Der Nihilismus als Phänomen der Geistesgeschichte in der wissenschaftlichen Diskussion unseres Jahrhunderts;* hg. von Dieter Arendt, Darmstadt 1974, S. 50-64.

Golz, Jochen: *Welt und Gegen-Welt in Jean Pauls „Titan";* Stuttgart 1996.

Gössl, Sybille: *Materialismus und Nihilismus. Studien zum deutschen Roman der Spätaufklärung;* Würzburg 1987.

Günzel, Klaus: *Romantikerschicksale: eine Porträtgalerie;* Berlin 1987.

Hamburger, Käte: *Das Todesproblem bei Jean Paul;* in: *Jean Paul,* hg. von Uwe Schweikert; Darmstadt 1974.

Hanne, J.W.: *Der moderne Nihilismus und die Straußsche Glaubenslehre im Verhältnis zur Idee der christlichen Religion;* Bielefeld 1842.

Hayer, Horst-Dieter: *Brentanos "Godwi". Ein Beispiel des frühromantischen Subjektivismus;* Frankfurt am Main/Bern 1977.

Haym, Rudolf: *Die romantische Schule. Ein Beitrag zur Geschichte des deutschen Geistes;* Darmstadt 1972.

Hazard, Paul: *Die Krise des europäischen Geistes;* Hamburg 1939.

Heilmann, Markus: *Die Krise der Aufklärung als Krise des Erzählens: Tiecks "William Lovell" und der europäische Briefroman;* Stuttgart 1992.

Hegel, Georg W.F.: *Die Wissenschaft der Logik*; in: *Gesammelte Werke;* Frankfurt a. M. 1970.

Heller, Peter: *Nietzsches Kampf mit dem romantischen Pessimismus,* in: *Probleme der Zivilisation. Versuche über Goethe, Thomas Mann, Nietzsche und Freud;* Bonn 1978.

Hillebrand, Bruno: *Literarische Aspekte des Nihilismus* in: *Nietzsche-Studien. International Jahrbuch für die Nietzsche-Forschung;* 13(1984), S.80-100.

Hillebrand, Bruno: *Ästhetik des Nihilismus. Von der Romantik zum Modernismus;* Stuttgart 1991.

Hinderer, Walter: *Dieses Schwanzstück der Schöpfung: Büchners "Dantons Tod" und die "Nachtwachen des Bonaventura";* in: Georg-Büchner-Jahrbuch 2(1982), S. 316-342.

Hof, Walter: *Pessimistisch-nihilistische Strömungen in der deutschen Literatur von Sturm und Drang bis zum Jungen Deutschland;* Tübingen 1970.

Hof, Walter: *Stufen des Nihilismus;* in: *Der Nihilismus als Phänomen der Geistesgeschichte in der wissenschaftlichen Diskussion unseres Jahrhunderts;* hg. von Dieter Arendt, Darmstadt 1974, S. 221-258.

Hoffmeister, Gerhart: *Bonaventura "Nachtwachen";* in: *Romane und Erzählungen der deutschen Romantik,* hg. von Paul Michael Lützeler; Stuttgart 1981, S. 194-212.

Huch, Richarda: *Die Romantik. Ausbreitung, Blütezeit und Verfall;* Tübingen 1951.

Husserl, Edmund: *Die Krisis der europäischen Wissenschaften und die transzendentale Phänomenologie;* in: *Gesammelte Werke;* hg. von Martinus Nijhoff; Haag 1976, B. 6.

Hübner, Kurt: *Fichte, Sartre und der Nihilismus,* in: *Der Nihilismus als Phänomen der Geistesgeschichte in der wissenschaftlichen Diskussion unseres Jahrhunderts;* hg. von Dieter Arendt; Darmstadt 1974, S.126-144.

Immelmann, Thomas: *Der unheimlichste aller Gäste. Nihilismus und Sinndebatte in der Literatur von der Aufklärung zur Moderne;* Bielefeld 1992.

Jacobis Werke; Leipzig 1812ff.

Jacobi, Friedrich, Heinrich: *Über die Lehre des Spinoza in Briefen an Herrn Moses Mendelssohn;* auf der Grundlage der Ausgabe von Klaus Hammacher und Irmgard –Maria Piske, bearb. von Marion Lauschke, Hamburg 2000.

Janion, Maria: *Temat jeanopaulowski;* in: Ogród. Kwartalnik rok IV (1991), 2 (6), S. 110-117.

Jean Paul: *Mowa wypowiedziana przez umarłego Chrystusa ze szczytu kosmicznego gmachu o tym, że nie ma Boga;* übersetzt von M. Żmigrodzka in: Ogród. Kwartalnik rok IV (1991), 2 (6), S. 107-109.

Jean Paul, Werk, Leben, Wirkung; hg. von Friedhelm Kemp, Norbert Miller, Georg Philipp; München 1963.

Jean Paul; hg. von Uwe Schweikert; Darmstadt 1974

Jean Pauls Persönlichkeit in Berichten der Zeitgenossen; Weimar 2001.

Jenisch, Daniel: *Über Grund und Wert der Entdeckung des Herrn Professor Kant in der Metaphysik, Moral und Ästhetik;* Berlin 1769.

Kaminski, Nicola: *Romanexperimente der deutschen Romantik;* Zürich 2001.

Kassner, Rudolf: *Das neunzehnte Jahrhundert. Ausdruck und Größe;* Erlenbach/Zürich 1947.

Kleßmann, Eckhart: *Die deutsche Romantik;* Köln 1991.

Knapp, Guntram: *Der antimetaphysische Mensch. (Darwin-Marx-Freud);* Stuttgart 1973.

Kofler, Leo: *Das nihilistische und das humanistische „episches Theater"* in: : *Der Nihilismus als Phänomen der Geistesgeschichte in der wissenschaftlichen Diskussion unseres Jahrhunderts;* hg. von Dieter Arendt; Darmstadt 1974, S.259-300.

Kohl, Peter: *Der freie Spielraum im Nichts. Eine kritische Betrachtung der „Nachtwachen von Bonaventura";* Frankfurt am Main 1986.

Kohlschmidt, Werner: *Der Nihilismus der Romantik;* in: *Der Nihilismus als Phänomen der Geistesgeschichte in der wissenschaftlichen Diskussion unseres Jahrhunderts;* hg. von Dieter Arendt; Darmstadt 1974, S.79-98.

Kohlschmidt, Werner: *Form und Innerlichkeit. Beiträge zur Geschichte und Wirkung der deutschen Klassik und Romantik;* Bern 1955.

Korff, H.A: *Geist der Goethezeit;* Leipzig 1949 (Bd.3: *Frühromantik,* Bd.4, *Spätromantik*).

Koselleck, Reinhart: *Einige Fragen an die Begriffsanalyse von Krise,* in: *Castelgandolfo - Gespräche 1985;* hg. von Krzysztof Michalski; Stuttgart 1986, S. 64-77.

Kunz, Josef: *Clemens Brentanos „Godwi". Ein Beitrag zur Erkenntnis des Lebensgefühls der Frühromantik;* Diss., Frankfurt am Main 1947.

Landau, Paul: *Woyzeck;* in: *Georg Büchner;* hg. von Wolfgang Martens; Darmstadt 1973, S. 72-81.

Leist, Franz: *Existenz im Nichts. Versuch einer Analyse des Nihilismus;* München 1961.

Literarische [Die ...] Frühromantik, hg. von Silvio Vietta; Göttingen 1983.

Löwith, Karl: *Gott, Mensch und Welt in der Metaphysik von Descartes bis zu Nietzsche;* Göttingen 1967.

Löwith, Karl: *Jacob Burckhardt. Der Mensch inmitten der Geschichte;* Stuttgart/Berlin/Köln/Mainz 1966.

Löwith, Karl: *Od Hegla do Nietzschego. Rewolucyjny przełom myśli XIX wieku,* übersetzt von S. Gromadzki; Warszawa 2001.

Mayer, Hans: *Georg Büchner und seine Zeit;* Frankfurt am Main 1977.

Mensch [Der ...] des 19. Jh. s; hg. von Ute Frevert und Heinz–Gerhard Haupt; Frankfurt am Main/New York 1999.

Miller, M: *Przyciąganie nicości;* in: *Ogród. Kwartalnik* 2(1991), S. 162-171.

Motive der Weltliteratur; hg. von Elisabeth Frenzel, Stuttgart 1980.

Mühlher, Robert: *Georg Büchner und die Mythologie des Nihilismus;* in: *Georg Büchner;* hg. von Wolfgang Martens, Darmstadt 1973, S. 252-288.

Müller, Götz: *Jean Paul im Kontext. Gesammelte Aufsätze;* Würzburg 1996.

Münz, Walter: *Individuum und Symbol in Tiecks „William Lovell". Materialien zum frühromantischen Subjektivismus;* Bern 1975.

Nehring, Wolfgang: *E.T.A. Hoffmann: Die Elixiere des Teufels (1815/16);* in: *Romane und Erzählungen der deutschen Romantik,* hg. von Paul Michael Lützeler, Stuttgart 1981, S. 325-350.

Nietzsche, Friedrich: *Sämtliche Werke von Friedrich Nietzsche in 12 Bänden;* Bd.9: *Der Wille zur Macht. Versuch einer Umwertung aller Werte;* Stuttgart 1964.

Der Nihilismus *als Phänomen der Geistesgeschichte in der wissenschaftlichen Diskussion unseres Jahrhunderts;* hg. von Dieter Arendt, Darmstadt 1974.

Nihilizm. *Dzieje, recepcja, prognozy;* pod red. S. Gromadzkiego, J. Niecikowskiego, Warszawa 2001.

Pikulik, Lothar: *Frühromantik: Epoche – Werke – Wirkung;* München 1992.

Pisma teoretyczne niemieckich romantyków; wybrał i opracował T. Namowicz, Wrocław-Warszawa-Kraków 2000.

Pfannkuche, Walter: *Idealismus und Nihilismus in den Nachtwachen von Bonaventura;* Frankfurt am Main, Bern 1983.

Pöggeler, Otto: *„Nihilist" und „Nihilismus",* in: *Archiv für Begriffsgeschichte;* 19(1975), 4, S. 197-210.

Pöggeler, Otto: *Hegel und die Anfänge der Nihilismus-Diskussion,* in: *Der Nihilismus als Phänomen der Geistesgeschichte in der wissenschaftlichen Diskussion unseres Jahrhunderts;* hg. von Dieter Arendt, Darmstadt 1974, S. 307-349.

Praz, Mario: *Liebe, Tod und Teufel. Die schwarze Romantik;* übersetzt von Lisa Rüdiger; München 1960.

Proß, Wolfgang: *Jean Pauls geschichtliche Stellung;* Tübingen 1975.

Rauschning, Hermann: *Masken und Metamorphosen des Nihilismus;* in: *Der Nihilismus als Phänomen der Geistesgeschichte in der wissenschaftlichen Diskussion unseres Jahrhunderts;* hg. von Dieter Arendt, Darmstadt 1974, S. 99-125.

Rauschning, Hermann: *Die Revolutionen des Nihilismus;* hg. von v. Golo Mann; Zürich 1964.

Rehm, Walther: *Experimentum medietatis, Studien zur Geistes- und Literaturgeschichte des 19. Jahrhunderts;* München 1947.

Riedel, Manfred: *Nihilismus,* in: *Geschichtliche Grundbegriffe. Historisches Lexikon zur politisch-sozialen Sprache in Deutschland;* hg. von Otto Brunner, Reinhart Koselleck; Bd.4, Stuttgart 1993, S. 371-411.

Sammons, L Jeffrey: *The Nachtwachen von Bonaventura;* London 1965.

Schanze, Helmut: *Romantik – Handbuch;* Tübingen 2003.

Scharnowski, Susanne: *Ein wildes gestaltloses Lied. Clemens Brentanos „Godwi oder das steinerne Bild der Mutter";* Würzburg 1996.

Scheel, Hans Ludwig: *Positionen der Hoffnungslosigkeit und der Hoffnung im "poetischen Nihilismus" und bei Giacomo Leopardi,* in: *Leopardii und der Geist der Moderne;* Stuttgart 1993, S. 143-160

Schenk, Hans, Georg: *Die Kulturkritik der europäischen Romantik;* Wiesbaden 1956.

Schenk, Hans, Georg: *Geist der europäischen Romantik;* Frankfurt a. M. 1970.

Schillemeit, Jost: *Bonaventura, der Verfasser der Nachtwachen;* (Ernst August Friedrich Klingemann); München 1973.

Schmidt, Arno: *„Fünfzehn". Vom Wunderkind der Sinnlosigkeit;* in: Arno Schmidts: *Die Ritter vom Geist. Von vergessenen Kollegen;* Karlsruhe 1965, S. 208-281.

Schmidt - Biggemann, Wilhelm: *Maschine und Teufel. Jean Pauls Jugendsatiren nach ihrer Modellgeschichte;* München 1975.

Schmidt, Wolf-Heinrich: *Nihilismus und Nihilisten;* München 1974.

Schneider, Ferdinand Josef: *Tiecks „William Lovell" und Jean Pauls „Titan";* in: *Zeitschrift für deutsche Philologie* 61(1936), S. 58-75.

Schopenhauer, Arthur: *Sämtliche Werke* von *Arthur Schopenhauer in 7 Bänden;* Bd.1,2: *Die Welt als Wille und Vorstellung;* Frankfurt a. M. 1988.

Schöps, Hans Joachim: *Vorläufer Spenglers. Studien zum Geschichtspessimismus im 19. Jh.,* Leiden 1955.

Schwarz, Christopher: *Langeweile und Identität. Eine Studie zur Entstehung und Krise des romantischen Selbstgefühls;* Diss. Heidelberg 1993.

Sedlmayr, Hans: *Verlust der Mitte;* Berlin 1958.

Severino, Emanuele: *Vom Wesen des Nihilismus;* Stuttgart 1983.

Sölle-Nipperdey, Dorothee: *Untersuchungen zur Struktur der Nachtwachen von Bonaventura;* Göttingen 1959.

Spengler, Oswald: *Untergang des Abendlandes;* Wien/Leipzig 1918.

Steffens, Henrik: *Was ich erlebte;* Leipzig 1938.

Stadelmann, Heinrich: *Jacob Burckhardt und die Dekadence,* in: *Vom Schicksal des deutschen Geistes;* hg. von W. Frommel, Berlin 1934, S. 117-124.

Süss, Theobald: *Der Nihilismus bei F.H. Jacobi,* in: *Der Nihilismus als Phänomen der Geistesgeschichte in der wissenschaftlichen Diskussion unseres Jahrhunderts;* hg. von Dieter Arendt, Darmstadt 1974, S.65-78.

Tatarkiewicz, Władysław: *Historia Filozofii;* Warszawa 1981.

Thom, Hans: *Wie alt ist der Nihilismus?,* in: *Der Nihilismus als Phänomen der Geistesgeschichte in der wissenschaftlichen Diskussion unseres Jahrhunderts;* hg. von Dieter Arendt, Darmstadt 1974, S. 213-220.

Trunz, Erich: *Weltbild und Dichtung im Zeitalter Goethes;* Weimar 1993.

Ueding, Gert: *Jean Paul;* München 1993.

Uednig, Gert: *Klassik und Romantik. Deutsche Literatur im Zeitalter der Französischen Revolution 1789-1815;* München 1987, Bd. 4.

Urbankowski, B: *Myśl romantyczna;* Warszawa 1979.

Vietta, Silvio: *Herkunft und Genealogie des Nihilismus in der deutschen Literatur vor Nietzsche;* in: *Nietzsche und Italien,* hg. vom Italienischen Kulturinstitut Stuttgart; Tübingen 1990, S. 103-114.

Walzel, Oskar: *Deutsche Romantik;* Berlin 1918.

Wasiewicz, Jan: *Oblicza nicości. Z dziejów nihilizmu europejskiego w XIX w.*; Poznań 2004 (Diss.).

Weier, Winfried: *Nihilismus. Geschichte, System, Kritik;* Paderborn/München/ Wien/Zürich 1980.

Wein, Hermann von: *Zur Rechtfertigung des Nihilismus;* in: *Merkur* 17(1963), S. 821-833.

Weischedel, Wilhelm: *Philosophische Theologie im Schatten des Nihilismus,* in: *Der Nihilismus als Phänomen der Geistesgeschichte in der wissenschaftlichen Diskussion unseres Jahrhunderts;* hg. von Dieter Arendt, Darmstadt 1974, S. 145-168.

Wiese, Benno von: *Brentanos „Godwi". Analyse eines „romantischen" Romans,* in: Benno von Wiese: *Von Lessing bis Grabbe. Studien zur deutschen Klassik und Romantik,* Düsseldorf 1968, S. 191-247, 353-357.

Wiese, Benno von: *Georg Büchner. Die Tragödie des Nihilismus;* in: Benno von Wiese: *Deutsche Tragödie von Lessing bis Hebbel;* Teil 2: *Tragödie und Nihilismus;* Hamburg 1973, S. 513- 571.

Wokół nihilizmu, pod red. G. Sowińskiego; Kraków 2001.

Wüstling, Fritz: *William Lovell. Ein Beitrag zur Geistesgeschichte des 18. Jh.s;* Halle 1912.

Zehrer, Hans: *Der Mensch in dieser Welt;* Hamburg/Stuttgart 1948.

Posener Beiträge zur Germanistik

Herausgegeben von Czesław Karolak

Band 1 Izabela Sellmer (Hrsg.): Die biographische Illusion im 20. Jahrhundert. (Auto-)Biographien unter Legitimierungszwang. 2003.

Band 2 Janusz Taborek: Verweiswörter im Deutschen und im Polnischen. 2004.

Band 3 Beata Mikołajczyk: Sprachliche Mechanismen der Persuasion in der politischen Kommunikation. Dargestellt an polnischen und deutschen Texten zum EU-Beitritt Polens. 2004.

Band 4 Roman Dziergwa: Am Vorabend des Grauens. Studien zum Spannungsfeld Politik – Literatur – Film in Deutschland und Polen in den 30er Jahren des 20. Jahrhunderts. 2005.

Band 5 Włodzimierz Bialik: Die gewöhnliche Trivialität. Zu Sekundär-Botschaften und zur Ideologie der En-passant-Aussagen in Heinz Günther Konsaliks später Romanproduktion. 2005.

Band 6 Maciej Walkowiak: Kunst, Geschichte und der Standort des Intellektuellen. Gottfried Benn und die Kontroversen der Moderne. 2005.

Band 7 Ewa Płomińska-Krawiec: Stoffe und Motive der polnischen Geschichte in der deutschen Erzählprosa des 19. Jahrhunderts. 2005.

Band 8 Andrzej Denka: Lesestrategien und Lesesteuerungsstrategien beim Einsatz literarischer Texte im Fremdsprachenunterricht. Überlegungen aus relevanztheoretischer Sicht. 2005.

Band 9 Jarosław Aptacy: Argumentrealisierung in deverbalen Nominalphrasen im Deutschen und Polnischen. 2005.

Band 10 Maria Wojtczak: Aus zwei Glaubenswelten. Bekenntnisse konvertierter Autorinnen (1850–1918). 2006.

Band 11 Ewa Pytel-Bartnik / Maria Wojtczak (Hrsg.): Habitus und Fremdbild in der deutschen Prosaliteratur des 19. und 20. Jahrhunderts. 2006.

Band 12 Sebastian Chudak: Lernerautonomie fördernde Inhalte in ausgewählten Lehrwerken DaF für Erwachsene. Überlegungen zur Gestaltung und zur Evaluation von Lehr- und Lernmaterialien. 2007.

Band 13 Jerzy Kałążny: Unter dem „bürgerlichen Wertehimmel". Untersuchungen zur kulturgeschichtlichen Erzählprosa von Wilhelm Heinrich Riehl. 2007.

Band 14 Beate Sommerfeld: Kafka-Nachwirkungen in der polnischen Literatur. Unter besonderer Berücksichtigung der achtziger und neunziger Jahre des zwanzigsten Jahrhunderts. 2007.

Band 15 Maciej Walkowiak: Ernst von Salomons autobiographische Romane als literarische Selbstgestaltungsstrategien im Kontext der historisch-politischen Semantik. 2007.

Band 16 Aleksandra Chylewska-Tölle: Literarische Entwürfe und Formen der Wandlung im Werk Gertrud von le Forts. 2007.

Band 17 Zofia Moros: Nihilistische Gedankenexperimente in der deutschen Literatur von Jean Paul bis Georg Büchner. 2007.

www.peterlang.de

Maciej Walkowiak

Kunst, Geschichte und der Standort des Intellektuellen

Gottfried Benn und die Kontroversen der Moderne

Frankfurt am Main, Berlin, Bern, Bruxelles, New York, Oxford, Wien, 2005.
247 S.
Posener Beiträge zur Germanistik. Herausgegeben von Czeslaw Karolak. Bd. 6
ISBN 978-3-631-53843-2 · br. € 42.50*

Diese Studie setzt sich interdisziplinär mit dem Standort des Intellektuellen angesichts der Herausforderungen der Moderne am Beispiel Gottfried Benns auseinander. Dem Konzept der modernen Polysemie folgend, kommen in der Analyse Ansätze aus der Philosophie, der Soziologie, der Psychologie sowie der Ideengeschichte zur Anwendung. So zeigt die Arbeit die komplexen Beweggründe, von denen sich Gottfried Benn als Poeta doctus leiten ließ, im literaturgeschichtlichen Kontext auf und unterzieht sie einer ausführlichen Interpretation.

Aus dem Inhalt: Wirklichkeitsverlust als Syndrom der Zeitgeschichte · G. Benn und die Modernisierungsprozesse · Doppelleben – Spätbewußtsein im (post-)nihilistischen Zeitalter · G. Benns Geschichtsauffassung · Kunst als die letzte transzendente Tätigkeit des (post-)modernen Menschen

Frankfurt am Main · Berlin · Bern · Bruxelles · New York · Oxford · Wien
Auslieferung: Verlag Peter Lang AG
Moosstr. 1, CH-2542 Pieterlen
Telefax 00 41 (0) 32/376 17 27

*inklusive der in Deutschland gültigen Mehrwertsteuer
Preisänderungen vorbehalten
Homepage http://www.peterlang.de